THEOLOGISCHE BÜCHEREI
Neudrucke und Berichte aus dem 20. Jahrhundert
Begründet von Ernst Wolf. Herausgegeben von Gerhard Sauter

Band 88
Studienbücher

Lieferbare Bände (Studienbücher):

61 F. Wintzer, Seelsorge
71 Ch. Bäumler/H. Luther, Konfirmandenunterricht und Konfirmation
78 G. Sauter, Rechtfertigung
80 F. Wintzer, Predigt
83 H.G. Ulrich, Evangelische Ethik
84 K.E. Nipkow/F. Schweitzer, Religionspädagogik, Bd. 1
86 H.G. Ulrich, Freiheit im Leben mit Gott
88 K.E. Nipkow/F. Schweitzer, Religionspädagogik, Bd. 2/1
89 K.E. Nipkow/F. Schweitzer, Religionspädagogik, Bd. 2/2

Religionspädagogik

Texte
zur evangelischen Erziehungs- und
Bildungsverantwortung
seit der Reformation

Band 2/1
19. und 20. Jahrhundert

Herausgegeben und eingeführt
von
Karl Ernst Nipkow und Friedrich Schweitzer

Chr. Kaiser
Gütersloher
Verlagshaus

Die Deutsche Bibliothek – CIP-Einheitsaufnahme

Religionspädagogik : Texte zur evangelischen Erziehungs- und
Bildungsverantwortung seit der Reformation /
hrsg. und eingef. von Karl Ernst Nipkow und Friedrich Schweitzer. – Gütersloh :
Kaiser ; Gütersloh : Gütersloher Verl.-Haus.

NE: Nipkow, Karl Ernst [Hrsg.]

Bd. 2.1. 19. und 20. Jahrhundert. – 1994
(Theologische Bücherei ; Bd. 88 : Studienbücher)
ISBN 3-579-02064-1
NE: GT

ISBN 3-579-02064-1
© Chr. Kaiser/Gütersloher Verlagshaus, Gütersloh 1994

Das Werk einschließlich aller seiner Teile ist urheberrechtlich geschützt. Jede
Verwertung außerhalb der engen Grenzen des Urheberrechtsgesetzes ist ohne
Zustimmung des Verlages unzulässig und strafbar. Das gilt insbesondere für
Vervielfältigungen, Übersetzungen, Mikroverfilmungen und die Einspeicherung
und Verarbeitung in elektronischen Systemen.

Umschlaggestaltung: Ingeborg Geith, München
Satz: Weserdruckerei Rolf Oesselmann GmbH, Stolzenau
Druck und Bindung: Buch- und Offsetdruckerei Sommer GmbH, Feuchtwangen
Printed in Germany

Inhalt

BAND 2/1

Religionspädagogik im 19. und 20. Jahrhundert
Einleitung 17

TEXTE

I. Neues kirchliches Bewußtsein und Liberalismus: Der Streit um Kirche, Schule und Religionsunterricht in der Zeit bis zur Mitte des 19. Jahrhunderts 44

Johann Hinrich Wichern

    Christliche Rettungsanstalten für verwahrloste Kinder 44

    a) Entartung und Entsittlichung des untersten Volkes – Pflanzschulen der Laster, Schanden und Verbrechen 44

    Aus: Ansprache auf der Gründungsversammlung des Rauhen Hauses vom 12. September 1833 in Hamburg. Abdruck nach ders.: Sämtliche Werke, hg. v. P. Meinhold. Bd. IV/1, Berlin 1958, 97-100 (gekürzt)

    b) Rettungsanstalten als Antwort auf das im Volke wirksame Übel 46

    Aus: Ansprache, a.a.O., 101-107 (gekürzt)

    c) Der Geist des Glaubens und der Liebe als Grundlage christlicher Erziehung 52

    Aus: Ansprache, a.a.O., 107-112 (gekürzt)

Christian Palmer

    1. Katechetik als theologisch-kirchliche Disziplin 58

    a) Die kirchliche Basis 58

    Aus: Evangelische Katechetik, Stuttgart 1844, IV, 3-5 (gekürzt)

b) Bekenntnis und kirchliches Leben als Ziel 59

Aus: Evangelische Katechetik, a.a.O., 18-40 (Auszüge)

c) Die religiöse Empfänglichkeit des Kindes – Tradition, Schrift und Katechismus als Stufen individueller und kirchlicher Entwicklung 66

Aus: Evangelische Katechetik, a.a.O., 42-47 (gekürzt)

2. Evangelische Pädagogik in der Konvergenz des Humanen mit dem Evangelium 69

a) Der konstitutive Zusammenhang von Bildung und Christentum – Pädagogik als praktisch-theologische Disziplin 69

Aus: Evangelische Pädagogik. Erste Abt., Stuttgart 1853, Vf., 65-72 (gekürzt)

b) Familie, Schule und Kirche als Träger evangelischer Erziehung 73

Aus: Evangelische Pädagogik, a.a.O., 72-80 (gekürzt)

Wilhelm von Humboldt

Allgemeine Bildung und aufgeklärte Religion – Schulreform Anfang des 19. Jahrhunderts 78

Aus: Bericht der Sektion des Kultus und Unterrichts an den König. Dezember 1809. Abdruck nach ders.: Werke in Fünf Bänden, hg. v. A. Flitner/K. Giel. Bd. IV, Darmstadt ³1982, 210-238 (Auszüge)

Friedrich Adolph Wilhelm Diesterweg

1. Gegen den konfessionell-dogmatischen Religionsunterricht 82

Aus: Konfessioneller Religionsunterricht in den Schulen oder nicht? (1848). Abdruck nach ders.: Sämtliche Werke. 1. Abt., hg. v. H. Deiters u.a., Bd. 7, Berlin 1964, 381-416 (Auszüge)

Inhalt 7

2. Universale religiöse Bildung: das Wahre, das Gute, das Schöne 88

Aus: Mein Religionsunterricht (1855). Abdruck nach ders.: Sämtliche Werke. 1. Abt., hg. v. H. Deiters u.a., Bd. 11, Berlin 1964, 407-425 (Auszüge)

II. Restauration und Kaiserreich: Sittlich-religiöse Bildung und kirchliches Katechumenat 98

Die Stiehlschen Regulative

1. Absage an das Ideal formeller allgemeiner Bildung und kirchlich-christliche Restauration 98

Aus: Die drei Regulative vom 1., 2. und 3. Okt. 1854 über die Einrichtung des evang. Seminar-, Präparanden- und Elementarschul-Unterrichts. Abdruck nach L. von Rönne: Das Unterrichts-Wesen des Preußischen Staates. (Die Verfassung des Preußischen Staates. Achter Theil), Berlin 1855, 896-905 (1. Regulativ, gekürzt)

2. Religionsunterricht und die Wiederherstellung eines christlichen Volkslebens 103

Aus: Die drei Regulative, a.a.O., 920-926 (3. Regulativ, gekürzt)

Die religiöse Pädagogik des Herbartianismus

1. Tuiskon Ziller 107

a) Sittlich-religiöse Charakterbildung durch erziehenden Unterricht 107

Aus: Grundlegung zur Lehre vom Erziehenden Unterricht (1864). Zweite, verb. Aufl. hg. v. T. Vogt, Leipzig 1884, 12-18. 151f. (gekürzt)

b) Konzentrierende Gesinnungsstoffe im kulturgeschichtlich orientierten Lehrplan: christliche Gesinnung als Zentrum der Schule 110

Aus: Materialien zur speziellen Pädagogik. Des »Leipziger Seminarbuches«. Dritte, aus dem handschriftl. Nachlasse des Verfassers sehr verm. Aufl., hg. v. M. Bergner, Dresden 1886, 16-20 (gekürzt)

2. Ernst Thrändorf ... 115

a) Religionsunterricht und Charakterbildung: Religion erst erleben und dann erlernen ... 115

Aus: Die Behandlung des Religionsunterrichtes nach Herbart- Ziller'scher Methode. In: Zeitschrift für praktische Theologie 6 (1884), 365-390 (Auszüge)

b) Religionsunterricht nach der Herbart-Zillerschen Methode: die Formalstufen ... 118

Aus: Die Behandlung des Religionsunterrichtes nach Herbart-Ziller'scher Methode. In: Zeitschrift für praktische Theologie 7 (1885), 1-21 (Auszüge)

Carl Adolf Gerhard von Zezschwitz

1. Der christlich-kirchliche Katechumenat: Kirche – Elternhaus – Schule ... 122

Aus: System der christlich kirchlichen Katechetik. Bd. 1, Leipzig 1863, 79, 89-91. 357-359 (gekürzt)

2. Die Katechese als kirchliche Unterrichtsmethode ... 125

a) Definition – Lehrstoff – Lehrarten ... 125

Aus: System der christlich kirchlichen Katechetik. Bd. 2, 2. Abt., Erste Hälfte, Leipzig 1869, 1-7 (Auszüge)

b) Die offenbarungsmäßig-positive Lehrart ... 129

Aus: System der christlich kirchlichen Katechetik. Bd. 2, 2. Abt., Erste Hälfte, Leipzig 1869, 20-34 (Auszüge)

Friedrich Wilhelm Dörpfeld

Für eine gerechte, gesunde, freie und friedliche Schulverfassung ... 134

a) Die Schulgemeindeschule als oberste Stufe der Entwicklung ... 134

Aus: Das Fundamentstück einer gerechten, gesunden, freien und friedlichen Schulverfassung (1892). Abdruck nach ders.: Ausgewählte pädagogische Schriften, bes. v. A. Reble. (Schöninghs Sammlung pädagogischer Schriften. Quellen zur Geschichte der Pädagogik), Paderborn 1863, 119-121.

b) Erziehung als Recht der Eltern – Die Schulgemeinde als Träger der Schule 136

Aus: Das Fundamentstück, a.a.O., 121-128 (gekürzt)

c) Religiöse Erziehung als Frage der Gewissensfreiheit 141

Aus: Das Fundamentstück, a.a.O., 129-136 (gekürzt)

III. Die religionspädagogische Reformbewegung bis zum Ersten Weltkrieg 146

Ellen Key

1. Das Jahrhundert des Kindes und die Religion der Entwicklung 146

Aus: Das Jahrhundert des Kindes (1900). Abdruck n.d. Nachdruck d. dt. Erstausgabe (1902), Königstein/T. 1978, 80

2. Der Religionsunterricht als das demoralisierendste Moment der Erziehung 147

Aus: Das Jahrhundert, a.a.O., 135-139 (gekürzt)

3. Das Kind und seine Religion 151

Aus: Das Jahrhundert, a.a.O., 142-147 (gekürzt)

Otto Baumgarten

1. Unterricht in der christlichen Religion unter den Bedingungen neuzeitlichen Denkens und religiösen Erlebens 156

Aus: Neue Bahnen. Der Unterricht in der christlichen Religion im Geist der modernen Theologie, Tübingen u. Leipzig 1903, 2f. (gekürzt)

2. Die Anklagen der Pädagogik 157

Aus: Neue Bahnen, a.a.O., 7-16 (leicht gekürzt)

3. Die Anklagen des Wahrheitssinnes 163

Aus: Neue Bahnen, a.a.O., 16-26 (gekürzt)

4. Der Unterricht der Erwachsenen 170

Aus: Neue Bahnen, a.a.O., 95f.

Legitimationskrise des schulischen Religionsunterrichts

1. Abschaffung des Religionsunterrichts – die Bremer Denkschrift 171

Aus: Religionsunterricht oder nicht? Denkschrift der bremischen Lehrerschaft (1905). In: F. Gansberg (Hg.): Religionsunterricht? Achtzig Gutachten. Ergebnis einer von der Vereinigung für Schulreform in Bremen veranstalteten allgemeinen deutschen Umfrage, Leipzig 1906, 182-202 (gekürzt)

2. Reform des Religionsunterrichts – die Zwickauer Thesen 179

Abdruck nach: Christliche Welt 23 (1909), Sp. 371f.

3. Bewahrung des Religionsunterrichts – die Düsseldorfer Thesen 180

Düsseldorfer Thesen der »Positiven«. Abdruck nach: Monatsblätter für den ev. RU 3 (1910), 55f.

Friedrich Niebergall

1. Die Lehrbarkeit der Religion und die Kritik im Religionsunterricht 182

Aus: Die Lehrbarkeit der Religion und die Kritik im Religionsunterricht. In: MevRU 1 (1908), 238f., 321-333, 353-359 (Auszüge)

2. Die Entwicklung der Katechetik zur Religionspädagogik ... 195

Aus: Die Entwicklung der Katechetik zur Religionspädagogik. Zweites Stück. In: MevRU 4 (1911), 33-43 (Auszüge)

Inhalt 11

Richard Kabisch

1. Das Recht des Religionsunterrichts und seine Stellung im menschlichen Erziehungsplan 197

    Aus: Wie lehren wir Religion? Versuch einer Methodik des evangelischen Religionsunterrichts für alle Schulen auf psychologischer Grundlage (1910, 3. verb. Aufl., Göttingen 1913, 1-8, Abdruck n. d. 3. Aufl.) (Auszüge)

2. Kirche, Familie und Staat als Träger des Religionsunterrichts 199

    Aus: Wie lehren wir Religion?, a.a.O., 8-19 (Auszüge)

3. Was ist Religion? 208

    Aus: Wie lehren wir Religion?, a.a.O., 26-38 (Auszüge)

4. Ist Religion lehrbar? 212

    Aus: Wie lehren wir Religion?, a.a.O., 63, 66 (Auszüge)

5. Die Religion des Kindes 213

    Aus: Wie lehren wir Religion?, a.a.O., 70-106 (Auszüge)

6. Die Aufgabe des Religionsunterrichts – Ziel und Weg im Überblick 215

    Aus: Wie lehren wir Religion?, a.a.O., 106-119 (Auszüge)

7. Zum Lehrverfahren im Religionsunterricht 219

    a) Der Vorrang der Textgestaltung der biblischen Geschichten 219

    Aus: Wie lehren wir Religion?, a.a.O., 186-189 (Auszüge)

    b) Die Besprechung als Ergänzung 221

    Aus: Wie lehren wir Religion?, a.a.O., 212-219 (Auszüge)

BAND 2/2

Religionspädagogik im 20. Jahrhundert
Einleitung 19

TEXTE

I. Evangelische Schulpolitik und Religionspädagogik in der Weimarer Republik 57

Otto Dibelius

Die einheitlich-prägende evangelische Erziehungsschule 57

Die Richertschen Richtlinien

Religionsunterricht als Bildungsaufgabe in der Schule........... 61

Otto Eberhard

1. Religionsunterricht in der Arbeits- und Lebensschule 66
2. Methoden des Religionsunterrichts im Überblick 75

Theodor Heckel

Die Priorität des heiligen Geistes vor aller Methodik............. 76

Gerhard Bohne

1. Bildungskrise und ewige Krise – zwischen Offenbarung und Kultur... 78
2. Störung der Bildung von Gott her – Religionsunterricht in der Spannung zwischen menschlicher Entwicklung und dem Ruf in die Entscheidung 79
3. Den Menschen ernst nehmen 83
4. Wahrheitsfrage und theologische Forschung im Unterricht mit Jugendlichen 84

Inhalt 13

Wilhelm Koepp

1. Erziehung als Urfunktion des Daseins und die Vernichtung der pädagogischen Idee 86
2. Erziehung unter dem Evangelium 88
3. Unterweisung und Lehre als Verkündigung 91

Magdalene von Tiling

Erziehung und reformatorischer Glaube – das pädagogische Verhältnis als Urordnung unter dem Anspruch des Gesetzes 94

Martin Doerne

1. Erziehung und Verkündigung – Gesetz und Evangelium 99
2. Evangelische Unterweisung (Religionsunterricht) 102

II. Evangelisches Erziehungsdenken in der Zeit des Nationalsozialismus zwischen 1933 und 1945 105

Helmuth Kittel

Das begrenzte Recht des Nationalsozialismus – Richtlinien für den Religionsunterricht an der neuen deutschen Schule 105

Vierte Bekenntnissynode der Deutschen Evangelischen Kirche

Beschluß über die Schulfrage 115

Martin Rang

1. Religionsunterricht: Bekenntnis – Anrede – kirchlicher Unterricht 120
2. Der Religionsunterricht in der staatlichen Schule 123
3. Alltag und Grenzsituation 127
4. Anerkennung der Geschichte Jesu Christi als Offenbarung 130

Oskar Hammelsbeck

Kirchlicher Unterricht als missionierender Unterricht in der Vollmacht der Gemeinde 132

    a) Die in der Volkskirche entwickelten Formen – Religionsunterricht und die Erziehung für die Gemeinde 132

    b) Die Formen in der Erneuerung – Kinderlehre in der Gemeinde und Elternhaus.. 137

Bekennende Kirche 1943

Memorandum zu Kirche und Schule 140

III. Evangelische Religionspädagogik von der Nachkriegszeit bis Anfang der 70er Jahre 144

A. Die Entwicklung in der Bundesrepublik 144

Helmuth Kittel

1. Nie wieder Religionsunterricht 144
2. Unterweisung im Hören auf die Bibel 147
3. Evangelische Unterweisung und Volksschulfächer 149
4. Grundsätze und Regeln der Schriftauslegung 154

Synode der Evangelischen Kirche in Deutschland 1958

Wort zur Schulfrage 157

Hans Stock

1. Die Herausforderung des biblischen Unterrichts durch die theologische Forschung.. 160
2. Didaktisches Grundgesetz 162
3. Der Schüler und sein Lehrer 162
4. Der Lehrer als Interpret unter den Bedingungen des Nicht-Glaubens 164

Inhalt   15

Martin Stallmann

1. Biblischer Unterricht im Zeichen von Entmythologisierung und existentialer Interpretation 167
2. Der Religionsunterricht und die religiöse Frage des Menschen – Schule und Christentum 176

Kurt Frör / Gert Otto

Religionsunterricht als Teil des kirchlichen Gesamtkatechumenats? Das Verhältnis zur Gemeinde als Problem 178

Hans Bernhard Kaufmann

Muß die Bibel im Mittelpunkt des Religionsunterrichts stehen? Auf dem Weg zum Religionsunterricht im Lebenskontext und Dialog 182

Gert Otto / Hans Rauschenberger

Emanzipatorischer und bikonfessioneller Religionsunterricht in der Grundschule als Teil der integrierten Gesamtschule 189

Evangelische Kirche in Deutschland 1971
Religionsunterricht – Grundrechte – Grundsätze nach evangelischem Verständnis 197

B. Die Entwicklung in der DDR 202

Walter Zimmermann

Christenlehre im atheistischen Staat – von der Volkskirche zur Freiwilligkeitskirche? 202

Dieter Reiher

1. Unterweisungsmodelle zwischen der Hinführung zur Gemeinde und offener Lebens- und Glaubenshilfe 206
2. Kirchliche Unterweisung als Geleit – Freiheit gegenüber dem Angebot – Texte und Themen 208

Jürgen Henkys

1. Katechumenat und Diakonat 210
2. Weltoffenheit des christlichen Unterrichts in der sozialistischen Gesellschaft 213
3. Die Katechumenatsidee als Verpflichtung der Gemeinde auf Formen zeitgenössischen Christseins in einer nachchristlichen Welt 216

IV. Religionspädagogik im geteilten Deutschland von den 70er Jahren bis zum staatlichen und kirchlichen Einigungsprozeß
Ein Ausblick 218

Literaturverzeichnis 242

RELIGIONSPÄDAGOGIK IM 19. UND 20. JAHRHUNDERT
EINLEITUNG

Der vorliegende Band 2 dokumentiert in zwei Teilbänden die Entwicklung der Religionspädagogik seit Friedrich Schleiermacher. Damit sind im wesentlichen das 19. und das 20. Jahrhundert im Blick, oder genauer: die Zeit zwischen etwa 1840 und 1993. Mit der Dokumentation dieses Zeitraums kommt die in drei Teilbänden (Bde. 1, 2/1 u. 2/2) gefaßte Textsammlung zur evangelischen Erziehungs- und Bildungsverantwortung seit der Reformation zum Abschluß.

In der religionspädagogischen Diskussion der Gegenwart sind die mit dem vorliegenden zweiten Band erschlossenen Zusammenhänge vergleichsweise wenig beachtet worden. Vielfach wurde der Beginn der noch heute bedeutsamen Vorgeschichte der Religionspädagogik erst in der mit Gerhard Bohne einsetzenden Neuorientierung, der später so genannten Epoche der Evangelischen Unterweisung, gesehen, wobei im wesentlichen aber nur die Position Helmuth Kittels rezipiert und also nur die Zeit nach 1945 bedacht wurde. Diese historisch und sachlich verengte Sicht ist inzwischen ansatzweise korrigiert worden, durch Untersuchungen zu Kulturprotestantismus und Reformpädagogik (Bockwoldt, H. Luther, Wiater), zum Herbartianismus (Pfister) und zu den (religions)pädagogischen Entwürfen in der Zeit des Vormärz und um die Mitte des 19. Jahrhunderts (P. Bloth, Fischer, Bolle, Rupp, Anselm). Dabei ist deutlich geworden, daß die Entwicklung der Religionspädagogik ohne Beachtung des 19. und frühen 20. Jahrhunderts gar nicht zu begreifen ist. Viele der Fragestellungen, die heute als aktuell angesehen werden, haben sich in dieser Zeit herausgebildet, und zum Teil sind sie bereits damals in bleibend bedeutsamer Weise beantwortet worden. Das gilt auch für das zu Unrecht vernachlässigte 19. Jahrhundert: So wird etwa – anknüpfend an die Aufklärungspädagogik des 18. Jahrhunderts – schon im 19. Jahrhundert nach einem allgemeinen Religionsunterricht gefragt, der nicht mehr kirchlich oder konfessionell begründet ist (Diesterweg); aus der Erfahrung religiöser Pluralisierung sowie der Säkularisierung heraus werden die religiösen Grundlagen von Schule und Schulverfassung thematisiert (Dörpfeld); der Gedanke einer konfessionellen »Evangelischen Pädagogik« wird ins Spiel gebracht (Palmer). Noch stärker nimmt das frühe 20. Jahrhundert religionspädagogische Tendenzen der Gegenwart in vielem vorweg: die Aufnahme der historisch-kritischen Forschung sowie von Psychologie, Religionswissenschaft und Volkskunde (Baumgarten, Niebergall, Kabisch); die Ausbildung einer erfahrungsorientierten Didaktik sowie einer bis heute im Religionsunterricht nicht wieder erreichten Vielfalt von Lehr- und Lernwegen (Eberhard).

Die Begrenzung der Vorgeschichte der Religionspädagogik auf die Zeit seit der Evangelischen Unterweisung ist sachlich nicht zu rechtfertigen, weder im Blick auf die Zeit von Luther bis Schleiermacher (s. Bd. 1), in der sich die moderne Religionspädagogik herausgebildet hat, noch im Blick auf das 19. und frühe 20. Jahrhundert. Die Konzentration auf die Nachkriegszeit seit 1945 steht vielmehr für ein verzerrtes Geschichtsbild, das möglicherweise mit der vergangenen altbundesrepublikanischen Identität zusammenhängt. So ist es heute auch aus diesem Grunde an der Zeit, sich neu auf die weiteren Zusammenhänge eines für Ost und West gemeinsamen Geschichtshorizontes einzulassen.

Anders als in der Bundesrepublik hat in der DDR neben der Anlehnung an die Evangelische Unterweisung und die Begründung des kirchlichen im Unterschied zum schulischen Religionsunterricht durch Oskar Hammelsbeck (s. Bd. 2/2) auch der Rückbezug auf die Katechetik des 19. Jahrhunderts eine Rolle gespielt. Besonders Carl Adolf Gerhard von Zezschwitz (s.u. 122ff.) wurde als Vertreter einer »*Kirchenerneuerung durch Erziehung*«. (Reiher 1992, 12) aufgefaßt und als solcher zu einem wichtigen Ausgangspunkt für Katechetik und Gemeindepädagogik in der DDR (vgl. dazu unten, Abschn. II).

Für die *Religionspädagogik als Disziplin* ist der dokumentierte Zeitraum weiterhin insofern von besonderem Interesse, als hier mehrere für diese Disziplin entscheidende Determinanten in ihrer Herausbildung sowie ihrer sich verstärkenden Wirkung auf die Religionspädagogik zu beobachten sind. Seit dem 19. Jahrhundert ist die *Katechetik* als theologische Disziplin in den theologischen Fakultäten verankert. In diesem Rahmen erscheint die Religionspädagogik gewöhnlich als Katechetik, zum Teil – in der zweiten Hälfte des 19. und dann wieder im zweiten Drittel des 20. Jahrhunderts – bewußt als kirchliche und konfessionelle Katechetik. Ihr gegenüber steht zunehmend selbstbewußt die teils ebenfalls universitär, teils an den Lehrerakademien und -vereinen betriebene *Pädagogik*, von der die religionspädagogischen Aufgaben im Rahmen von Bildungs- und Erziehungstheorien sowie im Horizont der allgemeinen kulturellen Entwicklung gedeutet werden. Aus diesem stets spannungsvollen, manchmal überaus konflikthaften Gegenüber erwächst dann zu Beginn des 20. Jahrhunderts die programmatische Rede von der nun erstmals auch so genannten »*Religionspädagogik*«, die dann scharf von der als veraltet angesehenen »Katechetik« abgegrenzt wird.

Die historischen Zusammenhänge dürfen auch hier nicht auf die Ideen- oder Wissenschaftsgeschichte begrenzt werden. Immer wieder gehen wesentliche, die religionspädagogische Theoriebildung entscheidend bestimmende Einflüsse direkt oder indirekt von den *politischen und gesellschaftlichen Veränderungen* aus: im preußischen Staat sollen Religion und Religionsunterricht als Bollwerk gegen revolutionäre Umtriebe dienen; die sozialen Veränderungen auf dem Weg der kapitalistischen Industrialisierung bilden den Hintergrund der gesamten hier überschauten Entwicklung sowie besonders der Neuaufbrüche um die Wende zum 20. Jahrhundert; das Ende der Einheit von Thron und Altar mit der Ablösung der Staatskirche nach dem Ersten Weltkrieg verlangt grundlegende Neuorientierungen sowohl für den Religionsunterricht als auch für das Verhältnis von Kirche und Schule; der Nationalsozialismus stellt die Religionspädagogik vor die Alternative von Anpassung, mit der drohenden Folge einer Gleichschaltung des Religionsunterrichts, oder Distanzierung, die freilich nur selten in den Widerstand führte; die Nachkriegszeit von 1945 bedeutet als solche wie auch in ihrer doppelten Gestalt von DDR und Bundesrepublik eine religionspädagogische noch kaum erforschte Ausgangslage (vgl. jetzt H. Schmidt 1992, Ohlemacher 1993).

Dem Interesse an der Würdigung solcher gesellschaftlicher und sozialgeschichtlicher Einflüsse folgt die *Gliederung* der beiden Teilbände: Sie entspricht besonders im 20. Jahrhundert nur zum Teil der gängigen Einteilung in »liberale Religionspädagogik«, »Evangelische Unterweisung«, »hermeneutischer Religionsunterricht« usw. und schließt sich statt dessen enger an die zeitgeschichtlichen Zäsuren an. Damit macht sie bewußt, daß beispielsweise die gegensätzlichen Entwürfe aus der Zeit zwischen 1920 und 1930 auch unter der gemeinsamen Perspektive der Verarbeitung einer weithin als Kulturbruch erfahrenen Nachkriegszeit und des neuen Verhältnisses zwischen Kirche und Staat gesehen werden müssen. Zwischen dem Selbstbewußtsein, aus dem heraus religionspädagogische Entwürfe sich als »neu« verstehen, und einer auch von außen zu beobachtenden, oft erst im geschichtlichen Rückblick deutlicher zu erkennenden Diskontinuität im Sinne eines Neueinsatzes muß dabei durchweg unterschieden werden. Nicht nur die von vornherein mit dem Pathos der »neuen Bahnen« (O. Baumgarten) eingeläutete Reformpädagogik ist mit der

Frage der Kontinuität zu konfrontieren (Schweitzer 1992b), sondern auch die »Evangelische Unterweisung«.

Weiterhin können die sozialgeschichtlichen Veränderungen zur Erklärung der zum Teil überraschenden Parallelen zwischen der wissenschaftlichen Entwicklung in Religionspädagogik, Pädagogik und Praktischer Theologie herangezogen werden. Im hier dokumentierten Zeitraum bestehen solche Parallelen zum Beispiel in der geschichtlichen Ausrichtung im letzten Drittel des 19. Jahrhunderts und in der Aufnahme empirischer Methoden zu Beginn des 20. Jahrhunderts. Alle Teildisziplinen der Praktischen Theologie sind in übergreifender Weise von der Auseinandersetzung mit den gesellschaftlichen Modernisierungsprozessen bestimmt, durch die sich die Voraussetzungen sowohl des (religions)pädagogischen als auch des kirchlichen Handelns grundlegend ändern.

Wie ist die Entwicklung von Religionspädagogik sowie von evangelischer Erziehungs- und Bildungsverantwortung in diesem Zeitraum zu beurteilen? Ist eine auch normativ bestimmte Einschätzung möglich? Vor allem zwei Perspektiven bieten sich an: Unter dem Aspekt der *inneren Dynamik des Protestantismus* ist zu fragen, ob das reformatorische Erbe bewahrt und im geschichtlichen Wandel ohne Substanzverlust ausgelegt werden konnte. Unter dem Aspekt der *gesellschaftlichen und religiösen Modernisierung* ist zu bedenken, ob die von Schleiermacher und seinen Zeitgenossen vorgezeichneten Synthesen von Religion und religiöser Erziehung nach der Aufklärung fortgesetzt und ob die neuen sozialen und kulturellen Herausforderungen aufgenommen werden konnten.

Bei der Auswahl der dokumentierten Texte wurde durchweg versucht, die Weite des damit angedeuteten geschichtlichen Horizonts zu wahren. Auch wenn der Konfirmandenunterricht hier nicht im Blick sein sollte (s. den Parallelband von Bäumler/Luther), wurden doch schulisch-religionsdidaktische wie auch gemeindlich-katechetische (später als »gemeindepädagogisch« bezeichnete) Entwürfe aufgenommen. Beachtet wurden darüber hinaus die Entwicklung der Religionspädagogik als Disziplin sowie deren Einbindung in den weiterreichenden Zusammenhang kirchlicher Bildungsverantwortung. Religionsunterricht und religiöse Erziehung in Schule und Gemeinde, das Verhältnis von Kirche, Schule und Gesellschaft sowie wissenschaftstheoretische bzw. disziplingeschichtliche Aspekte bezeichnen gemeinsam den Umkreis der hier dokumentierten Zusammenhänge.

Die Auswahl reicht etwa vom zweiten Drittel des 19. Jahrhunderts bis zu den 70er Jahren des 20. Jahrhunderts. Ein für diesen Band verfaßter

Ausblick der Herausgeber beschreibt, auch mit vergleichsweise ausführlicher Bibliographie, die weitere Entwicklung bis hin zur Gegenwart. Der Einsatz beim zweiten Drittel des 19. Jahrhunderts entspricht der Auffassung, daß sich die Religionspädagogik in ihrer modernen Form bis zum frühen 19. Jahrhundert herausgebildet hat (vgl. Einleitung Bd. 1) und daß für die Folgezeit mit dem sozial- und wissenschaftsgeschichtlich deutlicheren Zusammenhang einer Religionspädagogik im Horizont gesellschaftlicher Modernisierung gerechnet werden muß. Am anderen Ende dieses Zeitraums, unserer eigenen Gegenwart also, erschien die Form des Ausblicks insofern angemessener als diejenige der Dokumentation, als zum einen die Texte aus dieser Zeit vergleichsweise leicht zu greifen sind und zum anderen eine Auswahl klassisch gewordener Texte gewiß verfrüht wäre.

I. Neues kirchliches Bewußtsein und Liberalismus: Der Streit um Kirche, Schule und Religionsunterricht in der Zeit bis zur Mitte des 19. Jahrhunderts

Die für Theologie und Religionspädagogik in der ersten Hälfte des 19. Jahrhunderts gewichtigste Position nimmt ohne Zweifel F. Schleiermacher ein (s. Bd. 1). Sein Entwurf hat mit der Synthese von Überlieferung und Modernität die weitere Entwicklung in erheblichem Maße geprägt. Bald nach seinem Tode und zum Teil auch schon zuvor werden jedoch auch andere Einflüsse wirksam, die mit der von Schleiermacher angestrebten Integration kaum zu vereinbaren waren. Zwischen den Versuchen einer Erneuerung der Aufklärung und dem Wiedererstarken des kirchlichen Bewußtseins kam es zunehmend zu Polarisierungen, die in wechselnder Form und mit unterschiedlicher Zuspitzung dann das ganze Jahrhundert bestimmten. Die Spannungen zwischen den religiös und politisch *Liberalen* auf der einen und den ebenfalls sowohl religiös als auch politisch *Konservativen* auf der anderen Seite wurden so zur Signatur von Kirche und religiösem Leben dieser Zeit (vgl. theologie- und sozialgeschichtlich Graf 1990). Besondere Dynamik gewinnt diese Spannung aus dem grundlegenden Wandel, dem *Modernisierungsprozeß*, der im Laufe des 19. Jahrhunderts aus dem weithin agrarisch bestimmten Deutschland einen industrialisierten kapitalistischen Staat werden läßt. Dadurch verändern sich die Lebensformen in einer Weise, die durch Verstädterung, Mobilisierung, Proletarisierung weiter Teile der Bevölkerung auch das kirchliche und gemeindliche Leben erschüttert. Auch der Ausbau des Bildungswesens und die allmähliche, erst gegen Ende des Jahrhundert zum Ziel gelangende Durchsetzung der Schulpflicht (Leschinsky/Roeder) gehört in diesen Zusammenhang des gesellschaftlichen Wandels.

Drei Hauptlinien prägen die Entwicklung im Schnittpunkt von Theologie und Kirche, Gesellschaft, Schule und Pädagogik: ein *sozialpädagogisch-diakonisches Programm*, das unmittelbar bei den Folgen der gesellschaftlichen Veränderungen ansetzt und das mit der Inneren Mission eine enorme Ausstrahlung gewinnt (1); das *vermittlungstheologische Anliegen*, das im engen Anschluß an Schleiermacher weiterhin die Integration von Religion und Aufklärung anstrebt (2); schließlich (3) die Spannung zwischen der Inanspruchnahme von Religion für *politische Legitimationsinteressen* auf der einen und den *demokratischen Bestrebungen* in der Erneuerung der Aufklärung auf der anderen Seite.

Nur verwiesen werden kann auf zwei weitere Stimmen, die bei den damit bezeichneten Auseinandersetzungen nicht zur Wirkung kamen. Vor allem im Bereich des damals neu entstehenden Kindergartens entfaltet Friedrich Fröbel seinen Einfluß. Bei ihm verbinden sich Gedanken von Pestalozzi, Schleiermacher und Jean Paul. Bezeichnend ist seine – romantische – These, daß die »lebendige Gemüts- und Geisteseinigung« zwischen Eltern und Kind die Grundlage aller religiösen Erziehung sei (Fröbel 1826, 152). – Sehr viel später, erst im dritten Jahrzehnt des 20. Jahrhunderts, ist die Philosophie Sören Kierkegaards (vgl. Schaal, zuletzt Heymel) auch für die Religionspädagogik bedeutsam geworden. Die für alle Erziehung geltende Unverfügbarkeit des christlichen Glaubens, wie sie Kierkegaard bewußtmacht, paßte nur schlecht in die Systeme und die im ganzen noch ungebrochenen Erziehungshoffnungen des 19. Jahrhunderts.

1. Auf die Herausforderungen durch die gesellschaftlichen Verwerfungen antwortet eindrücklich Johann Hinrich Wichern mit seiner auf Armut und Verwahrlosung bezogenen Rettungshauspädagogik. Aus seinem Bericht über das Elend und seine Folgen für Kinder und Jugendliche spricht noch heute lebendig das tiefe Erschrecken über Lebensumstände, an denen alle Erziehung und Bildung scheitern müssen. Mit seiner *diakonischen* Rettungshauspädagogik erneuert und erweitert Wichern das von Pestalozzi in Stanz (s. Bd. 1) entwickelte Programm einer *Sozialpädagogik*.

Das Kind wird bei Wichern mit großem Realismus wahrgenommen in der Verwahrlosung, der es aufgrund seiner ganzen Lebensumstände unterliegt; aber es wird zugleich und »vornehmlich« gesehen »als ein zu *rettendes*« (s.u. 48). Im »Geist« der Vergebung, der das ganze Haus durchwalten soll, wolle »die Anstalt jedem einzelnen Kind sogleich entgegentreten ...: ›*Mein Kind, dir ist alles vergeben!*‹« (s.u. 53). Wo dieser Geist den »besseren Menschen in einem Kinde« erreiche, da sei es als ein »*gerettetes*« anzusehen (s.u. 54). – Rettung heißt für Wichern nicht Befreiung von Armut. Vielmehr sollen die Kinder »erkennen ..., daß Armut als solche kein Übel ist«. Entscheidend sei die »*Gesinnung*«, in der die Armut getragen wird. (s.u. 50). Rettungshauspädagogik ist deshalb Erziehung durch Arbeit, ist »mannigfache Übung der Kräfte zu den Arbeiten, welche dem zum Stande der Unbemittelten Gehörigen obliegen« (s.u. 50). In dieser Zielsetzung liegt die Ambivalenz, die heutige ideologiekritisch-funktionale Deutungen für die Sozialpädagogik seit Pestalozzi konstatieren (s. Anhorn im Anschluß an Michel Foucault, Max Weber u.a.): Wichern wollte im Dienste der »Rettung« verwahrloster Kinder stehen – seine Pädagogik diente zugleich der Hervorbringung arbeits- und anpassungsfähiger Menschen, wie sie mit der Industrialisierung zunehmend gebraucht wurden. Wicherns Sozialpädagogik bleibt unterhalb der Ebene des Politisch-Sozialen – insofern kann sie als »individualistisch« (Nipperdey 107) eingeschätzt werden.

Religiöse Erziehung und Bildung versteht Wichern als integralen Bestandteil des Lebens in der Anstalt. Nicht der von ihm gewiß hochgeschätzte Unterricht im Katechismus und in biblischer Geschichte (vgl. Wichern 1868, 494) wird an erster Stelle genannt, sondern die in das gemeinsame Leben eingelagerte Erziehung durch tägliche Andachten und Gebetszeiten sowie die bewußte Wahrnehmung des Sonntags und der »kirchlichen Jahresfeste« (ebd. 492ff.; s. auch unten 55).

Wicherns Pädagogik erwächst aus einem umfassenden Verständnis der »*christlichen Erziehung*«, für die »*das Religiöse die Hauptsache, aber nicht die einzige Sache*« sein könne (Wichern 1841/42, 59). Die »Schöpfungsgnade«, die sich durch »menschliche, allgemeine Bildung« kundgebe, dürfe ebensowenig verkannt werden wie die »Erlösungsgnade«, die auf die durch Schuld und Sünde verletzte Schöpfung ziele, um den »Menschen an Christum zu binden als an den Erlöser« (ebd. 61, 63f.).

2. Deutlich in der Tradition Schleiermachers steht der *vermittlungstheologische* Entwurf Christian Palmers. Mit seinen Entwürfen einer »Evangelische(n) Katechetik« und einer »Evangelische(n) Pädagogik« (veröff. 1844 und 1853, mit zahlreichen Auflagen bis 1875 bzw. 1882) sowie einem breiten (religions)pädagogischen Schrifttum (vgl. Anselm) strebt er eine verstärkt evangelische und kirchliche Grundlegung von Erziehung und Bildung an. Das vermittlungstheologische Anliegen einer Versöhnung von Aufklärungsdenken, Religion und bewußter Kirchlichkeit ist dabei

durchweg zu spüren, doch sind auch die kämpferischen Töne nicht zu überhören: Die Katechetik soll »wieder mit theologisch-kirchlichem Geiste getauft« (s.u. 58) und auf ihre »kirchliche Basis« zurückgeführt werden – die Pädagogik soll aus als unchristlich wahrgenommener pädagogischer Fremdherrschaft befreit werden: »Bildung ohne Christenthum« werde sich »immer wieder als eitel« erweisen (s.u. 70).

Die enge Verknüpfung von Theologie, Kirche, Katechetik und Pädagogik bei Palmer ist nicht einfach als Ausdruck einer kirchlichen Engführung (so Fischer 94, 137) anzusehen. Kirche und kirchliche Lehre stehen für Palmer dem Vernünftigen und Humanen nicht gegenüber, sondern nehmen diese in sich auf. In »allem wahrhaft Humanen« sei »auch etwas dem Evangelium conformes zu ehren und zu fördern« (s.u. 72).

Auch Palmers Katechetik zielt auf *Vermittlung* – die Vermittlung subjektiver und objektiver Religion, was ihn zu einer ausführlichen, heutige entwicklungspsychologische Darstellungen vorwegnehmenden (s. Schweitzer 1992a) Beschreibung der religiösen Entwicklung des Kindes als Voraussetzung der Katechetik bewegt: »Tradition«, »Schrift« und »Katechismus« sind für ihn Stufen sowohl der individuellen Entwicklung des Kindes als auch der geschichtlichen Entwicklung von Kirche. Aufgrund seiner Vermittlungsversuche wird Palmer manchmal den *Hegelianern* zugerechnet (Anselm). Deren ebenfalls in dieser Zeit ausgebildete Reflexionsstufenmodelle (Marheineke, Rosenkranz, vgl. Thaulow) sind jedoch stärker spekulativ ausgerichtet und folgen einem anderen Gefälle: Für sie stellt Kirchlichkeit nicht das Ziel der Entwicklung dar, sondern lediglich eine – im Sinne des Hegelschen Bildungsdenkens (Nipkow 1977) notwendige – entfremdende Durchgangsstation.

3. Die Forderung, daß Schule, Christentum und Kirche aufs engste miteinander verbunden bleiben sollen, läßt sich angemessen nur im Horizont der *Schulreform* seit der Jahrhundertwende sowie der spannungsvollen Situation um die Jahrhundertmitte verstehen. Wilhelm von Humboldts Tätigkeit in der »Sektion für den Kultus und öffentlichen Unterricht« steht im Zusammenhang der Reformbestrebungen, die durch den Zusammenbruch des alten preußischen Staates ausgelöst wurden. Sein Sektionsbericht von 1809 (s.u. 78ff.) verweist auf den Versuch, das neuhumanistische Konzept allgemeiner Bildung, auch unter Aufnahme von elementarpädagogischen Impulsen Pestalozzis (Bd. 1, 221ff.), schulisch zum Tragen zu bringen. Zugleich belegt dieser Bericht eine weitreichende Ethisierung von Religion und religiöser Erziehung: Die erwarteten »wohlthätigen Folgen aufgeklärter Religiosität« liegen in einer verstärk-

ten Verinnerlichung von Pflichten (s.u. 78). Religion wird schon hier, noch in der liberalen Periode der Reform, politisch in Anspruch genommen für die »Aufgabe, die Nation geneigt zu machen ..., dem Landesherrn mit unverbrüchlich treuer Liebe anzuhängen« (s.u. 78, dazu Nipkow 1975, Bd. 2, 43f.).

In der Periode zunehmend restaurativer, zugleich aber – besonders in der Zeit des Vormärz und der revolutionären Ereignisse von 1848 – konflikthafter Schulpolitik (s. dazu den folgenden Abschn.) spielt dann Friedrich Adolph Wilhelm Diesterweg eine zentrale Rolle. Als einflußreicher Vertreter des sich emanzipierenden Lehrerstandes (Herrlitz u.a. 55ff.) ist er für freiheitliche Menschenbildung eingetreten. Obwohl auch Diesterweg sich gern auf Schleiermacher beruft, kann er doch vor allem als Erneuerer der Aufklärung in der Nachfolge Jean-Jacques Rousseaus und der Philanthropen (s. Bd. 1, 170ff.) angesehen werden (H.G. Bloth, Rupp). Sein von kritischer Schärfe bestimmter Stil zielt durchweg auf klare Dichotomien: »*Kirchenlehre oder Pädagogik*« heißt für ihn die Alternative, die sich in der Vormärzzeit auch politisch immer weiter zuspitzt. Mit allem Nachdruck wendet er sich, gleichsam als Antipode Palmers, gegen die kirchliche Schulaufsicht und gegen den konfessionellen, von ihm stets als »konfessionell-dogmatisch« wahrgenommenen Religionsunterricht. Der Religionsunterricht, so fordert er, müsse wahrhaft »allgemein« sein – als Religionsunterricht für alle Kinder und als Aufgabe allgemeiner Bildung. Die Entscheidung für eine Konfession, so wiederholt Diesterweg Rousseaus Kritik, dürfe nur von der »eigenen freien Wahl« abhängen. Sie könne nicht am Anfang, sondern müsse »als Produkt meiner innerlichsten Bildung« (s.u. 85) am Ende stehen. Die Ablösung des Religionsunterrichts von der Kirche sei die Voraussetzung wahrhaft religiöser Bildung.

II. Restauration und Kaiserreich: Sittlich-religiöse Bildung und kirchliches Katechumenat

Ob mit der Jahrhundertmitte tatsächlich ein neuer Abschnitt in der Geschichte der Pädagogik und Religionspädagogik beginnt, läßt sich nicht eindeutig beantworten. Die großen Entwicklungslinien setzen sich fort: Auch die zweite Jahrhunderthälfte steht im Zeichen der gesellschaftlichen Modernisierung, deren Herausforderungen kirchlich in der Polarität zwischen Liberalen und Konservativen aufgenommen werden. Mit den Stiehlschen Regulativen von 1854 (s.u. 98ff.) hat sich allerdings die restaurative Schul- und Bildungspolitik in einer Weise durchgesetzt, die gegenüber den demokratisch-liberalen Bestrebungen der ersten Jahrhunderthälfte eine deutliche Zäsur bedeutet. Zudem entsteht mit der Gründung des Kaiserreiches auch allgemein eine veränderte Situation, wodurch ein eigener Abschnitt für diese Zeit eine weitere Rechtfertigung erfährt. – Weder auf der kulturprotestantischen noch auf der kirchlich-konfessionellen Seite wird die restaurative Politik wirklich in Frage gestellt. Im ganzen gesehen bleiben Religionspädagogik und Katechetik auf Distanz zu den Herausforderungen der Zeit, sowohl im Blick auf die wachsende Bedeutung der sozialen Frage und deren gesellschaftliche Dimension als auch hinsichtlich des wachsenden Einflusses der historischen Bibelkritik auf das Bewußtsein in der Öffentlichkeit. Atheismus, säkulares Denken und religiöse Indifferenz werden in ihrer tatsächlichen Wirksamkeit noch kaum wahrgenommen.

Neben den Stiehlschen Regulativen als Ausdruck der *restaurativen Schul- und Bildungspolitik* des Staates (1) gewinnt in dieser Zeit besonders der Herbartianismus mit seinem *kulturprotestantisch-liberalen* Ideal der *sittlich-religiösen Bildung* an Einfluß (2). Ihm steht als *konservative* Richtung die *kirchlich-konfessionelle Katechetik* gegenüber, die nun zu einer neuen Blüte gelangt (3). Von eigener, bereits auf das 20. Jahrhundert und die Trennung von Staat und Kirche vorausweisender Bedeutung ist schließlich die Frage der *Schulverfassung*, die sich unter dem Aspekt der gesellschaftlichen Pluralisierung wie auch im Blick auf das Elternrecht in neuer Weise stellt (4).

1. Nach dem Scheitern der 48er Revolution hat sich um die Jahrhundertmitte auch in der Schul- und Bildungspolitik der konservativ-nationale Geist endgültig durchgesetzt. Die besonders von Diesterweg – auch mit einseitig überzogenem Rationalismus – geforderte Erneuerung der Aufklärung im Sinne einer demokratisch-kritischen Bildung hat sich demgegenüber nicht zu behaupten vermocht. Besonders die Volksschule wurde dem »Zweck herrschaftskonformer Glaubenserziehung ›christlicher Untertanen‹« (Herrlitz u.a. 62) unterstellt. Als Symbol der restaurativen Bildungspolitik werden weithin die Stiehlschen Regulative angesehen (Blankertz 1982), in denen die konservative Programmatik mit der Ablehnung wissenschaftlich-kritischer Bildung und der Unterstützung einer legitimationsbindenden religiösen Erziehung eine wirksame Gestalt gefunden hat.

Die Stiehlschen Regulative beziehen sich zunächst auf die Lehrerbildung für das Volksschulwesen. Sie wollen, durchweg im Sinne einer Absage an die »wissenschaftl. Behandlung« von Inhalten, das »*nothwendige und ausreichende Maaß der Seminarbildung*« (s.u. 98) bestimmen. Die Lehrer sollen dafür sorgen, »*daß die Jugend erzogen werde in christlicher, vaterländischer Gesinnung und in häuslicher Tugend*«, und für diesen »*einfachen*« Unterricht sei eine »vielseitige allgemeinere Bildung« nur abträglich (s.u. 99). Besonders »Kritik« sei nicht Aufgabe der Lehrerbildung (s.u. 100). Pädagogik und Theologie sollen gleichermaßen nur in einer praktischen, nicht wissenschaftlich reflektierten Form gelehrt werden.

Mit diesen Maßgaben für die Lehrerbildung zielen die Regulative zugleich auf eine solche Gestaltung der Elementarschule, die das »*Leben des Volkes*« wieder auf dem »*Fundament des Christenthums*« zu bauen vermag (s.u. 103). Der sechsstündige Religionsunterricht soll dazu in entscheidender Weise beitragen, wobei die – schon damals etwa von Diesterweg kritisierte – hohe Zahl besonders der auswendigzulernenden Lieder (»*dreißig Kirchenlieder*«!, s.u. 105) auffällt. Der Religionsunterricht soll ganz von seinem materialen Inhalten bestimmt sein. Politisch soll er in den Dienst der restaurativen Politik treten.

2. Die nach Johann Friedrich Herbart benannten sog. *Herbartianer*, die in der zweiten Jahrhunderthälfte zunehmend an Einfluß gewinnen, dürfen schon von dem von ihnen wieder neu vertretenen Ideal einer allgemeinen Bildung her nicht umstandslos dem herrschenden restaurativen Trend zugeordnet werden. Wenn sie heute vielfach vergessen werden, so liegt dies nicht zuletzt an der vernichtenden Kritik, die später die Reformpädagogik an ihnen geübt hat (zur positiveren Würdigung Herbarts selbst vgl. Nohl 1948). Die ihnen – allerdings nicht vorbehaltlos – zuzuschreibende Rolle als »Väter der modernen Religionspädagogik« (Pfister) wie auch ihre Bedeutung für die Herausbildung der Erziehungswissenschaft im 19. Jahrhundert (Oelkers 1989) werden erst allmählich deutlicher erkannt. In den Klassiker-Darstellungen von Schröer/Zilleßen und Scheuerl werden sie zu Unrecht noch einfach übergangen.

Durch die Herbartianer und deren führende Persönlichkeit, Tuiskon Ziller, der 1868 auch den für Einfluß und inneren Zusammenhang der Herbartianer entscheidenden »Verein für wissenschaftliche Pädagogik« gegründet hat, kommt nunmehr der Einfluß J.F. Herbarts zum Tragen (Schwenk, Maier; zu Herbart s. Benner). Schon für Herbart selbst, der noch zu den Zeitgenossen Schleiermachers gehörte, war »Gott« zwar »das *reelle* Zentrum aller praktischen Ideen« (Herbart 1804/1982a, 116) und damit auch der Erziehung; erst die Herbartianer aber haben dies mit der sog. »religionspädagogische(n) Wende« (Jacobs) voll zur Geltung gebracht. Es gehört zu den kennzeichnenden Merkmalen der herbartianischen Pädagogik, daß die religiöse Erziehung hier nicht als ein besonderes Feld behandelt, sondern ganz im Sinne des kulturprotestantischen Bildungsdenkens (Preul) mit der Erziehung insgesamt zusammengesehen wird. Religion wird als das integrierende Zentrum aller Erziehung aufgefaßt, wobei sich Religion und Sittlichkeit aufs engste miteinander verbinden. *Sittlichreligiöse Bildung* im Sinne der kulturellen Höherentwicklung und die Persönlichkeit als »göttliches Ideal« (s.u. 108) werden zum obersten Ziel einer Pädagogik, die dann später, in der Zeit nach 1920, eben deshalb der theologischen Kulturkritik verfallen konnte (s. Bd. 2/2). Kritik an der herbartianischen Pädagogik hat sich freilich nicht erst an deren Kulturverständnis entzündet. Viel früher schon setzte mit der Reformpädagogik um die Jahrhundertwende (s.u. 146ff.) die Infragestellung des von den Herbartianern entwickelten Unterrichtsverfahrens ein.

Kennzeichnend für die Herbartianer ist die in ihren Grundzügen schon von Herbart (1806/1982b) selbst entwickelte *Unterrichtslehre*. Dazu gehört zunächst die Idee des *»erziehenden Unterrichts«*, der nicht nur Wissen vermitteln, sondern die Bildung von Charakter und Persönlichkeit erlauben soll. Weder die bloß äußerliche Disziplin (»Regierung«) noch die unmittelbare Wirkung auf den Willen (»Zucht«) können dies leisten (s.u. 109). – Dazu kommt als zweites der besonders von Ziller entwickelte Gedanke einer fächerverbindenden *»Konzentration«* des Unterrichts mit Hilfe übergreifender Themen, die dem kulturgeschichtlichen Lehrplan (»Kulturstufen«) entnommen werden. Nach Ziller muß der ontogenetische Bildungsgang die phylogenetische bzw. Menschheitsentwicklung wiederholen, bis zur *»Höhe der menschlichen Bildung«* (s.u. 113) in der Gegenwart. – Als drittes ist schließlich der unterrichtsmethodische Rückgriff auf die Psychologie zu nennen – die Assoziationspsycholgie, die für Herbart und die Herbartianer neben der Ethik zur Grundlage der Pädagogik wird. Die sog. *Formalstufen* (Analyse, Synthese, Assoziation, System, Methode; s.u. 118ff.), die bis weit ins 20. Jahrhundert hinein das Unterrichtsverständnis beherrscht haben, sind nichts anderes als ein Versuch, den Gang des Unterrichts aus assoziationspsychologischer Sicht zu erfassen. Auch für den Religionsunterricht wird damit ein neues Niveau der Didaktik erreicht. Zentral ist durchweg die Vorstellung, daß alle Bildung – einschließlich der Bildung des Willens – als Bildung des »Gedankenkreises« aufzufassen sei. Das Erleben, nicht im Handeln, sondern in der Phantasie als «idealem Umgang« mit schulisch sonst nicht erreichbaren Erfahrungen wird so zum Königsweg der Bildung (s.u. 116f.) – was freilich das Risiko einer Verschulung von Anfang an in sich trägt.

3. Theologisch gesehen gehören die Herbartianer zur liberalen Strömung, die auch in der zweiten Jahrhunderthälfte neben der *konservativen, kirchlich-konfessionellen Richtung* ihr Gewicht behält. Im Bereich der Praktischen Theologie wird C.A.G. von Zezschwitz, neben Theodosius Harnack, zu einem führenden Vertreter der Konservativen, besonders des »konservativen Kulturluthertums« mit seiner »Betonung einer unverbrüchlichen Alleingeltung der Heiligen Schrift und des kirchlichen Bekenntnisses« (Graf 1992, 80). Obwohl auch noch bei von Zezschwitz das besonders von Palmer (s.o.) vertretene vermittlungstheologische Anliegen wirksam bleibt, steht nun doch viel stärker ein kirchliches Bewußtsein mit sakramentalen Zügen im Vordergrund. Alle pädagogischen Bestimmungen und kulturellen Zielsetzungen von Pädagogik und Religionspädagogik gewinnen dann ihre Legitimität erst im Horizont von *Kirche* als ihrer wahren Grundlage – dafür steht hier der Begriff des *Katechumenats* als jedenfalls in diesem Sinne neue Fundamentalkategorie. Die kirchliche Katechetik droht zur verkirchlichten Katechetik zu werden (vgl. Bizer 1988a und b), die den religiösen, kulturellen und pädagogischen Herausforderungen durch die in der Zeit des Kaiserreiches besonders drastisch einsetzenden Modernisierungsschübe mit ihren Pluralisierungseffekten (Nipperdey, Graf 1992) nur durch ein verstärktes kirchliches Selbstbewußtsein und Beharrungsvermögen antworten wollte.

Geradezu konträr zu den gesellschaftlichen Differenzierungsprozessen, die die gesellschaftlichen Teilbereiche immer weiter auseinandertreten lassen, setzt von Zezschwitz auf die *Einheit* des Katechumenats nicht nur in der Kirche, sondern auch unter Einschluß von Elternhaus und Schule: Beide, Haus und Schule, besitzen demnach nur einen »abgeleiteten« Anteil am eigentlich stets kirchlichen Katechumenat (s.u. 123f.). Auch wenn von Zezschwitz noch an der Identität des Christlichen und des Humanen festhält und aus diesem Bewußtsein ein »Lehrbuch der Pädagogik« (1882) schreiben kann, hat seine Katechetik die Verbindung zur Pädagogik doch verloren. Die hier vollzogene Verkirchlichung der Katechetik hat deren wenige Jahrzehnte später etwa von Friedrich Niebergall (s.u. 195) vollzogene Verabschiedung zugunsten der »Religionspädagogik« wesentlich mitbedingt.

Trotz der Tendenz zur Verkirchlichung und trotz der aufklärungskritischen Hervorhebung der »offenbarungsmäßig-positiven« Lehrart als derjenigen Form von Unterricht, die dem Christentum am besten entspricht (s.u. 127), darf nicht übersehen werden, daß von Zezschwitz um einen Ausgleich mit der Pädagogik bemüht bleibt. Der in der Tradition der Sokratik (s. Bd. 1) stehende »fragend-entwickelnde« Unterricht wird nicht einfach ausgeschlossen, sondern wird in einem eigenen Teilband (1872)

– stets eingedenk seiner nachgeordneten Bedeutung im Verhältnis zur Offenbarung – ausführlich dargestellt.

Die Wirkungsgeschichte dieser Katechetik ist mit der sich von der Katechetik scharf abgrenzenden reformpädagogischen Religionspädagogik nicht endgültig abgebrochen. Das Interesse an ihr erneuerte sich vielmehr periodisch immer dort, wo katechetisches Handeln nur von der Kirche her begründet und gestaltet werden konnte oder sollte (s. Doerne 1936, Koziol 1968, Henkys 1971/1975).

4. Von eigenem Interesse als Ausdruck evangelischer Bildungsverantwortung sind die Arbeiten Friedrich Wilhelm Dörpfelds zur Schulverfassung. Sie belegen, daß auf protestantischer Seite auch schon im 19. Jahrhundert, also noch vor der erst 1919 vollzogenen Trennung von Staat und Kirche, ein *vom Gemeindegedanken ausgehendes und insofern demokratisches Schulverständnis* wirksam war (vgl. Potthoff). Besonders die reformierte Tradition mit ihrer Hervorhebung der Gemeinde gegenüber allen zentralistischen Leitungsmodellen macht sich hier bemerkbar. Dörpfeld widerspricht einer einseitigen Abhängigkeit der Schule von Kirche oder Staat, da diese jeweils nur »*Teil*interessen« vertreten. Nur die Familie sei »*Voll*interessent« (s.u. 137). Mit seinem Einsatz für die Schulgemeinde als Träger von Schule gehört er zu den Klassikern einer Theorie der (freien) evangelischen Schule.

Bei Dörpfeld begegnen sowohl demokratische, an der gesellschaftlichen *Pluralität* orientierte Vorstellungen als auch der Versuch, Erziehung an die *Einheitlichkeit* des Elternwillens zu binden. Die Familien einer Schulgemeinde müssen, »namentlich in religiöser Hinsicht, *einig*«, ja, sie sollen »*gewissenseinig*« sein (s.u. 138, 144). Auch wenn Dörpfeld neben der Konfessionsschule am Ende auch die von Kindern verschiedener Konfessionen besuchte Simultanschule als mögliche Option des Elternwillens anerkennt (s.u. 142ff.), ist doch durchweg deutlich, daß er von einem positiven Verständnis von Pluralismus oder von Schule im Pluralismus weit entfernt ist.

III. Die religionspädagogische Reformbewegung bis zum Ersten Weltkrieg

Wer am Ende des 20. Jahrhunderts den Blick auf seinen Anfang zurücklenkt, stellt in der evangelischen Religionspädagogik eine beachtliche Problemkontinuität fest. Sie wird aus dem neuen Modernisierungsschub verständlich, der Anfang und Ende verbindet, aus der fortgeschrittenen Entwicklung einer »funktional differenzierten Gesellschaft« (N. Luhmann). Die Lebensbereiche verselbständigen sich; hierbei verliert die Religion ihren verbindenden Einfluß, und der weltanschauliche Pluralismus nimmt zu.

Das zeitgenössische religionspädagogische Bewußtsein empfindet das Ganze als Durchbruch *liberalen* Geistes. Man sieht sich dabei selbst seinerseits bereits in einer geschichtlichen Kontinuität und schaut auf die »liberale Flut der Mitte des vorigen Jahrhunderts« zurück (H. Spanuth 1910, 22), politisch die Epoche des Vormärzes, religionspädagogisch die eines Diesterwegs. Darüber hinaus noch weiter zurückgehend, werden immer wieder Rousseau und Pestalozzi, Herder und Goethe, Kant und Schleiermacher zitiert, um schließlich die Kontinuität mit Luther zu behaupten. Mit ihm betont der neuere Protestantismus die persönliche religiöse Selbständigkeit.

Die so denken, reden jetzt nicht mehr von »Katechetik«, sondern etwa ab der Mitte des ersten Jahrzehnts von »*Religionspädagogik*« (vgl. besonders F. Niebergall, s.u. 195). Der Sache nach reicht diese schon in das 18. Jahrhundert zurück (Schweitzer 1992b, vgl. auch die Einleitung zu Bd. 1, 19f.). Der Begriff verbindet sich mit dem Begriff »modern«, der jetzt ebenfalls explizit gebraucht wird. Praktische Theologen wie Friedrich Niebergall fordern eine neue Predigt für den »modernen Menschen« (1902); sein Kieler Kollege Otto Baumgarten legt »neue Bahnen« (1903) für den Unterricht im Geist der »modernen« Theologie frei (s.u. 156ff.). »Liberal« und »modern« signalisieren Vorgänge, die heute (religions)soziologisch als »Individualisierung« und »Pluralisierung« beschrieben werden (P.L. Berger, Th. Luckmann, F.X. Kaufmann, V. Drehsen). Das gemeinsame Merkmal ist die freigesetzte »*Differenzierung*«. Sie hat eine *(schul)strukturelle* (1) und eine *inhaltliche* Seite mit *didaktisch-methodischen* Folgen (2), außerdem eine äußere und eine innere. Dem Protestantismus macht nicht nur der Pluralismus im weltanschaulichen Umfeld zu schaffen, sondern ebenso heftig der innerchristliche Pluralismus im kirchlichen Binnenraum. Dies wird sichtbar, wenn abschließend, mit zusätzlichen religionsdidaktischen Folgen, in die korrespondierenden *theologischen Hintergründe* einzuführen ist (3).

Wenn in Analogie zu den geläufigen, aber inzwischen kontroversen Formeln (vgl. Ullrich 1990) einer »Reformpädagogischen Bewegung« (Scheibe 1969) bzw. »Reformpädagogik« (Röhrs 1980) – als einer der ersten sprach W. Flitner von einer »pädagogischen Reformbewegung« (1928) – auch von einer »*religionspädagogischen Re-*

formbewegung« gesprochen wird, soll weder mit dem Begriff »Bewegung« die Vorstellung einer konzeptionellen Geschlossenheit suggeriert noch mit dem Ausdruck »Reform« behauptet werden, die wichtigste voraufgehende Strömung des 19. Jahrhunderts, die Herbart-Schule, sei nicht reformorientiert gewesen (vgl. oben II). Sie verstand besonders ihren »wissenschaftlichen« pädagogischen Charakter als fortschrittlich. Wie der kanonisierenden Selbststilisierung der Reformpädagogik, besonders durch Nohl (1933/1935; 1926), mit Oelkers (1989) nicht umstandslos gefolgt werden kann, bilden auch die religionspädagogischen Neuerer in der Zeit von 1890-1914 ein disparates Bild. Die erheblichen internen Differenzen zwischen radikalen, mittleren und konservativen Positionen innerhalb der »Moderne« sind bereits von Zeitgenossen festgestellt worden (Beiswänger). Allerdings ist die Bezeichnung insofern berechtigt, als bis in die Gründung neuer Publikationsorgane (Monatsblätter für den ev. RU ab 1908) und Verbände hinein das Selbstverständnis bestimmter Kreise eindeutig reformbewußt gewesen ist.

Als weitere Vorbemerkung zu der abschließend zu dokumentierenden Zeitperiode ist ferner auf die im ganzen unzureichende religionspädagogische *Forschungslage* zu verweisen, die ebenfalls voreilige historische Hypothesen verbietet. Es liegen neben sporadischen Artikeln nur vereinzelte größere Monographien vor (Bockwoldt 1976 zu Kabisch, Luther 1984 zu Niebergall, Bloth 1961 zum Bremer Schulstreit) oder historisch-systematische Untersuchungen zu besonderen Problemen (Fraund, Kling-de Lazzer; vgl. zum Forschungsstand und gleichzeitig zu einer der wichtigsten religionspädagogischen Grundfragen jener Epoche, der Berücksichtigung des Kindes und seiner Religion, Schweitzer 1992a). Künftige Untersuchungen haben nach zwei Seiten zu fragen, nach dem Einfluß der Reformpädagogik auf die religionspädagogischen Reformversuche (Wiater 1984) und umgekehrt nach der »Religion« der Reformpädagogen, besonders ihrer »immanenten Religiosität« (Röhrs) mit Zügen der »(Re-)Mythisierung und (Re-)Kultisierung« (Ullrich 902, 914). Einiges spricht dafür, daß hier wie dort die Schärfe des Reformgeistes in den »radikalen« Positionen zutage getreten ist, während die »Reformer« »reformistisch« weitergehende Veränderungen gerade abzufangen versucht haben (s.u. bes. 171ff.).

1. *Strukturell* gesehen wächst nämlich die Tendenz, mit der erstrebten *Trennung von Staat und Kirche* auch die *Trennung von Kirche und Schule* durchzusetzen und die Schule konsequent als »eine Veranstaltung des Staates« zu verstehen; Religion sei »Privatsache« (Bremer Denkschrift, s.u. 171). Von radikal-liberaler und sozialdemokratischer Seite (vgl. Erfurter Programm 1891) wird die religionslose »weltliche Schule« gefordert. Große Teile der Bevölkerung, besonders im Proletariat und unter den gebildeten Intellektuellen, fühlen sich nicht mehr durch das politisch dominierende kirchliche Christentum in seinem Bündnis mit dem Staat verstanden und

verlangen von diesem, daß er sich konsequent säkularisiere. Auf protestantischer Seite werden auf diese Herausforderung vor und nach dem Ersten Weltkrieg zwei unterschiedliche *schulpolitische Antworten* gegeben.

Wenn die übergreifende ideologische Einheit von Gesellschaft und Christentum, Staat und Kirche nicht mehr überzeugend gegeben ist, kann man sie zum einen neu fassen und mit dem nach wie vor festgehaltenen Anspruch auf gesellschaftliche Allgemeingültigkeit offensiv fortführen. Man kann zum anderen den resignativen Rückzug auf eine wenigstens noch zu rettende Teileinheit antreten, um vielleicht auf diesem Weg indirekt gesamtgesellschaftlichen Einfluß wiederzugewinnen.

Das erste Modell ist das des sogenannten »*Kulturprotestantismus*« gewesen. Für ihn geht das kulturell wertvolle Christentum, die »Christliche Welt« (vgl. die gleichnamige Zeitschrift seit 1897), in den Staat als Kulturstaat über (Richard Rothe). Obwohl man in Zukunft mit der Trennung von Staat und Kirche werde rechnen müssen, gereicht dies nach Ernst Troeltsch (1907) weder dem Protestantismus noch dem Staat zum Schaden. Dieser bleibe nämlich gerade an jener Art eines freien, humane kulturelle Auswirkungen entbindenden Christentums interessiert, das der wahren Idee dieses Christentums, gemeint ist der Protestantismus, in seinem Weltverhältnis entspreche. Im Gegensatz zum ultramontanen Katholizismus mit seinem klerikalen gesellschaftlichen Machtanspruch, so versichern unübersehbar viele Stimmen des evangelischen religionspädagogischen liberalen Lagers, müsse der Staat gestärkt werden, und hierbei trage der evangelische Religionsunterricht an den öffentlichen Schulen wie kein anderes Fach zur geistig-sittlichen Höherentwicklung des Ganzen bei. Der Staat des Kaiserreichs wird von Richard Kabisch im Anschluß an den Hegelianer Lorenz von Stein als einzigartige Verkörperung der versammelten sittlichen Kräfte, als der »vollkommene Mensch«, als metaphysische »Persönlichkeit« verstanden (s.u. 205, 198), mit der Religion als lebenssteigernder Sinnquelle innerhalb des Bildungsganzen (s.u. 199).

Nach dem Kriege sollte dies Modell unter dem Einfluß Hans Richerts in den Preußischen Richtlinien seinen Ausdruck in einer Zeit finden, als es längst brüchig geworden war und die evangelische Kirche auf ein Alternativmodell gedrängt wurde, auf die Verwirklichung der geschlossenen evangelischen Erziehung in einer *evangelischen Bekenntnisschule* anstelle der bisherigen allgemeinen christlichen Staatsschule (Dibelius, s. ausführlicher die Einleitung zu Bd. 2/2).

Strukturell analog zur sog. Schulfrage sind auch die Vorstöße zu verstehen, den *konfessionellen Religionsunterricht* abzuschaffen und statt dessen in der Unter- und Mittelstufe einen »*Sittenunterricht*« einzurichten, während in der Oberstufe zusätzlich Unterricht »in allgemeiner Religionsgeschichte« erteilt werden soll (Bremer Denkschrift, s.u. 178; zu einem verselbständigten Ethikunterricht vgl. auch den Internationalen moralpädagogischen Kongreß in London 1908 und den Deutschen Bund für weltliche Schule und Moralunterricht, dazu Schuster 1908/1909, 156ff.). Ellen Key hatte kurz zuvor ebenfalls gefordert, daß man »mit einem kräftigen Federzug Katechismus, biblische Geschichte, Theologie und Kirche aus dem Dasein der Kinder und Jugendlichen streiche« und durch einen »*religionshistorischen*« Unterricht ersetze (s.u. 150).

Man würde die *Motive* verkennen, wenn man überall eine völlige Absage an Religion und Christentum unterstellen wollte. Die Abschaffung des herkömmlichen Religionsunterrichts wird von atheistisch-christentumsfeindlichen und eigenwillig-religionsfreundlichen Positionen aus gefordert. Ein starkes Motiv ist gerade das des Schutzes der wahren Religion – so wie man sie versteht.

Zusammen mit der deutschen Literatur (Goethe), mit Märchen und anderem soll von einem *radikal-schulkritischen* Standort aus auch die Religion vor ihrer Pervertierung durch die sie ›verekelnde‹ Schule bewahrt werden, da »jedes Wort« von Luthers Katechismus heutzutage »vom Schulekel trieft« (Bonus 1900, 755; 1904). Das Buch der Bibel »wird dem Kinde teuer«, es findet darin »unendlich viel ..., wenn es sich in Ruhe in die Bibel versenken kann, ohne jegliche dogmatische oder pädagogische Auslegung« (Key, s.u. 147). Religion geht in einer Schule zugrunde, die der »Seelenmorde« angeklagt wird (95ff.). A. Kalthoff (1902; 1905), dessen *radikal-christentumsfeindliche*, vom französischen Positivismus, von Marx und Engels, Nietzsche und Haeckel beeinflußten Gedankengänge neben anderen Faktoren hinter der Bremer Denkschrift stehen (Beiswänger 67ff.), möchte den Religionsunterricht aus der Schule verweisen, »da von der Unsumme der Erbitterung, mit der ein großer Teil des Volkes von der Religion sich abgewandt hat, ein großer, vielleicht der größte Posten auf Rechnung dessen gesetzt werden muß, was wir heute Religionsunterricht nennen. Männer und Frauen der höchsten Bildung, wie solche aus den einfachsten Kreisen des Volkes, stimmen darin überein, daß, wenn sie die Stunden nennen sollen, die ihnen aus ihrer Jugend die verlorenen und die verlorensten in der Erinnerung geblieben sind, sie die Religionsstunden nennen« (1905, 32f.).

Die überwiegende Mehrheit der deutschen Religionslehrerschaft an den Volksschulen und erst recht an den höheren Schulen ist dem radikalen Ruf nach Abschaffung nicht gefolgt. Die *liberalen* Reformer haben statt dessen auf »*Reform*« gesetzt. Seit den Bremer Vorgängen (dazu Schuster 1906; Bloth 1961; auch Fraund) und den ihnen folgenden in der Hamburger (Spanuth 1908, 30ff.) und sächsischen Religionslehrerschaft (vgl. die Zwickauer Thesen, s.u. 179f.; dazu Weichelt) wird eine gründliche Umwandlung des Religionsunterrichts unausweichlich. Sie soll die tödliche Existenzbedrohung des Faches reformistisch abwehren. Schon das ausgehende 19. Jahrhundert ist eine reformorientierte Epoche. Im Unterschied zu den 90er Jahren ist man im ersten Jahrzehnt des neuen Jahrhunderts für eine »*entschiedene*« Reform (Winkler 346) bereit, allerdings in der Volksschullehrerschaft sehr viel stärker als bei den Religionslehrern an Gymnasien. Diese machen sich Baumgartens »Anklagen« und Vorschläge zu »neuen Bahnen« nur mit einem Fragezeichen zu eigen oder meinen, seine Einwände gegen den Religionsunterricht bezögen sich auf eine in der »Hauptsache« »überwundene Zeit« (Fauth als Herausgeber der ZevRU 1904/05, 98). Auf dem Weg der Anpassung durch Reform ist die deutsche Religionslehrerschaft mit wechselnden theologischen und pädagogischen Schwerpunkten im übrigen bis heute geblieben.

2. Bemerkenswerterweise zeigen auch die *inhaltlichen* Antwortrichtungen damals und heute Analogien. Wenn der Religionsunterricht nach zwei Seiten hin nicht mehr zeitgemäß war, zur Seite des einzelnen Subjekts im Blick auf die persönliche Plausibilität der Glaubenswahrheiten und zur Seite des Kultur- und Geisteslebens im ganzen hinsichtlich der Vereinbarkeit von Theologie und modernem Wahrheitsbewußtsein, mußte nach beiden Seiten hin der Gegenbeweis angetreten werden.

(1) Als erstes hat die religionspädagogische Reformbewegung zu zeigen versucht, daß der »*moderne Subjektivismus*« dem Selbstverständnis der evangelischen Theologie voll entspricht (Baumgarten, s.u. 156, und seine »Anklagen des Wahrheitssinnes«, s.u. 163ff.):»... nur die selbst *erlebte* Religion soll bekannt werden; jedes andere Bekenntnis ist im Sinne Jesu heuchlerisch und verderblich« (A. von Harnack 93). Die Vergewisserung der Gültigkeit von Wahrheitsansprüchen kann nur in der persönlichen Erfahrung gründen. Dies Prinzip wirkt sich mehrfach aus.

Auf seiner Basis kann sich die Religionspädagogik vor allem dem Ruf nach einer Pädagogik »*vom Kinde aus*« anschließen, so die feste Formel seit 1908 (Schweitzer 1992a, 253; vgl. Gläss, Dietrich, Wiater). In der Hochschätzung des Kindes drückt sich theologisch der »unendliche Wert der menschlichen Seele« aus, eines der drei Grundmerkmale im »Wesen des Christentums« nach Adolf von Harnack. Baumgarten klagt die »*Berücksichtigung der Kindesnatur und ihrer Naivität*« religionspädagogisch ein und spricht vom »Grundgesetz aller neueren Pädagogik« (s.u. 157).

Wie oben beschrieben (s.o. 28), war derselbe Gesichtspunkt in gewisser Weise bereits von den Herbartianern vertreten worden, als Interesse an der selbsttätigen persönlichen Aneignung (Thrändorf) und als Forderung, die pädagogisch-psychologischen Voraussetzungen des Lehrens und Lernens zu berücksichtigen, bildeten doch schon für Herbart selbst (1835) Ethik und Psychologie die beiden Grundpfeiler der Pädagogik als Wissenschaft. Inzwischen war auch für die konservativen Reformgegner »die Anwendung eines psychologischen Lernverfahrens selbstverständlich« (Thesen der »Positiven«, s.u. 180f.). Erst in den Jahren nach der Jahrhundertwende geht man jedoch energischer vor, beschreitet man neue *empirische* Wege der kinder- und jugendpsychologischen Erkundung und erhebt die Gesichtspunkte der *Kind- und Entwicklungsgemäßheit* zu religionspädagogischen Grundkategorien, die das Selbstverständnis der neuen »Religionspädagogik« als Disziplin konstituieren (ausführlich Schweitzer 1992a, 252ff.).

Praktiker sammeln religiöse Fragen der Kinder und Jugendlichen (Pöhlmann 1909), untersuchen die religiösen Vorstellungen der Schüler (Barth, Ebell, Weigl) und Schülerinnen (Schreiber 1910); man wendet sich auch schichtspezifischen Bedingungen zu, etwa bei Proletarierkindern (Emlein), wobei langsam die amerikanischen Untersuchungen von William James und Edwin D. Starbuck Einfluß gewinnen (Kabisch 1910; Meyer).

Theoretisch gesehen wird der Begriff der religiösen »*Entwicklung*« so belangvoll (Schreiber 1908), daß auch 20 Jahre später noch Bohne (1929) nicht an ihm vorbeikommt. Wie heute spielen bereits damals *entwicklungspsychologische* und *sozialisationstheoretische* Aspekte eine Rolle, wenn neben den Entwicklungsgesetzmäßigkeiten auch nach einer Typologie von verschiedenen »religiösen Standpunkten« der Schüler Ausschau gehalten wird, die sich auf unterschiedliche religiöse Umwelteinflüsse zurückführen lassen (Eilers 57f.).

Als eine ausgesprochen *religionspädagogische* Perspektive setzt sich ferner immer mehr der Gedanke durch, die »kindliche *Erfahrung* als Grundlage des Religionsunterrichts« zu nehmen (Beyhl 1900). Richard Kabisch schließt diese Entwicklung in mancher Hinsicht bereits ab, stellt sie jedoch zugleich als seine Leistung in einen größeren Zusammenhang. Sein Buch (1910) ist mehr als nur eine Methodik. Es behandelt zunächst konzentriert das seit Jahren erörterte Legitimationsproblem des Religionsunterrichts, die Frage seiner überzeugenden *Begründung*, und hier erscheint das neue Subjektivitätskriterium als »*Recht des Kindes auf Reli-*

gion«, das gegebenenfalls selbst gegen den Willen der Eltern durchzusetzen sei (s.u. 197).

Anschließend werden auf der Grundlage der Beschreibung von »Religion« und »Christentum« die *religionsdidaktischen Fragen* der *Vermittlung* erörtert. Für Kabisch ist hierfür an die »*Erfahrungsreligion*« des Kindes anzuknüpfen, an die den Menschen erschütternden sittlichen Grunderfahrungen im Gewissenserlebnis und an das religiöse Erleben angesichts der den einzelnen übersteigenden Gewalt der Naturereignisse (s.u. 213). Der Erfahrungsreligion stehen die überkommen christlichen Glaubenserfahrungen gegenüber, die Kabisch in ihrer objektivierten Form als »Phantasiereligion« bezeichnet (auf das Mißverständliche dieses Ausdrucks haben schon Zeitgenossen aufmerksam gemacht). Gemeint sind die der menschlichen Einbildungskraft (Phantasie) sich verdankenden religiösen »Symbole« als Ausdrucksformen der religiösen Erfahrung (vgl. die gegenwärtige Symboldidaktik). »In der Religion der Erfahrung herrscht die Wirklichkeit und das Erlebnis; in der Religion der Phantasie herrscht die Dichtung und das Symbol« (s.u. 215). »Es liegt auf der Hand, daß die größte Kraft, Gewißheit und Dauerhaftigkeit auf Seiten der ersteren liegen muß, und daß sie, aus der Wirklichkeit stammend, den größeren Einfluß auf die wirkliche Lebensführung zu gewinnen angetan ist« (ebd.). Darum muß das religionspädagogische Handeln, mit einer neueren Formel, ›erfahrungshermeneutisch‹ vorgehen.

Bei Kabisch werden der empirisch-psychologische Ansatz (James) zusammen mit eigenen kleineren empirischen Erhebungen (s.u. 203) und die neue vermögenspsychologisch orientierte Religionspsychologie Wilhelm Wundts (s.u. 208) miteinander verbunden und vor allem für die *religionspädagogische Methodik* fruchtbar gemacht; sie ist der eigentliche Gegenstand des Buches. Es geschieht so beeindruckend, daß Friedrich Niebergall in dem Umstand, daß Kabisch »seine Didaktik kräftig auf die Religionspsychologie stellt«, überhaupt »das Neue und Große sieht«: »Wir haben jetzt eine *religions-wissenschaftliche Religionspädagogik*« (1911, s.u. 195f.; Hervorhebung von den Hg.).

(2) Der soeben umrissene erste Aspekt der »Krise der Religion und des Religionsunterrichts« – so schon die zeitgenössischen Formulierungen – betraf die Personen, die Schüler und Religionslehrer. Hierbei ging es nicht zuletzt um persönliche religiöse Zweifel und um das Maß zuzulassender religiöser Deutungssubjektivität. Der zweite Krisenaspekt erschütterte die *religiösen Gegenstände* selbst in ihrem Verhältnis zu anderen Gegenständen. Beide Aspekte hingen miteinander zusammen.

In einem Aufsatz mit dem bezeichnenden Titel »Wir und die Jugend« (Pöhlmann 1910) heißt es, »daß der herkömmliche Religionsunterricht in erschreckender Weise wirkungslos über Kopf und Herz der Jugend, über ihre Ängste und Freuden, ihre Sehnsucht und ihre Not, ihre Bedenken und ihre Fragen hinweggleitet« (108). Dies Versagen beruhte nicht nur darauf, daß im Sinne des ersten Aspekts der Religionsunterricht didaktisch-methodisch schlecht, eben nicht kindgemäß war. Zusätzlich waren seine Gegenstände theologisch unverständlich geworden. Die *Verstehenskrise* hatte zwei Ursachen. Zum einen wurde die Sprache der traditionellen Theologie nicht mehr verstanden; darum der jahrelange Streit, ob sich der abschließende Unterricht auf der gymnasialen Oberstufe an den Wortlaut des Augsburger Bekenntnisses anschließen sollte (Heinzelmann) und der Katechismusunterricht an den Wortlaut des Kleinen Katechismus. Zum anderen zögerte man viel zu lange, sich auf den Kampf der »Weltanschauungen« auch inhaltlich einzulassen; man setzte die Glaubensinhalte nur zögernd der offenen philosophischen Auseinandersetzung aus. Die gemeinten Sachprobleme wurden als *Konflikt zwischen Glauben und Wissen* und als *Konflikt zwischen dem Christentum als Weltanschauung in Konkurrenz mit anderen Weltanschauungen* erörtert (Steude).

Die Naturwissenschaften als die Hauptgegner hatten in jener Zeit ihre wissenschaftlichen Befunde vielfach zu weltanschaulichen Gesamtansichten ausgearbeitet (Darwinismus). Einen besonders breiten Einfluß erzielte das Konzept des materialistischen Monismus Ernst Haeckels (vgl. seine »Welträtsel« sogar in Volksausgabe). An dieser Frontlinie war der biblisch-christliche Schöpfungsglaube herausgefordert. Daneben wurde Friedrich Nietzsche zum Philosophen vieler junger Menschen; er provozierte die christliche Kreuzestheologie, indem er dem Christentum eine »Sklavenmoral« mit der Verherrlichung des Schwachen und der Schwächlinge vorwarf, um seine »Herrenmoral« entgegenzuhalten. Damit stand neben der Glaubens- zugleich die christliche Sittenlehre auf dem Spiel. Diese wurde zusätzlich von der »sozialen Frage« irritiert, den Vorstößen der sozialdemokratischen Arbeiterbewegung und ihrer klassenkämpferischen Weltanschauung.

Als Antwort wird seit den 90er Jahren auf der Oberstufe des Religionsunterrichts an Gymnasien ein *apologetischer Unterricht* entwickelt. Seine Schwerpunkte sind die theologisch-philosophischen Kontroversfragen, nur gelegentlich auch die soziale Frage (Schwartzkopff, Zange, Rumpe). An den Volksschulen geht es weniger um die weltanschaulich-philosophische Auseinandersetzung als um die ethisch-moralische Urteilsbildung und sittliche Festigung der Jugend angesichts des allgemein beklagten Verfalls der

Werte in der expandierenden Industrie- und Konsumgesellschaft der wilhelminischen Ära. Diese Aufgabe berührte den herkömmlichen *Katechismusunterricht*. Hier wie dort versagte ein Religionsunterricht, der inhaltlich dogmatisch-lehrgesetzlich angelegt war und methodisch auf den berüchtigten »Memoriermaterialismus« vertraute. Das Wissen blieb äußerlich und wirkungslos, trotz des immer wieder beschworenen »erziehenden Unterrichts« im Sinne Herbarts und seiner Schule und des Vertrauens auf die Formalstufen-Methodik.

Verständlicherweise spricht daher die *didaktisch-methodische* Fachliteratur jener Jahre nicht nur neue »*Themen*« an – der Beginn eines »thematisch-problemorientierten« Ansatzes über den herkömmlichen Bibel- und Katechismusunterricht hinaus (Kling-de Lazzer 38ff.) –, sondern die oben genannte pädagogisch-psychologische Betrachtungsweise wird auch um des Lerneffekts, der *Wirksamkeit* des Unterrichts willen, betont. Allenthalben ringt man um Wege der »*Aneignung*«. Dem schließt man sich auch auf konservativer Seite an, der an der alten Wissensvermittlung gelegen blieb. Unter diesem Interesse können bis heute psychologische Erkenntnisse um der durchzusetzenden Sache willen instrumentell verwendet werden. Das ist etwas anderes, als wenn sie im Dienst der Förderung kritischer Selbständigkeit stehen, die sich auch gegen die vermittelten Unterrichtsinhalte richten können darf – ein Unterschied, der in jener Zeit noch nicht klar vor Augen steht.

Die neuen reformpädagogischen Wege der Aneignung versammeln sich um die Begriffe des »*Lebens*« und »*Erlebens*«. Die Wendung zum Leben reicht weit ins 19. Jahrhundert zurück (s. schon oben zu Palmer). Konservative können einstimmen, indem sie an das »Gemeindeleben« und an lebendige kirchliche Gläubigkeit denken, die es zu erwecken gilt, während die Liberalen die Verlebendigung der »objektiven« zu einer »subjektiven Religion« in relativer Freigabe der religiösen Vorstellungsweisen vor Augen haben; diese müssen nicht mehr kirchlichen Normen folgen (Kabisch, s.u. 215). In der Methodik bleibt das Denken zunächst noch lange auf der Linie der Formalstufen der Herbartianer, bis sich die für die ganze reformpädagogische Epoche charakteristische *Erlebnispädagogik* Bahn bricht (Neubert), im Religionsunterricht mit zum Teil exzessiv gefühlvoll-anschaulichem Erzählen der biblischen Geschichten (Zurhellen-Pfleiderer; Kabisch s. u. 220). Auch gegenüber der Erlebnispädagogik ist die Frage aufzuwerfen, wieweit nicht das Handeln »*vom* Kinde *aus*« nur eine andere Weise der Durchsetzung des »Aneignungs-«Interesses war, jetzt als eine emotional überwältigende Bemächtigung »*auf* das Kind *zu*«.

3. Die evangelischen Religionspädagogen stehen bis heute vor der Aufgabe der *theologischen Interpretation und Rechtfertigung* religionspädagogischer Entscheidungen. Hinsichtlich des ersten behandelten Aspekts, des modernen Subjektivitätsstandpunktes, der sich damals in der unendlich wiederholten Rede von der Bildung der sittlich-religiösen »*Persönlichkeit*« ausdrückte, sah man sich nicht nur in Übereinstimmung mit Martin *Luther* als der klassischen Verkörperung persönlicher religiöser Selbständigkeit gegenüber dem kirchlichen Autoritätsglauben auf dem richtigen Wege, sondern aus dem gleichen Grund auch auf der Linie *Jesu* selbst.

Hinsichtlich der zweiten Herausforderung, des Aspekts der weltanschaulich-philosophischen Auseinandersetzung, schlossen sich die religionspädagogischen Reformer überwiegend der, wie es schien, ein für allemal durch *Kant* begründeten »modernen Erkenntnistheorie« an.

Kant hatte zwischen dem Reich der Natur mit den dort herrschenden Gesetzmäßigkeiten als Gegenstand der »theoretischen Vernunft« und dem Reich des menschlichen Handelns als dem Reich der Freiheit mit dem Walten sittlicher Imperative als Gegenstand der »praktischen Vernunft« unterschieden und die Unabhängigkeit beider Bereiche voneinander betont. Das sittliche Bewußtsein, das sich in Freiheit zur Geltung zu bringen hatte, durfte nicht als determiniert gedacht werden. Bei dieser Denkfigur hatte Kant im zweiten Bereich Gott als Postulat der praktischen Vernunft angesiedelt, während im theoretischen Bereich die Gottesbeweise widerlegt worden waren. Diese Lösung machte Schule.

Die Destruierung der Wege vermeintlich möglicher theoretisch-theologischer Beweisführungen entlastete von einem aussichtslosen *wissenschaftlichen* theologischen Streit mit anderen Wissenschaften. Zugleich wurde im Bereich der *sittlichen Praxis* durch *Ritschl* und zuvor schon durch *Schleiermacher* im Bereich des *Gefühls* für die Religion ein freier, eigenständiger Raum eröffnet.

Immer wieder wird in den pädagogischen Schriften jener Epoche der von Kant und Schleiermacher zu Albrecht Ritschl und Wilhelm Herrmann führende Weg als feste Grundlage herausgestellt. Den Schülern mit ihren Zweifeln konnte jetzt dadurch geholfen werden, daß man der gegnerischen These von der Unvereinbarkeit umgekehrt die der *Vereinbarkeit von Glaube und Wissen* entgegenhielt, weil ja beides jeweils auf völlig verschiedenen Ebenen liege. Wenn Religion als »unmittelbares religiöses Selbstbewußtsein« (Schleiermacher) oder als »inneres Erlebnis« im »Verkehr der Seele mit Gott« (Herrmann) verstanden wurde, war die so gefaßte unmittelbare persönliche religiöse Erfahrung per definitionem jeder wissenschaftlichen Bestreitung ihrer Wahrheit enthoben: Sie war weder einer intellektuellen Beweisführung bedürftig noch durch eine gegenläufige zu erschüttern. Noch dazu bot das geschichtliche Bewußtsein die Handhabe, jeder vermeintlich objektiv argumentierenden Wissenschaft ironisch eigene weltanschauliche Glaubensvoraussetzungen nachzuweisen. Wenn es so war, konnte zusätzlich auf dieser weltanschaulichen Ebene die Überlegenheit der »christlichen Weltanschauung« den Schülern verdeutlicht werden.

Die *religionsdidaktischen* Folgen reichten schon damals sehr weit. Der Rückgang auf die unumstößlichen *Grundlagen* des Glaubens in der eigenen *Erfahrung* erlaubte es, die Glaubensbekenntnisse und kirchlichen Lehren als *Ausdrucksformen* eben dieser Erfahrung in ihrer jeweiligen geschichtlichen Bedingtheit zu verstehen und zu relativieren. So konnte man den *religiösen* »Kern« in der *theologischen* »Schale« festhalten.

Der Religionsunterricht wird in mehrfachem Sinne »geschichtlicher Unterricht« (vgl. Meltzer; Kabisch 1908). Er bevorzugt erstens die *biblischen Geschichten* als Veranschaulichungen des Glaubenslebens von *religiösen* »Persönlichkeiten« (Niebergall, s.u. 187) vor dem lehrgesetzlichen Katechismusunterricht. In diesem Sinne wird zweitens auch die eigene religiöse Persönlichkeit des Lehrers wichtig (196). Drittens werden die Ergebnisse der *historisch-kritischen* Forschung in entmythologisierender Absicht zunächst den Religionslehrern, dann vorsichtiger auch den älteren Schülern nahegebracht. Man hält sich übrigens auch deswegen zurück, weil es letztlich auf den Streit um die Glaubensvorstellungen viel weniger ankommt als auf die Glaubenserlebnisse, auf Religion als Erfahrung.

An dieser Stelle hat auch der Streit um die *Lehrbarkeit* der Religion einen seiner Orte (vgl. Niebergall 1908, s.u. 182ff.; Kabisch, s.u. 212). Unter einem anderen Gesichtspunkt war die Frage der Lehrbarkeit für das Legitimationsproblem des Religionsunterrichts relevant: Wenn Religion nicht lehrbar ist, ist ein Unterricht über sie sinnlos, so sagten die Gegner. Darum betonte man neben dem Erlebnis die Aufgabe des Verstehens und öffnete den Unterricht für ein entmythologisiernd-hermeneutisches Verfahren.

Viele »sog. Heilstatsachen« (Wundergeschichten, auch das Auferstehungswunder) werden neu interpretiert. Ob bestimmte Tatsachen historisch sind oder nicht, wird zweitrangig: »Man hat immer mehr erkannt, daß sie als *Ausdruck von Überzeugungen* ihren Wert haben«. »So sind die Auferstehungserzählungen Ausdruck der Gewißheit, daß es in Jesus ein der Welt und dem Leben absolut überlegenes Sein und Wesen gibt« (Niebergall, s.u. 187). Damit wird auch die Lehre von der Verbalinspiration, die sich in der Praxis immer noch auswirkte, endgültig abgelehnt. Der Religionsunterricht gerät mit allem in die Mitte des innertheologischen Fachstreites, bei dem die Themen des Schriftverständnisses, die Deutung der Gestalt Jesu und die Schöpfungsberichte die zentralen Streitpunkte bilden.

Eine letzte Auswirkung des geschichtlichen Prinzips ist die Tendenz, anstatt in heilsgeschichtlichen nun in *entwicklungsgeschichtlichen* Kategorien zu denken. Das eigene zeitgenössische (neu)protestantische Selbstverständnis schätzt man hierbei als konsequente sachgemäße Fortentwicklung der reformatorischen Ursprünge ein. In den Texten klingt diese Sicht bei Baumgarten an (s.u. 156, 163ff.). Damit werden allerdings die Kriterien der Sachgemäßheit und Zeitgemäßheit nahezu identisch. Die radikalste Konsequenz findet sich bei Ellen Key, bei der die Entwicklung selbst zur neuen Religion wird (s.u. 146). –

Die modernen Ausdifferenzierungen – die Leitlinie in unserer Darstellung – spiegeln sich schließlich auch im Verhältnis von schulischem *Religionsunterricht* und kirchlichem *Konfirmandenunterricht*.

Man sieht, daß beide in der Vergangenheit eine gemeinsame Wurzel hatten und der Volksschulkatechismusunterricht nur eine modifizierte Dublette des kirchengemeindlichen Unterrichts war. Jetzt wird mit der schrittweisen Ausgliederung des Katechismus aus der Schule die Trennung auch lehrplanmäßig sinnfällig. Die Problemlösung folgt dem bekannten Muster von Unterscheidung und neuer Zuordnung: Zum Zweck des Religionsunterrichts in der Schule wird ein dem übrigen Schulziel entsprechendes »*Verständnis* der christlichen Religion« (Bornemann 1907, 15). »Der im Auftrag der Gemeinde erteilte Pfarrunterricht hat das Ziel, die Jugend in das *evangelische Gemeindeleben einzuführen*« (19).

Das Muster von *Differenzierung* und neuer *Zuordnung*, das sich theoretisch in der schon eingangs erwähnten Gegenüberstellung von Katechetik und Religionspädagogik ausdrückt, zeigt sich besonders in der *Verselbständigung des Religionslehrerstandes*, zunächst in der Volksschule (s. oben Diesterweg), aber auch an den Höheren Schulen.

Dort wird spätestens Ende des 19. Jahrhunderts die Aufgabe des Religionslehrers als eine »ganz eigenartige« angesehen, durch die die Religionslehrer zwischen Philologen und Theologen ihren eigenen Platz zu beschreiben suchen. Auch am wissenschaftsgeleiteten Gymnasium sollen »Religion« und »Theologie« voneinander unterschieden werden. Hauptaufgabe ist es, »die wirklich religiösen Aufgaben des Religionsunterrichts herauszustellen und die Theologie abzustreifen« (Fauth 1897/1898, 225). Gegenüber den kirchlichen Lehren mit ihren konfessionalistischen Engführungen will man einer »evangelischen, religiös-sittlichen Weltanschauung« dienen (226).

Man kann alle genannten Merkmale der religionspädagogischen Reformbewegung einerseits im Rahmen einer Theorie des Verfalls deuten, als Entkirchlichung, theologischen Substanzverlust und Entfremdung, andererseits aber auch auf der Grundlage einer Theorie des religiösen Wandels. Für diese Ansicht sind die strukturellen Ausdifferenzierungen mit ihren ideellen Spiegelungen im Sinne einer gesamtgesellschaftlichen und innerchristlichen Pluralität nicht mehr rückgängig zu machen. Die für die Gesellschaft und für die Kirche selbst notwendige Verständigung ist auf neuen Wegen zu suchen. Eine weltanschauliche Vereinheitlichung, gleich welcher Art, verbietet sich, besonders eine klerikal-bevormundende. Vor dem Ersten Weltkrieg konnten die konservativen Vertreter des Interesses an »Verkirchlichung« noch mit einer gewissen staatlichen Unterstützung rechnen. Die liberale, kulturprotestantische Verteidigung der »christlichen Welt« fühlte sich ebenfalls noch staatlich-gesellschaftlich unterstützt. Nach dem Kriege war beides nicht mehr möglich. Seit jener Zeit müssen Kirchen und Christen aller Lager ihre Aufgabe in einem säkularisierten Staat und einer religiös-weltanschaulich offenen Gesellschaft auch pädagogisch neu definieren. Darum liegt der Epochenschnitt im Jahr des Datums der Verabschiedung der Weimarer Reichsverfassung. Hinzu kam die nicht vorhergesehene, grauenvolle wechselseitige Selbstzerstörung der christlichen Kulturvölker im Ersten Weltkrieg. Sie brachte ganz neue philosophische, theologische und pädagogische Ansätze hervor.

Bei den Anmerkungen zu den Texten stehen Ziffern bei Anmerkungen der Autoren, Sternchen bei solchen von früheren Herausgebern und Initialen bei Hinzufügungen durch uns.

Die Abkürzungen im Literaturverzeichnis (für beide Teilbde. in Bd. 2/2) richten sich, soweit sie nicht allgemeinverständlich sind, nach Siegfried Schwertner: Internationales Abkürzungsverzeichnis für Theologie und Grenzgebiete, Berlin/New York 1974 (mit späteren Ergänzungen). Die im Inhaltsverzeichnis nachgewiesenen Quellen werden im Literaturverzeichnis in der Regel nicht wiederholt.

I. NEUES KIRCHLICHES BEWUSSTSEIN UND LIBERALISMUS: DER STREIT UM KIRCHE, SCHULE UND RELIGIONSUNTERRICHT IN DER ZEIT BIS ZUR MITTE DES 19. JAHRHUNDERTS

Johann Hinrich Wichern

Christliche Rettungsanstalten für verwahrloste Kinder

a) Entartung und Entsittlichung des untersten Volkes – Pflanzschulen der Laster, Schanden und Verbrechen

Es bedarf, wie wir meinen, nicht erst einer besondern, ausführlichen Auseinandersetzung, wie sehr wir das, was an so vielen aufsichts-, unterrichts-, eltern- oder obdachlosen Kindern in unserer Stadt in den Warte-, Armen- und sonstigen Freischulen, in den Anstalten des Waisen- und Werk- und Armenhauses geschieht, für eben so viele Zeugnisse christlicher Liebe mit Freuden erkennen. Obschon aber in diesen Anstalten weitgreifende Bedürfnisse der Armen-Jugend nach mannigfachen Richtungen, welche von den Begründern und Förderern dieser Anstalten mit Liebe ins Auge gefaßt worden, befriedigt sind und mehr und mehr befriedigt werden können, bleibt dennoch in Bezug auf eine gewisse Art von Kindern manche und zwar nicht leicht zu lösende Aufgabe übrig. Es würde ein überflüssiges, verfehltes Unternehmen sein, wenn mit Begründung einer Rettungsanstalt nichts Anders bezweckt würde, als was jene Anstalten mit Erfolg bezwecken, oder wenn nur auf eine andere Weise derselbe Zweck an gleichartigen Kindern erreicht werden sollte. Die Kinder, auf welche die Rettungsanstalt ihre Liebe richtet, sind von anderer Art, als für die bisher hat gesorgt werden können. Um diese andere Art von Kindern, und dasjenige, was ihnen geboten werden soll, bestimmter zu bezeichnen, erlauben Sie mir, ihre Aufmerksamkeit eine Weile auf das Außer-Hamburgische zu richten.

Es ist eine allgemein wahrgenommene und reichlich bestätigte Tatsache, daß die Entartung und Entsittlichung des untersten Volkes auf eine Besorgnis erregende Weise in dem größten Teil der gebildeten Welt überhand genommen hat. Die Zahl der Verbrecher steigt; im preußischen Staate allein zählte man vor einigen Jahren an 100 000; selbst Kinder sind in die Reihe der Verbrecher getreten. Vor etwas mehr als zehn Jahren rechnete man in London 800 verbrecherische Knaben, und 1828 gab der Prediger in Newgate schon 15 000 Knaben an, die im Alter von acht bis zwölf Jahren allein in London von Diebereien lebten. Vor etlichen Jahren stand das Verhältnis der erwachsenen Verbrecher zu denen im jugendlichen Alter in den Nordamerikanischen Vereinigten Staaten wie 7 zu 1, in Preußen und Holland wie 34, 35 zu 1 und, uns näher gerückt, in Schleswig-Holstein wie 16 zu 1. Was am nächsten lag, geschah zuerst. Eigne Gefängnisabteilungen für Kinder wurden eingerichtet ... Bald jedoch bildete, und zwar zuerst in unserm Vaterland, menschenfreundliche und christliche Liebe Vereine, welche sich zur Aufgabe setzten, teils die bereits verbrecherisch gewordenen Kinder auf den Weg des Rechten durch ernste Zucht der Liebe zurückzuführen, teils denen, die in Gefahr standen, Bettler, Vagabunden oder Verbrecher zu werden, eine vorbeugende Hilfe zu leisten. Die bis dahin verborgen gebliebene Idee der Rettungsanstalten verwandelte sich in einem der edelsten deutschen Männer in lebendige, fruchtbringende Tat ...

Allein statt Sie auf das Allgemeine zu verweisen oder hier mit Zahlen zu rechnen, sei es dem Redenden erlaubt, Sie, wie er dazu aufgefordert ist, auf einzelne Punkte seiner eignen Bekanntschaft mit den Eltern und Kindern der gemeinten Volksklasse aufmerksam zu machen.

Schon seit geraumer Zeit hat sein besonderer *Beruf* ihn in die Familienkreise der ärmsten Tagelöhner unserer Stadt, der Eckensteher, der Wall- und Chausseearbeiter, der Grünwaren- und Milchaufträger, der Knochengräber und Lumpensammler und denen ähnlicher unmittelbar und täglich hineingeführt. Dies sind zugleich die Familien, aus denen sich die Kinder für die Rettungsanstalt am reichlichsten darbieten werden ...

Eine Reihe von vierzehn bis fünfzehn Kindern, die sämtlich auf *Einer Saaltreppe* in fünf Familien ihren Aufenthalt haben, tritt mir hier vor die Seele. Ich bitte, mir im Geiste in diese Wohnungen zu folgen. In der Tür grade an wohnt eine Frau, die als Kind mit Mutter und Geschwistern bei Nacht von dem trunkfälligen Vater auf die Straße getrieben zu werden pflegte. Als die Eltern gestorben waren, verehelichte sie sich und wurde Mutter von einem Sohne, der jetzt, etwa siebzehn Jahr alt, Tag aus Tag ein Lumpen und Knochen sammelt. Nach dem Tode des ersten Mannes trat die Frau in eine wilde Ehe mit einem andern Manne, unter welchem ihre Not und ihr Elend aufs Höchste gestiegen ist. Der Mann ist gestorben und hat das Weib als Mutter von zwei Kindern zurückgelassen; das eine von diesen ist ein niedlicher Knabe von sechs bis sieben Jahren, der hilflos in diesem Jammer umherschleicht, das andere ein zwölfjähriges Mädchen, seit vielen Jahren stockblind. Geistige Nahrung irgend einer Art ist ihr bis vor kurzem nie geboten. Der bittersten Armut und Not, der Tränen, besonders im letzten Winter, wollen wir nicht weiter gedenken. Das Erwähnte aber zeugt von einem merkwürdigen und bedeutungsvollen Erbteile, welches die unglücklichen Kinder von ihren Eltern empfangen haben.

Diesem Saale gegenüber wohnt in einer andern Tür ein wilder Mensch, ein Wall- oder Chausseearbeiter, ein entsetzlicher Trunkenbold; eine Kinderbettstelle, ein wenig zerbrochenes anderes Mobiliar und ekelhafter Schmutz füllen diese Behausung. Zwei junge Kinder von gewaltiger Leibesform, welche des Guten, das ihnen geboten wird, lachen, und den Tag über sich umhertreiben, hinsichtlich derer der Vater in seiner Trunkenheit Alles verspricht, im nüchternen Zustande alles Versprochene vergessen hat und auch nicht wissen will, sind die übrigen Stubengenossen. Bis zum letzten Frühjahr hatte dieser Mensch einen Neffen bei sich, der seinen Vater und seine Mutter nie gesehen hat; derselbe ist achtzehn Jahre alt, sammelte bis vorigen Winter am Tage die Lumpen, aus denen er des Nachts seine Kopfkissen bereitete; Wäsche hatte er im letzten Winter nicht auf seinem Leibe. Seit dem Frühjahr dient er bei einem Hufschmied, ist noch nicht konfirmiert, kann weder lesen noch beten, hat es auch nicht lernen wollen, so fleißig er dazu ist angetrieben worden ...

b) *Rettungsanstalten als Antwort auf das im Volke wirksame Übel*

Dies sind die Orte und die Familien, woraus die Bettelkinder und Vagabunden erwachsen, dies die Familien, welche als die Pflanzschulen der Laster, Schanden und Verbrechen bezeichnet werden müssen, dies der Boden, auf welchem sich von Glied zu Glied die Gott- und Sittenlosigkeit, die sich selbst und dem Ganzen zur Last fallende Armut unsrer untersten Volksklasse erzeugt. Wer in diesen Kreis des Volkes sich hineinbegibt, trotz des Ekels und Verdrusses, und mit eignen Sinnen wahrnimmt, was hier geschieht, oder wer denen glauben will, die selbst täglich solche Erfahrungen machen, der wird die Notwendigkeit einer Veranstaltung zur Rettung des heranwachsenden Geschlechts nicht mehr in Abrede stellen dürfen ...

Soll unter diesen Umständen gründlich und an der Wurzel geholfen werden, so kann es von Privaten nur geschehen mit dem Versuch, die

Kinder von den Eltern *auf eine gütliche Weise* zu überkommen, um dadurch möglichst den alten Familien-Stamm abzubrechen und in den Kindern ein mit gesunder, frischer Lebenskraft ausgerüstetes Geschlecht wieder darzustellen. Wir haben hierin den Hauptgesichtspunkt aufgewiesen, unter welchem sich die Idee der Rettungsanstalt, welche sich heute Ihrer Liebe darbietet, vornehmlich bewegt. Solche Anstalt wie die projektierte muß so angelegt sein, daß erkannt werden kann, sie erfasse mit klarem Bewußtsein und mit heilender Übermacht die Grundbeziehungen des im Volke wirksamen Übels; und dies wird von den Kundigen anerkannt werden, sobald die Anstalt dem entstellten Volksleben gegenüber sich dergestalt organisiert, daß sie einerseits zu dem Falschen und Verderbten den möglichst reinen und scharfen Gegensatz darstellt, anderseits das in den Lebensverhältnissen des Volkes noch ruhende und unaustilgbare Gute und Echte mit Liebe und Achtung auffaßt, in sich aufnimmt und möglichst rein zu entwickeln wenigstens im Stande ist.

Nach diesem Grundsatz sollte das Leben der Anstalt nach unserer Hoffnung seine rechte Gestaltung im Innern und Äußern erstreben. Hoffende Andeutungen dieser Gestaltung wollen wir zu geben versuchen.

Als die Grundrichtungen, in welchen sich die Entartung unserer untersten Volksklasse vornehmlich weiter bewegt, und die, nicht aufgehalten, immer weiter hineinführen müssen in die Rettungslosigkeit, nennen wir folgende sechs Momente als solche, denen vermittelst der Organisation einer Privatanstalt begegnet werden kann, und denen gegenüber die Anstalt sich gestalten muß, will sie nicht ihren Zweck verfehlen.

1) Das unzüchtige Wesen der wilden Ehen und das durch dieselben wie begonnene, so zerstörte und sich bereits regenerierende Familienleben.

2) Der Druck der schamlosen und verschuldeten Armut; die äußere Not der Familie.

3) Die Gewährung der sinnlichen Lust und Begier außerhalb der Familie als Ersatz für die Leiden und Entbehrungen in der und für die Familie.

4) Das von bloß bürgerlichen und irdischen Verhältnissen unterdrückte religiöse höhere Bewußtsein.

5) Den Zwiespalt zwischen Schule und Haus.

6) Die *mit* allem diesem erzeugte und immer kräftiger wirkende Vereinzelungssucht, Eigensucht und Eigenliebe, mit einem Wort, das Aufhören der Gemeinschaft in der Liebe.

Das von diesen Übeln und deren Folgen ergriffene und verderbte Kind sowie dasjenige, welches in unabwendbarer Gefahr steht, davon ergriffen zu werden, sehen wir vornehmlich als ein zu *rettendes* an. Einem solchen Kinde tritt die Anstalt, wie unsere Proposition sagt, mit einer *christlichen Hausordnung* zur Hilfe entgegen und ist insofern eine *Rettungsanstalt* für sittlich verwahrloste Kinder. Auf welchem Wege die Anstalt dem Kinde zur Rettung zu verhelfen gedenkt, wird einleuchten am Faden der oben erwähnten sechs Punkte.

Die Familie ist der natürliche, sittliche Kreis, in welchem das Gute in das menschliche Gemüt hineingelegt, in welchem es gepflegt und geschützt werden soll. Das Leben im Kreis der Familien ist aber in der untersten Volksklasse durch Unzucht großenteils so entstellt, wir müssen sagen, so geschändet, so zerrüttet in seinem Ursprung wie in seinem Fortgang, daß auf diesem Boden nur sehr ausnahmsweise ein gutes Gewächs gedeihen kann ...

So bringt, hören wir uns zurufen, solche arme, verkommene Kinder der unzüchtigen und entweiheten Familien bei einzelnen ehrbaren Familien unter, statt sie auf einen Haufen in einem Palaste oder einer Kaserne zusammen zu scharen. Das erstere wäre der rechte Weg, der andere ist unnatürlich und wird auf ihm der Zweck nur schwerlich erreicht werden können.

Und wahrlich, der Vorschlag bezeichnete die vortrefflichste Art, um für verwilderte Kinder zu sorgen. Stände nur hier die Praxis nicht hinter der Theorie zurück! Der Vorschlag ist unausführbar. Denn gesetzt, man wollte auf ihn eingehen, wo würde sich unter uns eine solche Reihe solcher *rettenden* Familien finden? und welche und wie viele Familien-Väter und -Mütter würden sich entschließen, zu ihren eignen Kindern, seien diese gut oder selbst schlecht geartet, eins oder zwei solcher vagabundierenden oder verbrecherischen Kinder hinzunehmen? Welche neue Last und Verantwortung! Und – wäre auch dies alles nicht der Fall – würden diejenigen, welche sich dazu entschlössen, gerade die geeigneten Leute sein, bei solchen Kindern die Erziehung *nachzuholen*, denn das ist hier die Aufgabe; und wäre auch diese Tüchtigkeit da, müßten nicht vielleicht gerade diejenigen, welche im Besitz dieser Fähigkeiten wären und diese Kinder aufnehmen wollten, solche Knaben und Mädchen aus ihrem eigenen Familienkreise ausschließen um der Kinder selbst willen, weil diese sonst über ihren Stand der Armut hinaus erzogen würden? Würde man aber bloß Kostleute suchen, so würden diese sich wohl unter den Ärmeren finden lassen; bei diesen aber fehlen teils die zu solcher außergewöhnlichen Erziehungstätigkeit notwendigen inneren Bedingungen am allermeisten (denn Aufziehen oder für den Leib und die rechte Schulzeit Sorge tragen, ist noch nicht Erziehen), teils mangelt hier Bürgschaft, daß nicht Eigennutz und heimliche Gewinnlust und Gewinnsucht, sondern daß *erbarmende Liebe* der Beweggrund bei Aufnahme des Kindes ist; die Erreichung des ganzen Zwecks würde mindestens höchst ungewiß, weil das Prinzip an so vielen einzelnen Punkten gefährdet wäre.

Dennoch liegt diesem Ratschlag eine nicht zu übersehende Wahrheit zu Grunde. Unleugbar ist ein Hausstand von hunderten oder auch noch wenigern Kindern etwas Unnatürliches. Das Bewußtsein des Familienwesens wird dadurch dem Gemüte der Kinder entzogen. Darum soll das Leben unserer Anstalt, gleichviel bis zu welchem Umfange sie sich durch Hamburgs Liebe entwickeln wird, nicht so sehr darstellen das Leben einer Familie, als vielmehr das *Zusammenleben mehrerer zusammengehöriger Familien,* zu welchen der Vorsteher hernach nur in einem ähnlichen Verhältnisse, wie der Seelsorger zur Gemeinde stehen kann. Ein solches Zusammenleben von Familien ist, wenn auch nicht ganz, doch annäherungsweise zu erreichen durch *Trennung der Wohnungen,* durch den Bau, nicht eines großen, hundert umfassenden, palast- oder kasernenartigen Gebäudes, als vielmehr mehrerer kleiner einfacher Wohnhäuser, die nach dem Geiste der Anstalt gleich beim ersten Ansehen das Gepräge der Liebe und Freundlichkeit tragen sollen. Diese einzelnen Häuser sind durch kleine Lustgärten, die den Kindern zur Freude dienen sollen, getrennt. In jedem der Häuser sollen drei bis vier Kinderfamilien, jede höchstens aus zwölf Kindern bestehend, in eben so vielen von einander getrennten Kammern beisammen wohnen; ihren Mittelpunkt findet jede dieser Familien in einem erwachsenen elterlichen oder geschwisterlichen Freund, und einer, der zugleich der Lehrer des einzelnen Hauses ist, führt die speziellere Aufsicht über ein solches kleineres Ganze. An der einen Seite des Halbkreises, den diese Häuser bilden, stehen die Knaben-, an der andern die Mädchen-Häuser; die Geschlechter sind durch die besondere Hausordnung der Anstalt auseinander gehalten. Mitten in diesem Kreise soll sich ein Betsaal zu gemeinsamer Andacht am Morgen, am Abend und an den Feiertagen erheben; daran schließt sich ein geräumiger Speisesaal, welcher mit dem Hause des Vorstehers verbunden ist, in welchem nur die etwa erkrankenden Kinder eine besondere Pflege genießen und die neu aufgenommen eine vorübergehende Aufnahme so lange finden, bis der Vorsteher ihren Gemütszustand hinreichend erkannt hat, um sie in die passenden Kinder-Familien und unter die geeigneten Aufseher (Brüder) oder Aufseherinnen (Schwestern) verteilen zu können ...

Als das andere, die Entartung der untern Volksklasse fördernde Moment haben wir den *Druck der verschuldeten, schamlosen* Armut, die so oft nur als eine naturgemäße Folge des unreinen Ursprungs dieser häuslichen Kreise erscheint, genannt, den Druck der äußern Not der Familien, die wie eine alle bessern Lebensregungen überwältigende, die Gemüter erdrückende Last, als das stets geöffnete Organ für neu einströmende Übel sich darstellt. Das Leben dieser Familien ist meistens das einer dumpfen Verzweiflung, der sie sich selbst nicht bewußt werden wollen und die nicht selten mit dem Selbstmord endet; ihr ganzes Treiben erschöpft sich in dem Mühen, diesen Druck möglichst erträglich zu machen, und dies zu erreichen, ist jedes Mittel willkommen. Gewinnsucht wird hier Lebenstrieb. Spiel in Lotto oder in Karten, Bettelei und Dieberei treten mit der Not in einen vertrauten Bund, sind nur ein anderer Ausfluß aus einer und derselben unlautern Quelle. Die Kinder selbst sind (wie oft schon als Säuglinge!) lediglich Mittel zum Geld- und Broterwerb ... Das zwölfjährige Mädchen, das, Sommer und Winter ohne Wäsche, auf den Straßen umhertreibt, und, mitunter mit Schwefelhölzern hausierend, einen Teil seines Brotes erbetteln muß, weiß sich den übrigen Teil desselben durch Diebstahl im elterlichen Hause zu ersetzen ...

Solcher schamlosen, sich selbst aufgebenden Armut tritt die Anstalt in ihrer Hausordnung gegenüber mit dem Grundsatz: daß in den Kindern das Bewußtsein, zum Stande der Armen zu gehören, durch das Leben in der Anstalt nicht aufgehoben werden *darf*; daß die Kinder hingegen erkennen sollen, daß die Armut als solche kein Übel ist, daß es vielmehr nur darauf ankommt, in welcher *Gesinnung* der Arme die Armut trägt.

Nach diesem Grundsatz wird sowohl der Unterricht (welcher sich auf Lesen, Schreiben, Rechnen und Singen beschränken wird) als auch die (möglichst einfache, aber gesunde) Kost, die Kleidung und Lebensweise des Hauses eingerichtet sein. Die Kinder sollen zwar lernen, ihr täglich Brot vom Vater im Himmel erbitten, aber ebensosehr es im Schweiße ihres Angesichts von den Menschen treu und ehrlich und unverdrossen erarbeiten. Zugleich wird die ganze Lebensweise und Beschäftigung mit dahin abzwecken, die Kinder, wenn sie erwachsen sind, in den Stand zu setzen, sich mit Geschick und zu ihrer Genüge dasjenige durch eigne Kräfte und eigne Fertigkeit zu verschaffen und zu bereiten, wozu andere fremder, manche Kosten erfordernder, Hilfe bedürfen. Gehörige Verwendung und mannigfache Übung der Kräfte zu den Arbeiten, welche dem zum Stande der Unbemittelten Gehörigen obliegen, ist deswegen ein Hauptgesichtspunkt bei Anlage des Ganzen.

Als Hauptarbeit *für die Knaben* ist zunächst der ... Hausbau zu bezeichnen, sodann die Bestellung des Kartoffellandes, des Gemüse- und Obstgartens. Der Feldbau sowie die Erlernung verschiedener Gewerke scheint für *Kinder* nicht geeignet. Dadurch soll aber nicht ausgeschlossen sein, daß die Kinder, sowohl Knaben als Mädchen, lernen, sich ihre Kleider durch gegenseitige Hilfe selbst zu verfertigen. Stehender Meister bedarf die Anstalt dazu nicht; diese Fertigkeit pflanzt sich wie ein Erbgut unter den Kindern fort. Außerdem besorgen die Knaben einen Teil der groben Hausarbeit, spalten Holz, tragen Wasser u. dgl. Die *Mädchen* spinnen, stricken, nähen, reinigen die Häuser, bereiten das Essen und sollen, wenn sie der Entlassung zum Dienst nahe sind, im Haus des Vorstehers mit dem Wesen eines bürgerlichen Hausstandes bekannt gemacht werden. – Die übrigbleibende Arbeitszeit wird, besonders an den langen Winterabenden und an regnichten Tagen, in einem eignen Arbeitsschauer ausgefüllt werden mit Anfertigung der nötigen Gartengeräte (Schaufeln, Karren), mit Stroh-, Korb-, Matten-, Schuh- und Netzflechten, Knopfmachen, Haken- und Oesenkneipen, und was sonst zu nennen wäre ...

Da bei Befolgung dieses Weges *von Mangel und von Leiden* der Zöglinge in der Anstalt nicht die Rede sein kann, werden dieselben auch nicht nach einem *Ersatze für schmerzliche Entbehrungen* sich umsehen wollen. Ein ganz anderes werden die Kinder gewahr in ihren Häusern, wo das Band zwischen Jung und Alt oft nur in der äußeren Not besteht, wo die, welche ein Fleisch und Blut sind, sich anfeinden, wo es dahin kommen kann, daß eine Mutter – wie wir es im letzten Sommer mit eignen Sinnen wahrgenommen haben – daß eine Mutter, die auf dem schweren Krankenbette liegt, sich mühsam erhebt, dann ihren Mund auftut und mit großer leiblicher Anstrengung erst ihrem längst verstorbenen Manne (sie lebt mit einem zweiten in wilder Ehe) und dann ihrer fünfzehnjährigen Tochter flucht.

So fliehen Eltern und Kinder von und vor einander, und *Freude in und an der Familie ist so wenig zu finden als Frieden in derselben*. Trunk-, Spiel- und andere schnöde Lust *außerhalb* der Familie soll diese Entbehrung vergüten. Schon die Kinder haben an dieser Lustseuche außerhalb der Familie den ungestörtesten Anteil; oder finden sie im Hause eine Freude, so ist sie zum größten Teil von der Art, wie bei einer meiner vorigjährigen Konfirmandinnen, deren erster Abendmahlstag am Abend von den Eltern, welche mit der Tochter die heilige Feier begangen hatten, mit dreimaligem Punsch gefeiert wurde; das Gelage dauerte bis Mitternacht, und Besinnung hatte zuletzt keiner mehr. Wie dergleichen Treiben enden kann, erraten wohl wenige. Mit Wehmut erinnern wir uns jenes zehnjährigen Knaben, dessen Vater, ein arger Trunkenbold, oft Weib und Kind verließ, dann von Landdragonern zur Polizei und von der Polizei wieder in die von ihm verlassene Familie geführt wurde. Da verband sich eines Abends die Mutter mit ihren fünf Kindern gegen den Vater; sie bewaffnete die fünf Kleinen mit Hausgerät als Waffen und erwartete mit ihnen so gerüstet den Hausvater; dieser kam, und die Familie, Weib und Kind, fiel über ihn her. Wie von einem sehr lustigen Spaß erzählte davon der Zehnjährige. Die Mutter starb; die Kinder gerieten unter Bettler-Familien. Was soll ich tun? sprach der Knabe im Gefühl seines Jammers zu einer älteren Schwester, die in einer anderen solchen Familie lebte. Geh' hin und ersäuf' dich – ich komme bald nach! erwiderte diese. Der Knabe wartete bis zu einem dunkeln Abend, es war an einem Sonntag; er ging an das Wasser, legte seine Kleider ab – aber Gott rettete ihn. Der Knabe sagte mit Tränen: *Meine Mutter war ja tot, und im Leben war für mich keine Freude mehr.*

Gewissermaßen ergeht es allen diesen unglücklichen, verkommenen Kindern nur wenig besser; wer in seinem eigenen Haus je mit ihnen in traulichem Gespräch ihre bitteren Tränen gesehen hat, kann vielleicht allein den Schmerz ihrer Seele mit ihnen fühlen.

Wir legen deswegen ein besonderes Gewicht darauf, daß in unserer beabsichtigten Anstalt die Kinder die *Freude in der Familie* und den Segen des Friedens in derselben wieder erkennen lernen ...

Der Anknüpfungspunkte gibt es viele: wir nennen nur die Geburtstage der Kinder, da es uns auffallend gewesen ist, wie oft diese Kinder ihre Geburtstage nicht wissen, viel weniger ihrer besonders gedenken. Freilich nur zu erklärlich, da der Tag der Geburt für sie zugleich der Tag des Beginnens von all ihrem Elend und Jammer ist.

c) Der Geist des Glaubens und der Liebe als Grundlage christlicher Erziehung

Allein es ist Zeit, nicht länger bei der mehr äußern Gestaltung der Idee, die sich noch nicht verwirklicht hat, zu verweilen; vielmehr auf den Geist, aus welchem die Gestaltung hervorgehen soll, und in welchem die Anstalt allein gedeihen kann, hinzuweisen. – Wir können damit die Frage zusammenstellen: Woher jenes zerrüttete Familienleben, jene schamlose, sich selbst aufgebende Armut, woher der Mangel an Frieden und Freude in den Familien der bezeichneten Art? Der Geist, der in diesen Familien fehlt, und einem andern, dem Geist des Unglaubens und der Lieblosigkeit, durch welchen jenes Elend hervorgebracht ist, hat Raum machen müssen, derselbe Geist ist es, welcher die bürgerlich-fromme Anstalt begründen, befördern und in ihr allein – wir hoffen und trachten darnach – monarchisch herrschen und ordnen soll. Das ist aber der Geist des Glaubens an Christum, der durch die Liebe sich tätig, wirksam und geschäftig erweiset, *der* Geist, mit dem der Mensch das Glauben und Lieben weder lassen kann noch lassen will. Wie sehr dieser Geist, von dem allein alles Gute zu erwarten steht, aus dem Leben des untersten Volks gewichen ist, oder wie knechtisch er in diesen Kreisen unterdrückt oder etwa in hohlen Gedankenformeln nur noch geahndet wird und ein spurloses Dasein hat, brauchen wir nach dem bisher Gesagten nicht ausführlich darzulegen. Umsomehr tut die ernstliche Sorge not, daß die Tugenden dieser Anstalt ein freies Erzeugnis dieses Geistes seien; denn nur er erzeugt und bewahrt die Gesinnung der Keuschheit und Zucht, der Treue und des Fleißes, der Ehrerbietung und des Gehorsams, des Friedens und der Freude; nur im Bunde mit dieser Gesinnung haben diese Tugenden selbst einen nicht alternden Wert. Wo dieser Geist wohnt, da schlagen Herzen ohne Falsch und Heuchelei, da offenbaren sich Wahrheit, Weisheit und Gerechtigkeit, da leben freie, fröhliche, gesunde, geduldige und gottergebene Herzen und Sinne; er bildet die Gemüter der Mädchen wieder sittsam und keusch, sanft und stille; er schafft die Herzen und Gedanken der Knaben wieder nüchtern und bieder, männlich und wahrheitliebend. Und von wem anders sollten wir diesen guten Geist erwarten, als von dem Gott, der in Christo die Menschheit wiederum begrüßet, sie erlöset und beseligt hat? Mit diesem Geiste und der eben so freundlichen als ernsten, Rettung verheißenden Liebe will die Anstalt jedem einzelnen Kinde sogleich entgegentreten; und wie vermöchte sie dies kräftiger, als mit dem freudig und frei machenden Worte: *„Mein Kind, dir ist alles vergeben!* Sieh um dich her, in was für ein Haus du aufgenommen bist! hier ist keine Mauer, kein Graben, kein Riegel; nur mit einer schweren Kette binden wir dich hier, du magst wollen oder nicht; du magst sie zerreißen, wenn du kannst; diese heißt *Liebe* und ihr Maß ist Geduld. – Das bieten wir dir, und was wir fordern, ist zugleich das, wozu wir dir verhelfen wollen, nämlich, daß du deinen Sinn änderst und fortan dankbare Liebe übest gegen Gott und Menschen!" von dem Geiste solcher Liebe soll in dem Rettungsdorfe alles zeugen, was dem Kinde irgendwie entgegenkommt, so daß ihm unwillkürlich bewußt werden muß: hier bin ich in einer neuen Welt, die ich geahnet und bisher nicht gefunden habe! – Und so angesehn, wird doch wohl niemand mehr im Ernst glauben, daß das Rettungshaus ein Straf- oder Zuchthaus für Kinder sein werde, auch niemand, der sich recht besinnt, mehr wähnen, daß den Kindern hier ein Stempel bleibender Schande werde aufgedrückt werden. Sie der gegenwärtigen oder zukünftigen Schande und Schmach und dem Gefängnis zu entziehen, ist ja gerade die Absicht des Hauses der Liebe, und sie in der Luft der Freiheit, welche den höhern Willen zum eigenen macht und den Gehorsam liebt, zu reinigen, und zu Gott und Menschen wohlgefälligem Leben und Wandel zu leiten, ist die Aufgabe des Vorstehers der Anstalt. Dem Geiste der Anstalt gemäß ist ihm dabei eine heilige, unerläßliche, ja eine der höchsten Aufgaben seines Berufs, weder dem Ganzen noch dem Einzelnen das Gepräge seines individuellen geistigen und religiösen Lebens aufzunötigen, sondern die freie, selbständige Entwickelung der verschiedenen Gemüter in die verschiedenen wahren und echten Formen des christlichen Lebens und Seins zu gewähren. Er soll allen alles sein und wird es auch sein können im rechten Sinne, so lange ihm der Erlöser alles ist. Wird durch die Erziehung in diesem Geiste der sich herablassenden und emporziehenden Liebe das höhere Leben des bessern Menschen in einem Kinde, sei es zunächst, wann es wolle, zu einer wirksamen, herrschenden, den Menschen wiederum adelnden Kraft, so ist das gewünschte Ziel an dem verwahrloset gewesenen Kinde erreicht, der *innere Grund der Verwilderung ist aufgehoben*, und das Kind ist als ein *gerettetes* anzusehen.

Aber, hören wir hier sagen, liegt daran so viel, den Kindern einzelne, und besonders religiöse Wahrheiten mitzuteilen – wie tut dazu eine Anstalt besprochener Art noch not? Sind dazu nicht Schule und Kirche zur Genüge erbötig? Deswegen lieber eine neue Reihe neuer Schulen begründet, – und dem Übel wird abgeholfen!

Der Einwand ist zwar gut gemeint, zeugt aber mindestens von geringer Kenntnis des wirklichen Lebens unter unserm Volk; es hängt zusammen mit der so unberechenbar viel Schaden bringenden Verwechslung von Haus und Schule, Erziehung und Unterricht, Leben und Wissen. Wir müssen dagegen fragen, ob man erwogen habe, wie viel darauf ankomme, daß beide, Haus und Schule, miteinander stimmen? ob man sich mit Ernst und einmal mit *eigenen Augen in den Wohnungen der Kinder und im Umgang mit ihren Familien* überzeugt habe, wie unter uns beide einander widerstreben? wie kann das Heilmittel, das die Schule etwa bietet, heilen, wenn es im Hause wieder vernichtet wird? Angenommen, *alle*, auch diese empfohlenen, neuen Schulen seien rechter Art (und rechter Art sind sie doch nicht *alle*), wird in diesem Falle das Bewußtsein der Kinder durch die Sittenlosigkeit des häuslichen Lebens nicht in einen um so größeren Zwiespalt gebracht, je kräftiger und aufrichtiger die Schule auf das Gute dringt? und was für einen andern als einen zerstörenden Einfluß kann dieser Zwiespalt auf die jungen Gemüter, wie sie einmal sind, in den allermeisten Fällen äußern? oder bleibt dies Mißverhältnis wirklich ohne Wirksamkeit bei den Kindern, so wird das etwa Erlernte toter Buchstabe und rächt sich in der steigenden Verwilderung oft um so schrecklicher. Unter uns steht es, nur mit seltenen Ausnahmen, so, daß das Haus zerstört, was in der Schule oft mit Mühe gebauet worden ist. Will man davon hören, so frage man die Schulhalter und Schulhalterinnen, die es ernst nehmen mit dem Gedeihen der ihnen anvertrauten Jugend, und man muß sich dabei zugleich überzeugen, daß da, wohin die Anstalt ihr hauptsächlich Augenmerk richtet, durch Schuleinrichtungen nicht geholfen werden kann. Eine Trennung der Kinder von den Eltern ist nötig; nur so kann mit Glück erstrebt werden, daß bei den Kindern das Erlernte auch Wahrheit im Leben werde, und daß dies auf die rechte Weise geschehe, dahin zielt die Anstalt ihrem Geiste gemäß ... Unter stündlicher, liebender, warnender und wachender Pflege wird sich, mit Gottes Hilfe, in den Kindern das Wort zum Geist und zu einer lebendigen, freudigen Lebenskraft gestalten können.

Als das vorzüglichste, kräftigste Mittel, in welchem alle übrigen Versuche, solchen Geist des Lebens den Gemütern nahe zu bringen, ihn in denselben zu nähren und fortzusetzen, sich vereinigen und erst ihre größte Kraft erhalten, betrachten wir die *gemeinsame Hausandacht* an jeglichem Morgen und Abend und an den Sonn- und Feiertagen. Dieselbe wird fruchtbar gemacht durch möglichst spezielle und ratsame Anwendung der jedesmal gegebenen Verhältnisse des Hauses und der Schule. *Nur in diesen Stunden* finden sich alle, erwachsene und unerwachsene, Mitglieder der Anstalt zusammen, um durch Lesen des göttlichen Wortes, durch Gebet und Gesang sich mehr und mehr einer höheren Gemeinschaft im oder zum Reiche Gottes bewußt zu werden. Das Leben des Ganzen stellt sich demnach, fassen wir alles zusammen, dar, als eine lebendige, sich gegenseitig unterstützende Durchdringung der Lebensformen des Hauses, der Schule, der Kirche und der Arbeit.

Nur von diesem Höhepunkte aus kann es möglich sein, der mit allen jenen oben genannten Beziehungen unsers entarteten Volkslebens erzeugten, genährten und zur vollen Herrschaft gediehenen *Vereinzelungssucht*, dem Atomenwesen unserer Tage, siegreich entgegenzutreten ...

Wie zur Erreichung und Förderung dieser, die höchsten wie die untergeordnetsten Zwecke des Lebens fördernden Gemeinschaft der Herzen untereinander und mit Gott von innen dienen soll die Kraft des göttlichen Wortes, so von außen die ganze innere Einrichtung des Unterrichts, der Arbeit und der gemeinsamen Lebensweise. Dahin zielt die Einrichtung der gegenseitigen Nachhilfe beim Unterricht, das Chorlesen, das Singen mehrstimmiger und mehrchöriger Lieder und Gesänge. Ein gleiches Bewußtsein der Gemeinschaft soll durch das geschäftige Leben und Arbeiten an jeglichem Tage hervorgerufen werden. Siehe an! Da bauen in Wind und Wetter die rüstigen, kräftigen Bursche, mit fröhlichen Liedern aus fröhlichen Herzen, den Mädchen die Häuser, und richten sie ein, bessern und weißen sie aus; andere graben, hacken, pflanzen, diese im Garten, jene auf dem Felde. Welche Lust, welche Freude! Die reinlichen Mädchen reinigen dafür den Knaben die Häuser, ordnen ihnen darin alles fein ordentlich mit stillem, keuschem Sinn und Wesen, sie spinnen, nähen, reinigen den Knaben die Wäsche und bereiten ihnen das Essen. Was einer braucht an Gerät und Kleidern, verfertigt, soweit die Anstalt es zuläßt, der eine für den andern, je wie er Zeit, Geschick und Gebot empfangen hat. Dem neu eintretenden Kinde wird ein neues Kleid gebracht, – siehe, das haben dir deine Brüder gemacht; sie haben dich geliebt, ehe sie dich gekannt! Das erste Mahl, das ihn in diesem Hause der Liebe und Arbeit erquickt, haben seine Schwestern bereitet und tragen es ihm zu. So tritt das Kind in den Bund des Hauses, dessen *Leben* auf diese Weise unwiderstehlich lehrt, was Güte und Liebe ist und will, worin einer dem andern danken lernt, nicht mit Worten, Formeln oder Gebärden, sondern in Tat und Wahrheit, wie wenn sich's von selbst so verstünde.

Und solche auf diesem Wege geretteten Kinder, verehrte Anwesende, sind es, welche die Rettungs-Anstalt der Vaterstadt im allgemeinen als Handwerksburschen und Dienstboten wieder zuzuführen gedenkt. Die Klage der Lehrherren und Herrschaften über Lehrlinge und Gesinde läßt uns hoffen, daß die Anstalt sich auch in dieser Hinsicht des Wohlwollens aller Besseren und Edleren erfreuen wird, welche wissen, was für ein hoher Schatz es ist, ein treues, folgsames, fleißiges, für seinen Stand allein nur vorbereitetes und zugleich geübtes, gottesfürchtiges Gesinde in seinem Hause zu haben ... Dem Staate wie der Kirche auf diesem Wege viele lebendige und gesunde Glieder entsenden zu können, ist eine Hoffnung, der wir uns ergeben im Aufblick zu dem, in dessen Namen wir das Werk beginnen wollen ...

Freilich kommt es immerhin darauf an, daß der Geist, die Kraft und der Ernst ungefärbter, uneigennütziger, sich aufopfernder und Gott vertrauender Liebe in dem Hause walte. Unter dem Schutze und dem Segen dieses Geistes, aber nur mit ihm, wird das Rettungshaus, es werde so groß oder bleibe so klein, wie es soll, gleich einem fruchttragenden Baume erblühen und mit seiner Liebe die Herzen der Kinder überwinden und verbinden; weicht aber dieser Geist, so wird es fallen und an sich selber das Gericht vollziehen. Dieser Geist ist sein Panier und seine Wehr und gibt auch die Bürgschaft, ob das Ziel werde erreicht werden können.

Von diesem Geiste und dem besonnenen Wunsche, ihn bewahrt und bewährt zu sehen, soll auch die Antwort auf einen andern, wäre er begründet, nicht unbedeutenden Einwand zeugen, den Einwand der Besorgnis, an der vielleicht nicht wenige teilhaben, die dem Unternehmen entgegenrufen: *Eine neue Last für den Staat, wo nicht beim Beginn, doch höchst wahrscheinlich später einmal!* Dem ist aber schon in unserer Proposition begegnet, sofern als Grundsatz aufgestellt ist, daß die Anstalt *ausdrücklich der Unterstützung aus der Kasse des Staats oder einer andern, vermöge eines verwandten Zweckes bei ihrer Begründung, Erhaltung und Erweiterung beteiligten wohltätigen oder polizeilichen Anstalt entsagt.* Die Motive zu diesem Satz, der den Geist der Anstalt vielleicht in ihrem innersten Kern bezeichnet, ausführlicher zu entwickeln, ist uns hier nicht mehr vergönnt. Nur dies! – Dieser Grundsatz wird geltend gemacht, teils mit Rücksicht auf jene Institutionen selbst, teils und besonders soll dadurch ausgesprochen werden, daß die Anstalt nur so lange bestehen will, als sie ihrem Prinzipe und Zwecke gemäß wirksam sein kann. Sie begibt sich aber selbst in Gefahr, ihr Prinzip der Liebe zu verlassen, wenn sie ihr Bestehen und Wirken von genannten Unterstützungen abhängig machen will. Nähme sie diese, so müßte sie nach dem Rechte andern Instituten einen Einfluß auf ihre Hausordnung und Fortbewegung zugestehen, wodurch ihr eigentümlicher Charakter der Liebe gar leicht und nur zu gewiß verletzt werden könnte, ohne daß von dorther, von wo die Unterstützung käme, eine Ungerechtigkeit geschähe. Der Charakter der freien Liebe würde also gleich beim ersten Beginn von den Unternehmern, sobald ihnen nach solchen Unterstützungen gelüstete, verkannt oder in Gefahr gesetzt ...

Christian Palmer

1. Katechetik als theologisch-kirchliche Disziplin

a) Die kirchliche Basis

Was der Katechetik meines Erachtens am meisten Noth thut, das ist, daß sie, dem Ursprung und Zweck alles katechetischen Wirkens gemäß, wieder mit theologisch-kirchlichem Geiste getauft wird. Lange genug hat sie sich von den Unterrichtskünstlern in Beschlag nehmen und auf die Stufe einer blos formalistischen Fragekunst degradiren lassen, die gegen das Evangelium, wo nicht feindlich, doch zum mindesten indifferent sich verhielt. Sie war eine Schulwissenschaft, ein Stück der pädagogischen Methodik geworden. Hieran hat man sich so sehr gewöhnt, daß selbst bis in die neueste Zeit herein sogar bei Männern, die auf solidem, kirchlichem Boden stehen, die Nachwirkung nur allzu deutlich zu verspüren ist. Nun will ich zwar nicht in Abrede ziehen, daß die Pädagogen allezeit das Recht haben mögen, im Kreise ihrer Methodik auch ein Fach für die Regeln des Unterrichts in Fragen und Antworten anzusprechen; aber uns muß das Recht bleiben, dieses nicht als Katechetik anzuerkennen, vielmehr dieser Wissenschaft, als einer theologisch-kirchlichen Disciplin, einen lebendigeren, reicheren Inhalt zu geben und das Formelle, was Jene vorzugsweise betreiben, auf sehr bescheidene Gränzen zurückzuführen …

Unsere modernen Katecheten, zumal die aus *Dinter's* Schule hervorgegangenen, würden es wohl schwerlich mit Wohlgefallen aufnehmen, wenn ihnen eines Tags wollte bewiesen werden, daß ihre ganze Kunst und Profession eigentlich pietistischen Ursprungs sey. Haben sie doch den alten Sokrates zum Schutzheiligen erwählt und sich dadurch gewissermaßen unter die Auspicien griechischer Weltweisheit gestellt … Und dennoch hielte es nicht eben schwer, die Katechese – zunächst freilich im kirchlichen Sinne, aber bekanntlich ist sie erst von der Kirche aus in die Schule gekommen, nicht umgekehrt – auf die obengenannte Quelle zurückzuführen. Denn *Spener* und kein Anderer ist es, dem die evangelische Kirche es zu danken hat, daß es in ihr eine lebendige, geregelte und umfassende katechetische Thätigkeit gibt. Er hat (besonders als Oberhofprediger in Dresden) angefangen, freie Unterredungen über die Lehrstücke des Katechismus zu halten …

Wir müssen jedoch noch weiter zurückgehen, um den innersten Quellpunkt aufzufinden, aus dem bei *Spener* die Einführung der Katechese in

Kirche und Leben hervorging. Dieß ist die Idee des allgemeinen Priesterthums, von welcher nachgewiesen worden ist, daß sie einen der wichtigsten Ausgangspunkte für *Spener's* Treiben und Wirken bildet. Wie nun dieses allgemeine geistliche Priesterthum die Schranke zwischen Volk und Hierarchie aufhebt, wie hienach das gesammte Volk berufen und berechtigt ist, Antheil zu nehmen an der vollen Erkenntniß der evangelischen Wahrheit und an freier Aneignung, Verarbeitung und Mittheilung derselben, wie Jeder nicht blos ein hörendes Glied der Kirche seyn, sondern, weil Wahrheit und Leben in sich tragend, auch selbstständig und mündig seyn soll, was in ihm ist auch auszusprechen: so liegt ja insbesondere der Katechese die Tendenz zu Grunde, statt einer bloßen fides implicita oder statt blos auswendiggelernter Formeln eines credo, des Dekalogus, des Vater Unser, vielmehr *den ganzen Schatz christlicher Erkenntniß* dem Volke zu eigen zu machen; und zwar so bald, als irgend bei demselben Fähigkeit dazu vorauszusetzen ist, d.h. schon im jugendlichen Alter. Allein hiemit sind wir an einer Stelle angelangt, wo wir offenbar über *Spener* hinausgewiesen werden. Was ist diese Idee des geistlichen, allgemeinen Priesterthums anders, als eine ursprünglich und wesentlich *protestantische* Idee? ...

b) Bekenntnis und kirchliches Leben als Ziel

Der Grund und Boden für die Katechese ist also die Kirche, und zwar vornämlich die evangelische Kirche. Die Katechese ist – obwohl sich der Schullehrer mit dem Geistlichen darein theilt – dennoch auch von Seiten des Letztern eine kirchliche Thätigkeit. Aber welche? Was ist ihre Aufgabe? Welches Gebiet hat sie zu bearbeiten?

Für uns – haben wir oben gesagt – sey Dasjenige, was in der alten Kirche die Erlahmung der katechetischen Wirksamkeit herbeigeführt zu haben scheint, nämlich die Kindertaufe, gerade das Princip für die Einführung und Ausbildung derselben. Indem die Kirche das Kind taufe, hegt sie das Vertrauen, daß, während ihm jetzt das objektive Heil zugeeignet wird, es bei entwickelterem Geist auch subjektiv hierin sein Heil erkennen und mit freier Liebe festhalten werde; ein Vertrauen, dessen fester Stützpunkt die Macht der göttlichen Gnade und Wahrheit ist. Je theurer aber der Kirche dieses Vertrauen ist, um so weniger kann es ihr gleichgültig seyn, ob es von Seiten des Getauften gerechtfertigt wird oder nicht; deßwegen verlangt sie bei der Confirmation als solche Rechtfertigung ihrer Zuversicht das eigene Bekenntniß des Täuflings, worin der Glaube als die freie That erscheint, durch welche die Gnade, die ihm voranging und ihn selbst erweckt hat, dankbar angenommen und sich zugeeignet wird. Allein dieses Bekenntniß würde selbst wiederum von zweifelhaftem Werthe seyn; es bliebe unsicher, ob, wenn das Kind auch wirklich den lauteren, evangelischen Glauben aussprüche, dieß ein Bekenntniß *seines* Glaubens wäre, wurzelnd in seinem eigenen Bewußtseyn, in seinem persönlichen Geistesleben, – wenn nicht die Kirche selbst die Arbeit übernähme, ein lauteres Bekenntniß dadurch möglich zu machen, daß der Glaube in des Kindes Herzen gepflanzt und gepflegt wird. Nur so hat die Kirche eine Garantie dafür, daß ihr in der Taufe angefangenes und darin auf's Beste gegründetes Werk nicht fruchtlos und das verlangte Bekenntniß kein erheucheltes ist, wenn sie selbst das Heft in der Hand behält – wenn sie auch die christliche Bildung zu ihrem eigenen Geschäfte macht. Es ist nur die Frage, in welcher Weise und in welcher Ausdehnung das zu geschehen habe? Denn, wie die alte Kirche das Kind dem Hause, der elterlichen Einwirkung anheim gab, so kann offenbar die Kirche nie wollen, daß das Kind von den Eltern losgerissen, und wie in Sparta dem Staate, so nun in christlichen Landen der Kirche ausschließlich überlassen werde; vielmehr wird, trotz allen Gefahren, welche die Erziehung oder Nicht-Erziehung im Elternhause mit sich bringt, doch immer das Recht der Eltern, ihr Kind selbst zu erziehen, und zwar gerade die schönste Seite dieses Rechtes, die Hinführung zum Evangelium, unangetastet bleiben müssen. Dieß aber führt uns auf folgendes Weitere.

Auf Erzielung des *Bekenntnisses* also ist es mit der katechetischen Thätigkeit abgesehen. Das Bekenntniß aber setzt vor Allem Erkenntniß voraus; daher denn von jeher die Wirksamkeit des Katecheten vorwiegend als eine *durch Lehre* geschehende Einwirkung auf die Katechumenen gefaßt worden ist. Nun wird aber in neuerer Zeit, besonders im Hinblick auf *Dinter* ... gerade darüber vielfältig Klage geführt, daß das belehrende Element so ungebührlich vorherrsche; die Religion werde auf diese Art völlig zur bloßen Verstandessache gemacht, und gerade dadurch der religiöse Sinn, statt geweckt zu werden, vielmehr erstickt. Dieß hänge ... mit der verständigen, nüchternen Ansicht von der Religion selbst zusammen; sey nämlich diese nur eine Summe von Kenntnissen, habe das Christenthum uns nichts gebracht als Belehrungen, so könne freilich auch der Katechet nur eben wieder die Aufgabe eines Lehrers haben. Man habe aber jetzt erkannt, daß die Religion, zumal die christliche, nicht eine Lehre, sondern ein Leben sey; und in dieses Leben die Katechumenen zu versetzen, in ihm die religiöse Gemüthsrichtung hervorzurufen, das sey unsre Aufgabe. Diese wird nun zunächst bestimmt als *Erbauung*, hernach (mit *Hirscher*) als *Erziehung*.

Was die Erbauung betrifft, so kommt es darauf an, in welchem Sinne das Wort hier gebraucht wird. Versteht man sie, wie *Harleß* (Ethik, S. 133) nach biblischem Sprachgebrauche den Begriff bestimmt, als »Förderung und Erhaltung der ganzen Persönlichkeit im Reiche Christi,« dann ist sie nicht nur ein, sondern der Zweck aller Katechese ..., und man könnte nun (was auch *Dinter* würde unterschrieben haben) das Verhältniß immer noch so bestimmen: die Katechese habe die Aufgabe, durch Belehrung zu erbauen; das belehrende Moment wäre damit immer noch das herrschende in der Katechese. Wird aber das Wort in dem modernen, üblichen Sinne genommen (und so wird es ohne Zweifel gemeint seyn), wornach man einem Buche, einer Predigt das Prädikat »erbaulich« beilegt, wenn sie die Doppelwirkung eines geistigen Genusses und einer lebendigen, inneren Anregung auf unser Gemüth ausüben: so ist vorerst allerdings gewiß, daß der Katechet nie unerbaulich dociren darf, und daß er, wenn er nicht erbaulich spricht, ein schlechter Katechet ist, könnte er auch definiren, zergliedern und entwickeln trotz *Dinter*. Allein einmal schließt das gar nicht aus, daß er dabei dennoch immer lehrend zu Werke gehe; denn die Lehre, lebendig und ohne Zuthat vergänglicher Weisheit und Spitzfindigkeit vorgetragen, ist an sich selbst schon erbaulich, und *Gräffe's* und *Dinter's* Katechisationen mangelt es nicht darum an erbauender Kraft, weil sie *nur* belehren, sondern weil es *nicht das Evangelium* ist, was sie lehren. Wohl ist das Christenthum ein Leben, aber zu allererst ein historisches, wie es in Christo sich dargestellt hat: und weil es so, ehe es in uns entstehen konnte, historisch da seyn mußte, weil es deßhalb zuerst in dieser seiner Objektivität gewußt werden will (Röm. 10,14. Wie sollen sie glauben, von dem sie nichts gehört haben?), so muß die Mittheilung der Lehre das Erste seyn; dieß Geschichtliche, versteht sich, in seiner Einheit mit der darin realisirten Idee, also mit dem Dogmatischen, ist gerade das einzige Mittel, jenes Leben, das man Religion heißt, in den Herzen zu entzünden. Dann aber setzt die Erbauung einen bereits gelegten Grund voraus; diesen Grund zu legen, ist das Geschäft der Katechese; ehe sie daran denken kann, erbauen zu wollen, muß sie vor allen Dingen den Katechumenen zu der Fähigkeit helfen, sich zu erbauen; indem sie ihm das Verständniß aufschließt, bahnt sie ihm erst den Weg zum Genuß, nicht umgekehrt...

Wie steht es aber mit der Erziehung? Wird sie wohl auch auszuweisen seyn aus dem Begriff der Katechese? Ja oder Nein, wie man es nimmt. Die Katechese hat einige Seiten, von welchen betrachtet sie allerdings zugleich erziehend wirkt. Einmal bringt dieß schon der Inhalt dessen, was gelehrt wird, mit sich. Denn wenn selbst die anderen Gegenstände des Unterrichts, wenn jede Wissenschaft, jede Kunst, wie bekannt, immer auch sittigend, veredelnd auf den Zögling einwirken, so muß dieß vor Allem bei der Religion der Fall seyn. Wie das Evangelium ganze Völker erzogen hat, so kann der, die Macht des natürlichen Willens brechende, die Gesinnung heiligende Einfluß desselben um so weniger ausbleiben, wenn er schon auf das Kind gelenkt wird und somit der Entwicklung des natürlichen Lebens schon von Anfang an die Erneuerung desselben durch den Geist der Wahrheit, der ja eben an's Wort sich knüpft und durch dieses seine Wirksamkeit ausübt, immer gleichen Schritt hält; wenn so zu der Zeit, wo das sündhafte Begehren im Kinde sich geltend machen will, immer schon das göttliche Gebot: »du sollst nicht« mit dem Bewußtseyn verwachsen ist. Aber diese erziehende Wirkung des Unterrichts ist, wie oben die erbauende, nicht etwas Besonderes, das *neben* dem Unterricht herliefe, sondern sie begleitet den Unterricht selbst, wie die Wärme das Sonnenlicht; und wie oben, müssen wir auch hier sagen: wo diese Wirkung ausbleibt, da ist nicht dieses Schuld, daß nicht außer dem Unterricht auch noch erzogen wurde, sondern, daß der Unterricht selbst nichts nütze war ...

[Daneben müssen wir] alle religiöse Erziehung, sofern dieser Begriff streng aufgefaßt wird, und so weit sie nicht durch die Lehre sich vermittelt und mit dieser zusammenfällt, aus dem Bereich des Katecheten hinaus- und vor allem den Eltern zuweisen, und in zweiter Linie, als ihrem Stellvertreter oder auch als dem Berather der Eltern, dem Geistlichen, aber, wie gesagt, nicht als Katecheten, sondern als Beichtvater. Allein auch so bleibt noch die Frage: ob denn nicht gerade die Ueberwachung und Regulirung der Jugenderziehung in den Familien und in den Schulen eine Pflicht *der Kirche* sey? Ist sie aber dieß, und befaßt sich alle auf die Jugend bezügliche Thätigkeit der Kirche unter den Begriff der Katechese, so muß die Katechetik einen Theil haben, der die Seelsorge, sofern sie sich entweder unmittelbar auf die Kinder, oder auf die Eltern, sonach mittelbar auch wieder auf jene bezieht, und woran sich die, ja ebenfalls der Kirche zukommende Anordnung und Ueberwachung der Schulzucht anreiht, wissenschaftlich erörtert ... Und die Kirche hat wahrlich alle Ursache, den modernen Emancipationsgelüsten gegenüber darauf zu bestehen, daß sie, keineswegs auf die Paar Stunden Religionsunterricht beschränkt, vielmehr den Geist des ganzen Erziehungs- und Schulwesens bestimme, d.h. ihn als wesentlich christlichen Geist erhalte. Aber die Frage ist nun eben, ob *Alles*, was die Kirche in Betreff der Jugend thue und zu thun habe, unter den Begriff der katechetischen Thätigkeit falle? Ob also Schulinspection und Katechese Eins sey? *Pelt* selbst sagt von der Katechetik (S. 674): »sie behandle die kirchliche Seite der Erziehungskunst, während die häusliche« (und hiezu möchten wir die der Schule angehörige ebenfalls beifügen) »der Pädagogik überlassen bleibe.« In der That, Pädagogik und Katechetik müssen doch noch zwei Dinge seyn; und dadurch, daß jene in ihrer eigenthümlichen Sphäre christlich ist, fällt sie noch nicht aus dieser Sphäre heraus, sie bleibt eine Schul- und Hauswissenschaft; mit anderem Wort: der Geistliche als solcher ist nicht zugleich speziell Pädagog, wohl aber Katechet; jenes ist er nur mittelbar, weil er Beichtvater ist, dieses aber unmittelbar; und Schulinspector ist er ebenfalls aus mittelbarem Grunde, weil die Religion nicht nur ein Fach unter vielen, sondern das Centrum, das alle andern Bestimmende seyn soll, er aber als Träger des religiösen Bewußtseyns, mit Beziehung desselben zu allem zur allgemeinen Bildung Gehörigen, dessen Kenntniß in ihm vorausgesetzt wird, derjenige ist, dessen Stellung die beste, ja allein die nothwendige und rechte Garantie für die Erreichung der Schulzwecke bietet. Offenbar würde der Begriff der Katechetik, der immer seinen rein kirchlichen Schwerpunkt unverrückt bewahren muß, ungebührlich verallgemeinert, wenn auch die Haus- und Schulzucht darin ihre Stelle finden sollte; das Religiöse von dieser abzutrennen, und der Katechetik zuweisen, während das Uebrige der Pädagogik verbliebe, wäre weder möglich noch für letztere gerathen, denn es hieße den Geist und das Leben wie ein Stück Materie abschneiden, und der Pädagogik das Gerippe lassen. Es muß allerdings auch eine theologische Pädagogik, eine Pädagogik in der Reihe der theologischen Wissenschaften geben, und in das Gebiet dieser Wissenschaft gehört alsdann die Lehre von der christlichen Erziehung, die somit Hauszucht und Schulzucht in sich schließt, also eigentlich eine Wissenschaft für Jedermann ist, nur in scientivischer Form dargestellt. Aber hievon eben unterscheiden wir die Katechetik um ihres streng kirchlichen Charakters willen; denn die Schulzucht und die häusliche Erziehung sind kein Stück dessen, was man Kirchendienst heißt, während die katechetische Wirksamkeit diesem auf's Bestimmteste als eines seiner Momente zuzuweisen ist.

Nur Eine Seite der katechetischen Wirksamkeit gibt es, die allerdings Erziehung ist, aber in anderer als der eben erörterten und abgelehnten Weise derselben. Wir haben oben gesagt, die protestantische Kirche neige sich, im entschiedenen Gegensatze gegen den katholischen Realismus, zu einem gewissen Idealismus hin; d.h. sie vertiefe sich gern dermaßen in die rein geistige Seite der christlichen Religion – in Dogma und Spekulation oder auch in subjektive Religiosität, in Herzenserbauung und christliche Erkenntniß – daß sie darüber vergesse, diesem Inneren auch eine Gestalt, einen kräftigen, gemeinsamen Ausdruck zu geben, daß ihr an äußerer Kirchlichkeit, an treuem Festhalten des kirchlich-Objektiven zu wenig gelegen sey. Das ist aber vom Uebel. So sehr der aufgeklärte Troß mit den sich in subjektiver Gottseligkeit Befriedigenden in dem Einen Punkte übereinstimmt, daß alles äußere Kirchenthum, wenn auch nicht vom Uebel – wie die Ultra's auf beiden Seiten meinen – doch gering anzuschlagen sey: so sehr ist und bleibt es unumstößlich wahr, daß das Innere und Geistige der Gottseligkeit und das Christenthum überhaupt ohne seine Ausprägung in einem objektiven Seyn und Leben in einen falschen Spiritualismus geräth, daß es in sich selbst verkommt. Wie jeder endliche Geist seinen Leib, und zwar einen aus sichtbaren Gliedern gebauten, materiellen und betastbaren Leib haben muß, wenn er nicht ein Gespenst seyn soll, so auch muß die christliche Religion, wo sie aus der Kirche sich zurückziehen und für sich fortleben will, immer in einen krankhaften, unnatürlichen Zustand verfallen und, wenn diejenigen, welche von solcher Separation Heil erwarten, auch nur eine Weile ihr Wesen treiben wollen, so kann dieß nur geschehen, indem sie irgendwie die Kirche nach Verfassung und Kultus unter sich nachbilden. Gerade die Zeit, welche allem kirchlichen Wesen Hohn sprach, hat dem Evangelium selbst auch Hohn gesprochen; und von da an, als das Evangelium wieder zu Ehren kam, hat man auch wieder angefangen, auf die kirchliche Gemeinschaft Werth zu legen. Deßwegen nun muß – wie die Theologie selbst eine Seite hat, nach welcher sie sich gänzlich, als praktische Theologie, der Kirche zuwendet und in sie, in ihr ganzes Wesen und Leben eingeht – auch der Jugendunterricht eine solche der Kirche zugewendete Seite haben; es ist dafür zu sorgen, daß das nachwachsende Geschlecht nicht allein in die *Lehre* der Kirche, sondern zugleich in das *Leben* der Kirche eingeführt werde. Dieß aber weist uns wieder zurück auf die Grundansicht, daß die Kirche von ihren Gliedern ihr *Bekenntniß* fordere; und die Erfüllung dieser Forderung eben durch die Katechese möglich zu machen habe. Das Bekenntniß nämlich ist zwar ein in der Gemeinde vorhandenes, von Mund zu Mund gehendes; aber es verlangt auch seine lebendige Erscheinung, es will eine äußere Form haben, um in seiner Reinheit, Ursprünglichkeit und Gemeinsamkeit stets dem Bewußtseyn gegenwärtig zu seyn und neu zu werden. Solche Form hat es zwar im Symbol. Allein das Symbol ist ein Buch, eine todte Schrift; mit lebendiger Stimme aber will sich das Bekenntniß kund thun, es will leben in der Gemeinde. Dieß Leben aber gewinnt es im Gottesdienste nach allen seinen Beziehungen hin; er ist die reine Erscheinung und Bethätigung des Bekenntnisses. Und wie also die

Kirche durch ihr Lehren das Kind in die innere, ideale Seite des Bekenntnisses einführt, so muß sie, wenn ihr Zweck erreicht werden soll, es auch in die reale, äußere Gestalt desselben – in das gottesdienstliche, das kirchliche Leben hineinbilden ... Wir dürfen nicht das allein erzielen wollen, daß alle die Kinder einmal für sich, ein jedes in seinem Theile, fromme Menschen werden, sondern auch, daß es dem Gottesdienste nie an Solchen fehle, die ihn feiern, dem Sakrament nie an Solchen, die es empfangen, der Predigt nie an Solchen, die sie hören, dem Kirchenliede nie an einer Gemeinde, von der es gesungen wird. Das Reich Gottes soll freilich in mir und in dir seyn, wenn ich und du wollen für unsern Theil selig werden; allein es ist keineswegs blos darum zu thun, daß ich und du und dieser und jener, ein Jeder für sich, selig werde, sondern das Reich Gottes soll zugleich auch *außer und über* mir *eine Macht* seyn der Welt gegenüber, es ist *um sein selbst willen da,* nicht blos um meinet- und deinetwillen; es ist ein Bau, darin Gottes Ehre wohnen, Gottes Name gepriesen werden soll und an dem ich und du nur Steine – allerdings aber, wenn wir für unsre Person einen Segen davon haben wollen, lebendige Steine seyn müssen (1 Petr. 2,5) ... – Und dieß ist nun auch der Punkt, wo wir dem Begriffe der Erziehung allein eine angemessene Stelle im Bereiche der Katechetik anzuweisen haben. Denn hier findet jenes nöthigende Anhalten, jene beharrliche Gewöhnung, im einzelnen Falle sogar das zu aller Erziehung gehörige, mit Gewalt geschehende Brechen des eigenen, sich widersetzenden Willens statt, falls die einfache Anweisung, das von selbst dem Kinde sich angewöhnende Beobachten der kirchlichen Sitte und Ordnung nicht ausreicht. Der Katechet stellt es ja z.B. niemals der Willkür des einzelnen Schülers anheim, ob er die Kirche besuchen, zum Confirmandenunterricht kommen will oder nicht; hier heißt es: du mußt ...

Noch ist uns, um den Begriff der Katechese vollständig zu bestimmen, ein Moment übrig, das vielfach unbeachtet bleibt, oder höchstens nur aus pädagogischen Nebenrücksichten, nicht aber, wie es seyn sollte, aus kirchlichem Grunde, hervorgehoben wird ... Nimmt man die Katechetik nur eben als Kunst zu katechisiren ..., dann ist's freilich ganz gleichgültig, ob Einer oder Viele diesen Unterricht empfangen. Man kann da höchstens von den Vortheilen der Nacheiferung u. dgl. reden ... In der Katechese nun ist es, wie bereits bemerkt, nicht darum allein zu thun, daß nur jeder Katechumene für sich zu christlicher Erkenntniß und Frömmigkeit gebracht werde; sondern die einzelnen Christen sollen zusammen eine Gemeinschaft bilden, als Glieder Eines Leibes. Und indem nun die Kirche Söhne und Töchter in ihre Lehre und ihr objektives, gottesdienstliches Leben einführen läßt, so geschieht das eben, damit die Jugend selbst wiederum eine Gemeinde werde; dieser *kirchliche Gemeinsinn* nun wird eben dadurch gepflanzt und genährt, und jene Absicht, aus der Jugend *eine Gemeinde* zu machen, wird dadurch auf das Schönste ausgedrückt, daß jedesmal die, welche Einer Hauptstufe der Bildung angehören, und deßwegen eine Gemeinschaft vorstellen können, *zusammengenommen* werden ...

Und nun erst, nachdem die ungeeignet befundenen Merkmale, die der Katechese zugeschrieben werden möchten, ausgeschieden, die ihr wesentlichen aber, wie wir hoffen, zur Genüge erörtert sind, können wir die Aufgabe des Katecheten, und somit auch die der Katechetik in eine runde Definition zusammenfassen. *Die Katechese ist diejenige Thätigkeit der Kirche, durch welche sie die in ihr geborene und getaufte Jugend mittelst gemeinsamer Unterweisung in der kirchlichen Lehre und gemeinsamer Erziehung für's kirchliche Leben zur Gemeinde heranbildet.*

Die Katechetik aber hat diese Thätigkeit der Kirche wissenschaftlich zu begreifen und, nachdem sie den Begriff gefunden, seine Momente zu entwickeln. Sie tritt dadurch in die Reihe der praktisch-theologischen Disciplinen ...

c) Die religiöse Empfänglichkeit des Kindes – Tradition, Schrift und Katechismus als Stufen individueller und kirchlicher Entwicklung

Der obigen Definition vom Begriff der Katechese gemäß zerfällt die Katechetik zunächst in zwei Haupttheile; der erste hat die Unterweisung in der kirchlichen *Lehre*, der zweite die Erziehung zum kirchlichen *Leben* zum Inhalte. Will aber die Katechetik mit wissenschaftlicher Gründlichkeit, wie sich's gebührt, zu Werke gehen, so darf sie nicht übersehen, daß, obwohl die Zöglinge als bereits Getaufte und durch christliche Einflüsse manchfach Bestimmte, den Händen des Katecheten überantwortet werden, dennoch Lehre und Leben der Kirche dem, abstrakt für sich betrachteten Geiste des Kindes etwas an sich Aeußeres, Fremdes, zu Empfangendes ist, das das Kind, sich selber überlassen, ganz gewiß nicht aus sich selber erzeugt hätte. Das Kind läßt sich, wie natürlich, die Mittheilung und Anerziehung des Christenthums ohne Bedenken gefallen; aber wenn dieß nicht auf eine mechanische, unfruchtbare Weise geschehen soll, so muß zuvor erkannt werden, welches die inneren Lebensbeziehungen seyen, die zwischen dem Geiste des Kindes und der gegebenen, ihm anzueignenden Religion Statt finden, damit gerade auf dem Wege die letztere an das Kind komme, gerade von der Seite bei ihm Einlaß begehre, wo es eine offene Thüre für die Religion darbietet, d.h. wo es seiner Natur nach für die Religion angelegt und empfänglich ist. Es muß daher ... vor allen Dingen das Verhältniß des Christenthums als positive Religion zu der natürlichen, im Kinde bereits vorhandenen Anlage zur Religion erforscht werden; man muß wissen, ob im Kinde eine Empfänglichkeit für die christliche Lehre, also eine Hindeutung der Natur auf das Positive vorhanden sey ... Hiernach muß also zuerst ein religionsphilosophischer Theil aufgenommen werden; wir überschreiben ihn einfach: *das Kind und die Religion*; und da es sich um zwei Factoren handelt, die in einander aufgehen, mit einander vereinigt werden sollen, so entstehen uns drei Kapitel: 1) die religiöse Anlage, 2) die objektive Religion und 3) die Vermittlung beider betreffend. Hierauf erst kann nun die wirkliche Exposition der beiden oben genannten Haupttheile folgen ... Der Abschnitt von der Unterweisung in der Lehre nun darf, wenn er nicht, wie so oft geschehen, in eine falsche und verderbliche Abstraktion fallen will, Stoff und Form nicht auseinanderreißen, als ob diese etwas zu jenem Hinzukommendes wäre. Er wird sich vielmehr nach denjenigen Stufen zertheilen, welche den Hauptstufen des Jugendalters selbst adäquat sind. Die erste Stufe erfordert einfache, mündliche Mittheilung der Heilswahrheit, in der Form der Geschichte, welche die Wahrheit selbst bei ihrem Eintritt in die Welt angenommen hat. Zur Lesung der Schrift ist es da noch nicht Zeit, noch viel weniger zu der Erörterung von Dogmen; es wird einfach und wie es Kinder gerne hören, das Geeignete mitgetheilt; wir können das nicht passender bezeichnen als mit dem altchristlichen Worte *Tradition*, – mündliche Ueberlieferung, von welcher der protestantische Lehrer nur die römischen Beigaben ablösen, den römischen Beigeschmack entfernen muß. Die nächste Stufe ist reif, *die Schrift* zu lesen, in das Wort Gottes in seiner festen, objektiven Form sich einzuleben, und was vorher nur mündlich und in einzelnen Bruchstücken mitgetheilt wurde, nun in originali und im Zusammenhange sich anzueignen. Dann erst, auf der letzten Stufe kann das Dogma in seinem Zusammenhange vollständig entwickelt werden, nachdem durch gehörige Schriftkenntniß der Erkenntniß der kirchlichen Lehre vorgearbeitet ist; und da für diesen dogmatischen Unterricht die Kirche selbst die geeignete Form *im Katechismus* dem Lehrer an die Hand gegeben hat, so wird die dritte Unterabtheilung den Katechismus, und speziell das Ganze der christlichen Lehren, wie sie katechetisch aufgefaßt und behandelt seyn wollen, auseinandersetzen. Dieß halten wir für eine Hauptaufgabe der Katechetik, und wer uns nur Fragen bilden lehrt, gleichviel über was, oder höchstens nur beispielsweise eine oder die andere Lehre anführt und daran zeigt, was katechetische Behandlung sey, der läßt uns auf halbem Wege stehen; weiß ich nicht, wie ein schwieriges Dogma den Kindern zu evangelischem Verständniß zu bringen, an welchem Punkte es seinem dogmatischen Gehalte nach zu fassen ist, so ist mir *Dinter's* ganze Katechisirkunst, und hätte ich sie dem Meister vollkommen abgelernt, total unnütz; weiß ich aber einmal, wie z.B. die Lehre von der Trinität den Gedanken des Kindes aufzuschließen und zu eigen zu machen ist, an welcher Seite ich dieß Dogma anfassen, auf welchem Weg ich die einzelnen Momente desselben zu entwickeln habe, – dann ist es ein Geringes, nunmehr die passenden Fragen daraus zu bilden ...

Es dürfte jener Eintheilung jedenfalls zum Voraus zur Empfehlung dienen, daß, wie man bemerkt haben wird, hiedurch das einzelne Kind und die Jugend überhaupt immer wieder durch denselben Stufengang hindurchgeführt wird, den die Kirche im Großen, als sie gleichsam selbst noch Katechumene war, durchlaufen hat. Das Erste, wodurch sie sich baute und woran sie lange Zeit sich nährte, war die mündliche Ueberlieferung; erst nach dieser fixirte sich das geschriebene Wort des N.T.; und zuletzt erst kam Dogma und Symbol, durch Concilien festgestellt; wodurch aber, nach protestantischen Grundsätzen, wie männiglich bekannt, die Schrift keineswegs außer Kurs gesetzt ist. Auch dürfen wir uns zuversichtlich darauf berufen, daß wohl überall, wo überhaupt ein methodischer Lehrgang im Religionsunterricht beobachtet wird, im Wesentlichen dieselbe Stufenfolge eingehalten zu werden pflegt; den jüngsten Kindern, die noch keine Bibel lesen können, wird mündlich erzählt; den etwas Vorgeschritteneren gibt man die Bibel (zunächst das N.T.) in die Hand, und läßt sie dieselbe lesen, aber ohne noch irgend eine dogmatische Lehrentwicklung zu bezwecken; und erst zuletzt wird die Lehre als System durchgesprochen ...

Auf diesen Theil, der von der Lehre handelt, folgt nun der andere, von der Einführung in's kirchliche Leben; denn Wort und Sakrament, also nicht das Wort allein, sondern auch der Kultus, dessen Heiligstes, dessen Höhepunkt das Sakrament ausmacht, gehört zu den Merkmalen der wahren Kirche, zu den ihr verliehenen Gütern. Die Gliederung dieses Theiles ist nach ganz einfachem, auf dem Verhältniß der Katechumenen zur Gemeinde beruhendem Princip und nach einem, der Stufenfolge in der alten Kirche analogen Fortschreiten diese: 1) Weil die Kinder, obwohl erst Katechumenen, doch bereits Christen sind, bereits in ihrer Weise Gott zu dienen fähig sind, so muß dasjenige Element, das später, wenn sie Gemeinde geworden sind, als Gemeindekultus sich ausprägt, im Kleinen sich bereits darstellen als Vorbild des Zukünftigen; dieß geschieht durch den *Kindergottesdienst* (worunter Gebet und Erbauung in der Schule und die krichliche Kinderlehre sich befassen). 2) Daneben aber ist eine vorbereitende *Theilnahme am Gottesdienst der Gemeinde* nothwendig, damit sich die Jugend in die Formen desselben einlebe, und sich gewöhne, weder das Aeußere daran gering zu achten noch auch die äußere Form ohne den belebenden Geist mechanisch zu beobachten. Beides gehört zur rechten Feier des Kultus; zu Beiden muß also die Jugend erzogen werden. Endlich 3) steht zwischen dem Katechumenat und der wirklichen Ebenbürtigkeit mit der Gemeinde die Confirmation; sie bedarf einer, nicht schon in der allgemeinen Unterweisung und Erziehung begriffenen, besonderen Vorbereitung, in welcher bereits die Katechese einen mehr beichtväterlichen Ton annimmt. Da sich durch die Confirmation Taufe und Abendmahl berühren, so nennen wir den Confirmandenunterricht die *Zubereitung zum Sakrament*. Und wie mit demselben die Katechese sich endigt, so absolvirt sich mit der Beleuchtung des Confirmandenunterrichts auf's Passendste auch die Katechetik.

2. Evangelische Pädagogik in der Konvergenz des Humanen mit dem Evangelium

a) Der konstitutive Zusammenhang von Bildung und Christentum – Pädagogik als praktisch-theologische Disziplin

Die Pädagogik hat das Schicksal, sich dazu hergeben zu müssen, daß auf ihrem Gebiete die freien Geister wie in ihrem Eigenthum schalten und walten, auch wenn es in Religion und Politik mit ihren Eroberungen nicht vorwärts gehen will; und obgleich die äußere Agitation der Schule wider die Kirche im Augenblick aufgehört hat, so dauert der Kampf wider das christliche und kirchliche Lebensprinzip in der pädagogischen Literatur desto heftiger fort. Deßhalb glaube ich, daß es Pflicht ist, mit allen Kräften darauf hinzuarbeiten, daß die einfachen evangelischen Grundlehren und Grundbegriffe immer wieder aus allem pädagogischen

Gerede und Geschreibe in ihrer siegenden Wahrheit hervortreten ... ich möchte insbesondere thatsächlich zeigen, daß die evangelische Pädagogik, ob sie gleich statt neue Methoden zu ersinnen auf die alte einfache Erziehungslehre des Evangeliums zurückgehe, darum dennoch nicht eine Sammlung erbaulicher Phrasen oder eine pädagogische Predigt sei, sondern einestheils mit festem und klarem Blick in das wirkliche Leben mit seinen Einzelheiten und Thatsachen eingehe, anderntheils allem, was irgend bis jetzt das pädagogische Denken, die Wissenschaft und die Erfahrung im Erziehersberufe zu Tage gefördert, eine gewissenhafte Aufmerksamkeit schenke und es treulich zu Rathe ziehe, sich auch selbst befleißige, den Forderungen wissenschaftlicher Auffassung und Darstellung zu genügen ...

Daß ich das Wort »evangelisch« auf den Titel des Buches setze, geschieht aus demselben Grund, aus welchem ich auch meine früheren Arbeiten mit dieser Signatur bezeichnete; sowohl der biblische als der kirchliche, konfessionelle Standpunkt soll damit angezeigt werden. Dieß genügt, damit das Buch vor dem Forum jener Humanitarier verdammt werde, die hoch über Bibel, Kirche und Konfession zu stehen sich rühmen. Glücklicher Weise ist ihr Urtheil nicht das endgültige, und die mancherlei Abstraktionen, womit man sich behilft: Bildung ohne Christenthum, Christenthum ohne Bibel, Bibel ohne Kirche und kirchliche Gemeinschaft – werden sich immer wieder als eitel beweisen.

Der Standpunkt, von welchem gegenwärtiges Buch die Pädagogik darstellt, ist der des evangelischen Theologen. Der Verfasser treibt Pädagogik nicht neben der Theologie, als ein Allotrion; sondern, wie ihn sein Amt in täglichen Verkehr mit Kindern und Lehrern bringt, so weiß er auch, daß, wenn die Erziehung der Gemeinde-Jugend vom geistlichen Amte losgetrennt wäre, dieß ebenso der Kirche in ihrem Bestand wie der Erziehung an ihrem Segen einen unheilbaren Schaden brächte. Der Schluß ist sehr einfach: eine Erziehung ohne Religion ist ein Unding, weil eine solche gerade das Höchste und Tiefste im Menschen außer Acht ließe; Religion aber existirt nie und nirgends als leeres Abstraktum, sondern als Kirche, als positive Gemeinschaft; die Kirche aber übt ihre Thätigkeit organisch geordnet durch das geistliche Amt aus: folglich muß das letztere mit der Erziehung irgendwie in einem Verbande stehen, der jene religiöse Bildung sichert, so, daß diese als Mittelpunkt zugleich auf den ganzen Kreis aller Bildungszwecke und Bildungsmittel Einfluß übt. Jede Leugnung oder Zerreißung dieses Zusammenhanges

Evangelische Pädagogik: Konvergenz des Humanen mit dem Evangelium 71

setzt entweder eine wirkliche Irreligiosität voraus (denn eine Religion, welche für Christen, Juden und Heiden dieselbe seyn und all diese Unterschiede aufheben soll, ist keine Religion mehr, sondern ein bloßer Name, hinter den sich die Abneigung gegen alles wahrhaft Religiöse versteckt); oder legt ihr eine ganz subjektive Ansicht von der Religion zu Grund, als wäre sie reine Privatsache und bedürfte zu ihrer Existenz keiner Kirche; oder aber setzt jene Leugnung einen Zustand der Gemeinde voraus, in welchem es, weil alle Einzelnen vollendet sind, eines Amtes nicht mehr bedarf. Diese drei Voraussetzungen sind lediglich abzuweisen. Es widerspricht die letzte derselben dem klaren Augenschein; die beiden ersten hat eine gesunde Religionsphilosophie in ihrer Nichtigkeit nachzuweisen, wiewohl dieß einer der Punkte ist, an welchem das Beweisen und Ueberzeugen darum für Viele ein Ende hat, weil die Abneigung gegen alles Positive und Feste in der Religion nicht auf Argumenten ruht und darum auch mit Argumenten nicht zu besiegen ist. Wo sie ihren Sitz und Ursprung hat, das haben wir an diesem Orte nicht zu untersuchen.

Läßt man es aber auch gelten, daß der Theologe sich mit dem Erziehungswesen in der Gemeinde zu thun mache, so pflegt man dieß doch mehr als ein Verhältniß anzusehen, das herkömmlich einmal bestehe, das auch zweifelsohne Manches für sich habe; aber man glaubt vielfach, es sei dasselbe wenigstens nicht als ein nothwendiges wissenschaftlich zu begreifen. Wenn es dieß seyn soll, so gehört die Pädagogik in den Kreis der praktischen Theologie. In dieser Umgebung finden wir sie aber bis vor kurzem noch nicht einheimisch ... Wenn gleich nicht das ganze Gebiet der Erziehung innerhalb der kirchlichen Thätigkeit, somit in den Bereich der praktischen Theologie fällt – weil Staat und Familie, ihr gleichberechtigt zur Seite stehen, so muß die Kirche doch, um in gesegnetem Einklange mit beiden zu wirken, um ihrer universellen Bestimmung gemäß beiden zu dienen und zugleich ihre spezielle Aufgabe erfüllen zu können, des ganzen Erziehungswesens kundig und mächtig seyn; insbesondere aber bedarf sie dieser pädagogischen Kunst und Wissenschaft in vollem Umfang, um bei ihrer erziehenden, pastoralen Thätigkeit ebensosehr das Recht der beiden andern Potenzen zu wahren, als ihre eigenen Zwecke zu erreichen. Das wäre nun allerdings eine Unmöglichkeit, wenn, was unsere Radikalen behaupten, die Zwecke des Staats und der Familie denen der Kirche widerstrebten; von den Tendenzen der jesuitischen Pädagogik ist das wohl zuzugeben; allein die evangelische Kirche setzt sich den allgemein humanen Zwecken so wenig feindselig entgegen, daß sie vielmehr in letzter Linie diese Zwecke mit den ihrigen identisch weiß, und das, was einen Menschen hindert, ein wahrhaft evangelischer Christ zu seyn, auch nicht als wahrhaft human anerkennt, umgekehrt aber in allem wahrhaft Humanen (Wissenschaft, Kunst, Bildung, bürgerliche Freiheit u.s.w.) auch etwas dem Evangelium conformes zu ehren und zu fördern weiß. – Es tritt somit hier der eigenthümliche Fall ein, daß eine Wissenschaft den praktisch-theologischen Disciplinen angehört, aber durch die im wirklichen Leben unzerstörbare Verbindung der Kirche mit anderweitigen Gemeinschaften genöthigt ist, in einer Weise, wie keines der andern Stücke praktischer Theologie, über das blos Kirchliche hinauszugehen, so jedoch, daß sie auch in diesem Hinausgehen ihr ursprüngliches Wesen ebensowenig verliert, als sie den andern Potenzen, auf die sie sich einläßt, etwas Fremdartiges aufdringt ...

Näher betrachtet ist es also der Begriff der Seelsorge, der – er mag nun in einem gegebenen System praktischer Theologie gestellt seyn an welchen Ort man will – immer und überall ein derselben wesentlicher ist, und von welchem die pädagogische Thätigkeit der Kirche abzuleiten ist ...

Die Seelsorge hat die gesammte Gemeinde zum Objekt, aber nicht als unterschiedslose Masse, sondern nach den in der Gemeinde faktisch gegebenen Unterschieden muß auch jene ihrer individuellen Bestimmung nach sich dirimiren. Wie sie daher in besonderer Weise den Armen, in anderer den Kranken, in anderer den Gefallenen sich zuwendet, so auch den Unmündigen in der Gemeinde. – Es wird natürlich hiegegen eingewendet, daß die Seelsorge, wenn sie auch einen Theil der Erziehung in sich darstelle, doch desto weniger mit dem Leibe und mit den Dingen dieser Welt zu thun habe. Wäre dem so, so ginge den Seelsorger auch die Armuth seiner Pfleglinge nichts an; so würde das Christenthum, wenn es zu Negern und Hottentotten kommt, ihnen auch nicht mit der Predigt zugleich alle Elemente der Civilisation, Künste und Gewerbe nicht ausgeschlossen, bringen dürfen. Wie das Christenthum den ganzen Menschen rettet und cultivirt, so hat der Seelsorger immer zugleich ein warmes Interesse für die ökonomische Lage, für die bürgerliche Cultur seines Pfleglings; es ist dieß nicht ein humanes Interesse, das zufällig neben dem kirchlichen sich in ihm regte, weil er auch ein Mensch ist, sondern es ist ihm durch das Princip der Liebe wie durch die klare Erkenntniß geboten, daß sowohl die geistige Pflege von allen Seiten zugleich leiblich bedingt ist, als umgekehrt auch in der äußeren Reinigung, Beseligung, Durchbildung und Vollendung des ganzen Menschen das Christenthum die Fülle seiner Kräfte und Segnungen an den Tag legt ...

b) Familie, Schule und Kirche als Träger evangelischer Erziehung

<u>Alle Erziehung besteht darin, daß der christliche Geist in seiner das Fleisch bewältigenden, den Menschen aus der Sinnlichkeit und Bestialität heraushebenden, ihn durchaus und wahrhaft frei machenden Kraft, in seiner das gesamte Leben nach allen Verzweigungen veredelnden Wirkung von einem Geschlecht auf das andere fortgepflanzt wird.</u> Diese Forterbung kann nicht der Natur überlassen werden, wie die Fortpflanzung des natürlichen Lebens; denn unter allem Wechsel der Zeiten erscheint in jeder Geburt eines Individuums die Natur wieder als die alte; es ist immer wieder der Wille, der in seiner Naturgestalt nimmermehr zu jener Vollendung, zu jener Freiheit und Gottähnlichkeit gelangt. Er muß deßhalb erzogen, d.h. zunächst von außen durch eine überwiegende geistige Macht, einen vollkommenen Willen bestimmt werden. Als solche Macht kommt das Christenthum an ihn. Aber dieses besteht nicht in Lehre nur oder in Büchern, als ein Gedanke; es ist Fleisch geworden, und wie Christus eine erziehende Thätigkeit auf seine Umgebung ausgeübt hat, so hat er mit allen Gaben seiner Menschwerdung jenes Amt der Kirche übertragen; durch sie ist, wie die Geschichte beweist, das Christenthum eine wesentlich erziehende Macht in der Welt. Wie aber übt die Kirche diesen Beruf aus? Es wiederholt sich hier ganz dasselbe Verhältniß der Einzelnen zur ganzen Gemeinschaft, wie wir es als Grundgesetz überall im Leben der Kirche wahrnehmen. Nach evangelischer Erkenntniß nämlich sind alle Glieder der Kirche einander wesentlich gleich; der Gegensatz zwischen Klerus und Laie, sobald er zu einem absoluten und spezifischen gemacht wird, ist falsch; allen steht die gleiche Begabung von oben, die gleiche Unmittelbarkeit des Verhältnisses zu Gott, die gleiche Mitwirkung zum Wohle des Ganzen zu. Gleichwohl concentrirt sich auch auf evangelischem Boden das Leben der Kirche immer wieder in einem Punkte: alle Funktionen christlichen Lebens nehmen sich zusammen im geistlichen *Amte;* sie gewinnen dadurch eine feste, gesicherte, geordnete Existenz, und es ist blos dafür zu sorgen, daß sich das Amt nie vom Leben, der Klerus nie von der Gemeinde losreiße, sondern sich in lebendiger, ununterbrochener Wechselwirkung des geistigen Gebens und Nehmens zu ihr halte. Ganz so verhält es sich auch hier. Die ganze Kirche ist die Erzieherin ihrer Jugend ... Die Kirche besteht aus der lebendigen Gesamtheit ihrer Glieder; wenn jedes Ehepaar seine Kinder christlich erzieht, so ist es in Wirklichkeit die Kirche, die hiemit ihre Pflicht erfüllt. Gleichwohl geht aus der Gemeinde das Erziehungsamt, das Schulamt hervor, worin sich

die pädagogische Kraft und Weisheit, die der Kirche inne wohnt, die aber faktisch unter die einzelnen Glieder ungleich vertheilt ist, concentrirt und sammelt; das Amt, worin die Pädagogie zur ausschließlichen Lebensbeschäftigung geworden und von verschiedenen, dem häuslichen Leben anhaftenden Hindernissen und Verunreinigungen befreit, desto energischer, gleichmäßiger, und in Kunst und Erfahrung durch alle Zeiten fortschreitend wirken kann. Aber auch dieß darf nicht so verstanden werden, als ob die Schule dem Haus eben blos die Verköstigung des Kindes überließe, die eigentliche Erziehung aber ganz nur auf ihrer Seite zu suchen wäre ... Deßhalb gibt das evangelische Schulamt die ihm anvertrauten Kinder immer wieder den Eltern zurück; es will nicht in pedantischer Engherzigkeit hindern, daß das Leben in der Wirklichkeit seinen erziehenden Einfluß auf das Kind ausübe; und selbst darin, daß dieser Einfluß nicht immer ein bildender, ja oft genug vielmehr ein hemmender ist, erkennt das evangelische Schulamt doch ebensowenig ein Recht, sich des ganzen Kindes zu bemächtigen; als die evangelische Kirche ihre, um das Heil ihrer Seele bekümmerten Mitglieder, anweist, die Welt zu verlassen und ihre Tage hinter den Mauern eines Klosters zuzubringen. Daß für den Fall, wenn das häusliche Leben nur noch verderbend auf das Kind einwirkt, im Bereiche der evangelischen Kirche durch eine Entfernung des Kindes aus solch verpesteter Atmosphäre gesorgt werden müsse, ist mit obigem nicht ausgeschlossen; allein es ist nicht mehr das ordentliche Lehramt, das diese Aufgabe hat, sondern es ist ein anderer Zweig der pädagogischen Seelsorge, wovon bald die Rede werden wird.

Ist nun aber das evangelische Lehramt die Concentration aller erziehenden Kraft und Weisheit, die der gesamten evangelischen Kirche inwohnt: so fragt es sich, ob dieß Amt identisch sei mit dem geistlichen Amte, also das Lehramt unter der Jugend dasselbe, wie das unter den Erwachsenen? ... Gleichwohl kann dieß nicht als Regel gelten. Denn es geht, sobald die Gemeinde nur mäßig groß ist, die doppelte Arbeit über die Kräfte Eines Mannes weit hinaus; der Beruf täglicher Mühe unter einer mäßigen Schülerzahl ist schon so consumirend, daß der Lehrer den Sonntag schlechterdings zur Ruhe nöthig hat ... der Zweck, das Lehramt trotz seinem nicht klerikalischen Gewande dennoch in seiner organischen Einheit mit der Kirche und ihrem Geiste zu erhalten, wird vollständig auf dem Gebiete der evangelischen Kirche dadurch erreicht, daß erstlich die Vorbildung des Lehrstandes zwar keine theologische oder erbauliche, aber desto gewisser eine in kirchlich-evangelischem Geiste sich haltende ist, und daß zweitens das Schulamt in organische Verbindung zu einheitlichem Zusammenwirken mit dem Pfarramt gesetzt ist. In welcher Form dieß geschehen soll, ob in Coordinirung oder Subordinirung, wie das pfarramtliche Wirken in das schulamtliche im Einzelnen einzugreifen habe, davon wird später, wo die Schulaufsicht zur Besprechung kommt, das Erforderliche gesagt werden.

Aus den obigen Erörterungen erhellt nun, daß die evangelische Pädagogik jenes Allgemeine, was alle Glieder der Kirche, sofern sie alle zum Erziehen berufen sind, angeht, und auf dessen Anwendung der Pfarrer mittelbar als Seelsorger hinzuwirken hat, dessen er somit als bewußter Träger des Gemeindelebens, auch wissenschaftlich mächtig seyn muß, zu unterscheiden hat von dem Speziellen, was das Lehramt, obwohl in vollkommener Einheit mit jenem Allgemeinen, doch unter den besonderen Modificationen und Formen des amtlichen Berufes zu leisten hat.

Es ist aber hiemit auch eine Gränze angezeigt, innerhalb welcher die evangelische Pädagogik sich zu halten hat. Wie die evangelische Familie, so hat auch das evangelische Lehramt nur den Zweck zu erfüllen, die allgemeine christliche Bildung zu vermitteln, die die Kirche von jedem ihrer Mitglieder gleichmäßig fordert. Nun fordert aber das sociale Leben auf diesem Grunde allgemeiner christlicher Civilisation eine besondere Berufsbildung. Nach der Gliederung der Gesellschaft, der hinwiederum die Ungleichheit der Gaben und der äußeren Lage entspricht, soll der eine ein Gelehrter, der andere ein Gewerbsmann, der dritte ein Bauer werden. Daß dieß möglich werde, dafür hat nicht mehr die Kirche, sondern die sociale Gemeinschaft oder der Staat zu sorgen; und die evangelische Pädagogik hat deßhalb auch nicht speziell Anleitung zu geben, wie man im Lateinischen unterrichten, wie eine polytechnische, eine Ackerbauschule organisirt werden, wie der Weingärtner die Rebe pflanzen lernen soll. Was in allen diesen Dingen zur allgemein-christlichen, also wahrhaft menschlichen Erziehung gehört, das wird im Kreise evangelischer Pädagogik sich finden müssen; vornemlich aber hat sie in ihrem speziellen Theile, der das Schulamt betrifft, dasjenige Amt zum Gegenstande, welches nicht einer speziellen Berufsbildung, sondern der allgemein christlichen Bildung dient; das ist das Lehramt in der Volksschule. Weil aber vielfältig schon mit dem ersten Eintritt in die Schule der spezielle Berufszweck verbunden ist (wie z.B. in den Elementarklassen der lateinischen und Realschulen) so muß, was in diesen noch der allgemein christlichen Bildung angehört, auch dasselbe seyn, was dem Lehramt in der Volksschule aufgetragen ist ...

Liegt hierin eine bestimmte Begränzung – die jedoch kein einziges Mitglied der evangelischen Gemeinde persönlich ausschließt, da auch der Gebildete, auch der Gelehrte den Beruf hat, sich als Mensch, als Christ den Andern gleich zu achten: so weist dagegen die seelsorgerliche Natur der christlichen Pädagogik noch auf ein spezielles Gebiet hin, das gerade zu dem Zweck einer besonderen Aufmerksamkeit und Thätigkeit bedarf, damit nicht neben allem Guten, was das ordentliche Lehramt zur Bildung des Volkes leistet, doch ein Theil der Gemeinde ihr verloren gehe. Das sind die von der Natur mangelhaft organisirten oder von der Familie verwahrlosten Kinder; somit die Taubstummen, die Blinden, die Blödsinnigen, und die sittlich Verwilderten oder der Verwilderung Ausgesetzten. Für sie reicht die Wirksamkeit des ordentlichen Lehramtes nicht aus; wollte sich dieses nach Bedürfniß mit ihnen befassen, so wäre das ein Hemmschuh für die Bildung der geistig und leiblich Gesunden. Wie daher die allgemeine Idee der evangelischen Erziehung sich speziell modificirt durch den ordentlichen Lehrberuf in der Gemeinde, so ist es dieselbe Idee, welche sich durch den außerordentlichen Beruf der Erziehung jener Unglücklichen wieder anders concret bestimmt.

Auf diese Weise haben wir bereits die Grund-Eintheilung für's Ganze der evangelischen Pädagogik gewonnen. Diese hat nämlich *zuerst* die Erziehung als Pflicht der gesammten Gemeinde aufzufassen, somit die Idee der Erziehung und die allgemeinen Momente, die wesentlichen Funktionen darzustellen, durch welche sich dieselbe überall realisirt, wo überhaupt christlich erzogen wird. *Zweitens* hat sie den in der Gemeinde bestehenden ordentlichen Beruf, das Schulamt, in der Richtung zu erörtern, wornach jene allgemeinen Prinzipien und Funktionen in bestimmter amtlicher Form erscheinen. *Drittens* hat sie zu zeigen, wie selbst diejenigen, welche durch Schicksal oder Naturfehler außerhalb des Kreises stehen, innerhalb welcher die Gemeinde-Bildung vor sich geht, in diesen Kreis hineingezogen, und so, obwohl dem ordentlichen Lehramt nicht zugewiesen, dennoch dem Ziel evangelischer Bildung entgegengeführt werden ... Die Familie, welche allerdings gewissermaßen der Schule und der Rettungsanstalt coordinirt ist, nimmt als besonderes Gebiet der Erziehung darum keinen eigenen Raum in Anspruch, weil in ihr die Idee der Erziehung in voller Freiheit, ohne die amtlichen oder technischen Formen, wie in den beiden andern Kreisen, ihre Realisirung findet ... – Von anderer Seite betrachtet, können jene drei Theile auch so unterschieden werden: Im ersten erscheint die Erziehung *als Werk der natürlichen,* durch's Evangelium geheiligten und erleuchteten *Kinderliebe;* im zweiten als Werk *der beschworenen Berufstreue* in amtlicher Form und gemäß einem das ganze Volk umfassenden Organismus; im dritten als Werk des *rettenden Erbarmens*. — Um hiernach unsere drei Haupttheile kurz zu bezeichnen, überschreiben wir sie einfach so:

I. Die pädagogische Fundamentallehre.
II. Das evangelische Schulamt.
III. Das evangelische Rettungswerk.

Wilhelm von Humboldt

Allgemeine Bildung und aufgeklärte Religion – Schulreform Anfang des 19. Jahrhunderts

Die schwierige Aufgabe ist, die Nation geneigt zu machen und bei der Geneigtheit zu erhalten, den Gesetzen zu gehorchen, dem Landesherrn mit unverbrüchlich treuer Liebe anzuhängen, im Privatleben mässig, religiös, zu Berufsgeschäften thätig zu sein und endlich sich gern, mit Verachtung kleinlicher und frivoler Vergnügungen, ernsthaften Beschäftigungen zu widmen.

Dahin aber gelangt die Nation nur dann, wenn sie auf der einen Seite klare und bestimmte Begriffe über ihre Pflichten hat und diese Begriffe, vorzüglich durch Religiosität, in Gefühl übergegangen sind. Aus dieser Grundlage, die auch dem gemeinsten Volke unentbehrlich ist, entwickelt sich hiernach zugleich das Höchste in Wissenschaft und Kunst, das, auf einem andern Wege befördert, leicht in unfruchtbare Gelehrsamkeit oder schwärmerische Träumerei ausartet.

Das hauptsächlichste Bemühen muss daher dahin gehen, durch die ganze Nation, nur nach Massgabe der Fassungskraft der verschiedenen Stände, die Empfindung nur auf klaren bestimmten Begriffen beruhen zu lassen und die Begriffe so tief einzupflanzen, dass sie im Handeln und dem Charakter sichtbar werden, und nie zu vergessen, dass religiöse Gefühle dazu das sicherste und beste Bindungsmittel an die Hand geben.

Die wohlthätigen Folgen aufgeklärter Religiosität und gut geordneter Erziehung recht eng zu verbinden, hat die Section auch noch eine andere dringende Veranlassung in der Langsamkeit gefunden, in der sonst die Erziehung allein mehr für die künftige als die jetzige Generation wirkt. Es ist durchaus ein Irrthum, wenn man glaubt, auch der beste Unterricht könne auf die Jugend seine wahrhaft heilsamen Folgen ausüben, wenn Moralität und Religiosität der Erwachsenen vernachlässigt bleiben.

Soll das Verbesserungsgeschäft der Nation mit Erfolg angegriffen werden, muss man es zugleich von allen Seiten beginnen, und nicht glauben, die jüngere Hälfte dem Vordertheil der älteren entreissen zu können. Wie also die Erziehung auf die Jugend, muss der Gottesdienst auf die Erwachsenen wirken, und nur wenn beide sich vollkommen unterstützen, ist der Erfolg erst wahrhaft segensreich ...

Auf diese Weise glaube ich Ew. Königl. Majestät versichern zu können, dass die Section zunächst und zuerst auf dasjenige ausgeht, was die Grundfeste aller Staaten ausmacht, und dass sie sich überall der einfachsten und natürlichsten Mittel, mit Uebergehung aller künstlichen, bedient, dass sie nirgend einseitig Gelehrsamkeit oder Verfeinerung, sondern die Verbesserung des Charakters und der Gesinnungen, nirgend einzelne Theile der Nation, sondern ihre ganze ungetrennte Masse vor Augen hat ...

Auf diese Weise ist nun die Section zu einem viel einfachern Plan gelangt, als neuerlich in einigen deutschen Ländern beliebt worden ist. In diesen, namentlich in Bayern und Oestreich, hat man fast für jeden einzelnen Stand besonders zu sorgen gesucht. Meiner Ueberzeugung nach ist dies aber durchaus unrichtig und verfehlt selbst den Endzweck, den man dabei im Auge hat.

Es giebt schlechterdings gewisse Kenntnisse, die allgemein sein müssen, und noch mehr eine gewisse Bildung der Gesinnungen und des Charakters, die keinem fehlen darf. Jeder ist offenbar nur dann ein guter Handwerker, Kaufmann, Soldat und Geschäftsmann, wenn er an sich und ohne Hinsicht auf seinen besondern Beruf ein guter, anständiger, seinem Stande nach aufgeklärter Mensch und Bürger ist. Giebt ihm der Schulunterricht, was hiezu erforderlich, so erwirbt er die besondere Fähigkeit seines Berufs nachher sehr leicht und behält immer die Freiheit, wie im Leben so oft geschiehet, von einem zum andern überzugehen.

Fängt man aber von dem besondern Berufe an, so macht man ihn einseitig, und er erlangt nie die Geschicklichkeit und Freiheit, die nothwendig ist, um auch in seinem Berufe allein nicht bloss mechanisch, was Andere vor ihm gethan, nachzuahmen, sondern selbst Erweiterungen und Verbesserungen vorzunehmen. Der Mensch verliert dadurch an Kraft und Selbständigkeit ...

Die Section des öffentlichen Unterrichts lässt daher, so weit ihre Wirksamkeit reicht, die Spezial-Schulen für Handwerker, Kaufleute, Künstler u.s.f. überall dem allgemeinen Unterricht nachfolgen und hütet sich, die Berufsbildung mit der allgemeinen zu vermischen. Die allgemeinen Schulanstalten sieht sie als allein sich anvertraut an, über die Special-Schulen tritt sie mit den sich auf sie beziehenden andern Staatsbehörden in Verbindung.

Dem Plan der Section nach soll es daher auch in den Städten nur

Elementar- und gelehrte Schulen

geben. In den Elementar-Schulen soll nur gelehrt werden, was jeder als Mensch und Bürger nothwendig wissen muss: in den gelehrten sollen stufenweise diejenigen Kenntnisse beigebracht werden, die zu jedem, auch dem höchsten Berufe nothwendig sind, und der Grad der Ausbildung, den jeder erlangt, muss nur von der Zeit abhängen, die er in der Schule zubringt, und der Classe, die er darin erreicht ...

Für das Elementar Schulwesen, vorzüglich auf dem Lande, hat die Section für den öffentlichen Unterricht vor meinem Antritte meines Amtes, als der Staatsrath Nicolovius der Section unter der unmittelbaren Leitung des Ministers des Innern vorstand, eine Veranstaltung getroffen, die meiner innersten Ueberzeugung nach überaus wohlthätige Früchte verspricht; ich meine die Berufung des Regierungsraths Zeller, die Stiftung des Normal-Instituts im hiesigen Waisenhause und die planmässige Verbreitung einer bessern Unterrichts-Methode über das ganze Land. Obgleich der Regierungsrath Zeller einige bedeutende Verbesserungen in der Pestalozzischen Methode vorgenommen hat, so ist auch seine Lehrart doch dem Wesentlichen nach Pestalozzisch ...

In Betracht der Erziehung zeichnet sich das Institut dadurch aus, dass

1. Erziehung und Unterricht durchaus und schlechterdings immer mit einander verbunden sind. Es werden keine eigentliche Lehrstunden gegeben, auf welche nun Freistunden, wie in andern Schulen, folgen.

Die Kinder sind den ganzen Tag beschäftigt, immer unter den Augen eines Lehrers, immer so, dass sie deutlich wissen, was sie thun wollen und auf welche Weise sie es anfangen müssen. Der Unterricht ist also fortdauernd in ihr ganzes Leben verwebt.

2. Die Erziehung wird unmittelbar auf religiöse Gefühle gegründet, auf Furcht und Liebe zu einem immer allgegenwärtigen höhern Wesen.

Belohnungen und Bestrafungen werden dadurch fast unnütz, körperliche Strafen werden durchaus nicht geduldet. Das gemeinsame, regelmässige, durch Wohlwollen und Liebe geleitete Leben, verbunden mit einem Gottesdienst und Religionsunterricht, der ihnen nur die einfachsten Vorschriften der Religion, die zehn Gebote und die ersten Lehren des Christenthums, vorlegt, übrigens aber auf das Herz wirkt, bringt die Kinder meistentheils von selbst zum Selbstbekenntnis, zur Reue und Besserung ...

Bei dem Unterricht geht

1. der Gesichtspunkt nicht, wie bisher gewöhnlich, davon aus, dass das Kind nur lesen, schreiben, rechnen u.s.f. lernen, sondern dass alle Hauptfähigkeiten seines Körpers und seiner Seele in möglichster Zusammenstimmung entwickelt und geübt werden, wodurch denn jene Fertigkeiten von selbst entstehen.

Dies macht den Unterschied, dass man bei der bisherigen Methode nur kurz und oft ohne Anführung selbst der unmittelbarsten Gründe die Art angiebt, wie z.B. diese oder jene Rechnung gemacht werden soll, bei der neuen hingegen das Kind übt, die Zahlenverhältnisse überhaupt, durch welche hernach fast alle Rechnungen möglich sind, schnell und sicher aufzusuchen.

Bei jener Methode hat also der Schüler nur die wirklich erlernte Rechnung inne, kann sich, wenn ein etwas veränderter Fall kommt, nicht mehr helfen und vergisst ohne Uebung auch das Erlernte, hat überdies, ohne dass sein Verstand weiter an Kraft gewonnen hat, nur eine einzelne Fertigkeit erlangt. Der Schüler der neuen Lehrart hingegen weiss sich überall zu helfen und kann nie vergessen, weil er nichts eigentlich auswendig gelernt, sondern die Kraft erlangt hat, die wirklichen Zahlenverhältnisse einzusehen.

2. Hierdurch bestimmen sich nun auch die Gegenstände des Unterrichts: der Körper wird durch Leibesübungen gestärkt und entwickelt, Auge und Ohr durch Zeichnen und Musik zur Richtigkeit und Freiheit gewöhnt, der Kopf durch die Zahlenverhältnisse (von denen das Rechnen ein Theil ist), durch die Grössenverhältnisse (wobei die Elemente der Mathematik vorkommen), durch eine richtige Kenntniss der Muttersprache, die vorzüglich darauf hingeht, dass das Kind bei jedem Wort einen bestimmten und klaren Begriff habe, Kopf und Herz endlich durch Religionsunterricht und die Entwickelung der natürlichsten sittlichen Gefühle gebildet. Lesen und Schreiben sind dann eine natürliche Zugabe theils zum Sprach-, theils zum Zeichenunterricht, und mit den Leibesübungen sind Arbeiten, Anweisungen zu einigen der nothwendigsten Handwerke, Schneidern, Schuhmachen, Weben u.s.w., zum Garten- und Ackerbau verbunden. So lernt auch der Bauer und niedrige Städter schlechterdings nichts, was über seinen Kreis hinausginge. Denn wollte man auch jede andere Rücksicht vergessen, so sind die Grundbegriffe der Mathematik dem künftigen Landmann, Handwerker und Soldaten äusserst nützlich, ebenso das Zeichnen, und ein richtiger Gesang dient zur erbaulichen Abwartung des öffentlichen Gottesdienstes.

3. Um in jedem dieser Gegenstände den beabsichtigten Zweck zu erreichen, muss alles nur irgend Mechanische entfernt werden, und es ist also der Hauptgrundsatz der ganzen Methode, dass das Kind immer das volle und deutliche Bewusstsein haben muss, was es in jedem Augenblick hört, sagt und thut, und warum so und nicht anders gehandelt wird.

Indem es so gezwungen und gewöhnt wird, von jeder, auch der kleinsten Sache Rechenschaft zu geben, lernt es zu gleicher Zeit klar denken, bestimmt *wollen* und vernehmlich sprechen.

Es entwickelt alle Begriffe aus sich selbst und erfindet sie gleichsam unter der Anleitung des Lehrers. Es lernt nichts auswendig und bedarf daher auch fast keiner Bücher und Unterrichtsmittel ...

Friedrich Adolph Wilhelm Diesterweg

1. Gegen den konfessionell-dogmatischen Religionsunterricht

Unter den Vorwürfen, die mir in meinem Leben gemacht worden sind, entbehrt keiner mehr der Begründung als der, daß ich meine Ansichten oder Meinungen anderen aufreden möchte und aufzuzwingen suchte. Von dieser Verkehrtheit kann *keiner* weiter entfernt sein als ich, weil ein *Prinzip* mich zum Gegenteil zwingt. Ich hege nämlich die Überzeugung, *daß jeder – einem andern nachgesprochene, auf dessen Autorität blind angenommene Satz dem Menschen schadet.* Es ist hier zwar zunächst nicht von Sätzen, wie zweimal zwei gleich vier, die Rede; aber selbst von solchen wird es gelten. Wir wollen hier jedoch nur an Sätze denken, welche das innere Leben, die Überzeugungen, welche Gesinnungen wecken, betreffen, nur an solche, über welche von jeher verschiedene Ansichten geherrscht haben und herrschen. Von diesen gilt die eben unterstrichene Behauptung: *die Annahme solcher unbegriffenen Sätze auf den Glauben an andere, auf das Wort anderer schadet, wirkt verderblich.* Folglich kann ich bei dieser Überzeugung nicht anders, ich *muß* wünschen, daß kein Mensch irgendeine Ansicht, die ich äußere, auf Treu und Glauben hinnehme, sondern untersuche und prüfe ...

    1. Die Erziehung und Bildung des Menschen soll überall das *Allgemein-Menschliche* im Auge haben, *jedem* dasselbe aneignen und *alles andere* und dasselbe *gründen*.

    2. Außer der allgemeinen Menschenbildung ist das *Individuelle* zu berücksichtigen; jeder ist Mensch, trägt die Menschennatur an oder in sich, aber keiner ist Mensch in abstracto, sondern jeder ist ein konkreter, individueller Mensch, jeder hat daher auch eine individuelle Bestimmung, und die Erziehung hat darum die individuelle Entwickelung zu respektieren.

    3. Eine Erziehungs- und Bildungsweise, die entweder das erste oder das zweite oder gar beide nicht berücksichtigt, ist Unerziehung, das heißt Mangel aller Erziehung, oder Verziehung und Verbildung, das heißt *Erziehung ad hoc.*

    4. Es gibt besonders *drei* Arten der Erziehung oder Bildung (beides hier synonym zu nehmen) ad hoc: *1. Berufsbildung ad hoc; 2. intellektuelle Bildung ad hoc; 3. religiöse Bildung ad hoc.*

    5. Die Berufsbildung ad hoc besteht darin, daß der kleine Mensch zu irgendeinem Berufe *bestimmt* wird, bevor sich entschiedene Anlagen und Neigungen dazu in ihm entwickelt haben ...

6. Die *intellektuelle* Erziehung ad hoc besteht darin, daß der junge Mensch nicht zu allgemein-menschlichen Ansichten, zu allgemein-menschlicher Bildung, sondern in und zu den Vorurteilen eines Standes erzogen und angeleitet wird ...

7. Die *religiöse* Erziehung ad hoc besteht darin, daß man in dem frühen Religionsunterricht, zum Beispiel in allem Schulunterricht, nicht das allgemein Religiöse, nicht das allen christlichen Parteien *Gemeinschaftliche* hervorhebt, sondern mit demselben gleich das Konfessionell-Dogmatische verbindet oder es jenem überordnet, also es von Anfang an weniger darauf anlegt, Menschen und Christen („Christenmenschen"), als darauf, Reformierte, Lutheraner, Katholiken, Alt-Lutheraner, Alt- oder Neu-Katholiken usw. zu erziehen und zu bilden. Dieses ist religiöse Erziehung ad hoc.

8. Über *alle* Arten der Erziehung oder Bildung ad hoc bricht die *Pädagogik* den Stab. Was die Berufsbildung betrifft, so läßt sie dieselbe erst auf die allgemeine Menschenbildung folgen, unsere Schulen, Volks-, Bürgerschulen und Gymnasien, sind oder sollen allgemeine Menschenbildungsanstalten sein, die speziellen Berufsschulen folgen erst auf dieselbe; die speziellen Standes-, zum Beispiel Adelsschulen (wie die in Bedburg), welche an die Stelle allgemeiner Bildungsanstalten zu treten sich anmaßen, schlagen auch in der öffentlichen Meinung keine Wurzel mehr. Die *Pädagogik* verwirft auch die religiöse Bildung ad hoc, erklärt sie für die gefährlichste Art der Verbildung, so sehr auch die Praxis bis dato dagegen, das heißt für sie ist.

Die Pädagogik verlangt:

a) Der junge Mensch soll, weil in ihm der Mensch erzogen werden soll, zur Einheit und Gemeinschaft mit den Menschen erzogen werden, also nicht zu den Unterschieden, Differenzen und Streitpunkten;

b) an ihn soll nicht absichtlich und prinzipiell und vorab dasjenige, was nur einige für wahr halten, sondern das, was von allen für wahr gehalten wird, das Allgemeingültige, das allgemein-menschlich Wahre gebracht werden;

c) das Allgemeine (nicht zu verwechseln, wie es noch so oft geschieht, mit dem Abstrakten) muß dem Speziellen vorhergehen, jenes, nicht dieses ist das Fundament, der Gegenstand des allgemeinen Schulunterrichts;

d) zum Speziellen, Ausgeprägten, Determinierten, im Beruf wie in der Überzeugung, kann und darf sich der gereifte oder reifende Mensch frei entschließen, aber er darf als Unreifer, Unmündiger dazu nicht von anderen determiniert werden.

Aus diesen Sätzen folgt nach meiner Meinung, daß der konfessionell-dogmatische Religionsunterricht aus den Schulen, aus allen Schulen –

denn in allen hat man es mit unreifen Menschen zu tun – zu entfernen sei.

Nebengründe, aber wichtig genug, welche diese Ansicht unterstützen, sind:

a) Nur unter Voraussetzung der Befolgung dieser Forderung sind Gemeindeschulen, Schulen der bürgerlichen (nicht-konfessionellen) Gemeinden möglich, in welchen die Kinder, nicht getrennt nach den Konfessionen der Eltern, nebeneinander sitzen und dadurch allein mehr Humanität lernen als durch alle Belehrung, indem sie in dem Kameraden nur den kleinen Menschen, nicht den künftig oder gar schon jetzt Andersdenkenden erblicken und dadurch wie durch die gleiche Behandlung aller durch den Lehrer die unendlich wichtige Eigenschaft, in dem Mitmenschen den *Menschen* zu erblicken, gewohnheitsmäßig und dadurch tief, in der Regel für das ganze Leben, angeeignet erhalten, dergestalt, daß diese, ich wiederhole und akzentuiere es, diese *über alles* wichtige Eigenschaft unausrottbar mit und in ihnen aufwächst, statt daß in den Konfessionsschulen der separatistische Geist ihnen von Anfang an, mit und ohne Absicht, prinzipiell und statutarisch *eingeimpft* wird ...

Der Mensch soll zur allgemeinen Menschenliebe, zur Liebe zu allem, was Mensch heißt, erzogen werden, und zwar dadurch, daß er *allen denen* zu- und beigetan ist, mit welchen er lebt, mit denen er umgeht, die um ihn herum sind. Darum darf er nicht mit dem, was Menschen voneinander trennt, sondern er muß mit dem, was Menschen, verschiedene, dem Rang, Stand, Vermögen und vielleicht der Nation nach verschiedene Menschen, *eint*, bekannt gemacht, dieses muß ihm, der Wahrheit gemäß, als das alle Umschlingende, Allgemeine, Hochzuachtende, Heilige dargestellt und teuer gemacht werden. Wie in der Natur aus dem Allgemeinen das Besondere, aus dem Ununterscheidbaren das Verschiedene, das Charakteristische usw. sich entwickelt, so ist es auch beim Menschen. Dieses letztere ist aber nicht das Erste, sondern das Letzte; der Mensch endigt damit, und es ist naturwidrig, mit ihm zu beginnen. Möge, wenn es nicht anders ist (auf gewissen Stufen der Entwickelung ist es wirklich nicht anders), die gebildete, gereifte Menschheit in Parteien auseinandergehen, die sich gegenseitig befehden; nur in die Kreise der Jugend gehört nicht das Trennende, sondern das Einende. »Man soll den Kindern nicht von Hadersachen sagen«, spricht Luther. Widerleget *den*, wenn ihr könnt! Der Grund der allgemeinen Menschenliebe wird durch das die Menschheit Einende, das ihr Gemeinschaftliche gelegt. Damit also macht man den Anfang. Der *Verstand* erzeugt aus dem Speziellen, Einzelnen, Konkreten,

Differenten das Allgemeine, Abstrakte, darum fängt man bei seiner Entwickelung mit jenem an; mit dem *Gemüt* verhält es sich anders, muß mit der allgemeinen Liebe beginnen, wie es auch Gott sei Dank (und darin hat zu allen Zeiten bei der Herrschaft ungeheurer Verkehrtheiten in der Erziehung ein realer Trost gelegen) alle naturfrischen, unverschrobenen, gesunden Kinder machen, indem sie ihre Kameradschaften nicht nach dem Katechismus oder dem kirchlichen Ritus, nur nach der Harmonie der Kindesnaturen zu bestimmen pflegen.

Unsere Betrachtung ist eine allgemeine. *Alles*, was der Mensch *im Unterschiede von anderen* werden und bleiben, wenn er diesen oder jenen Stand ergreifen, Mitglied dieser oder jener Kirchengemeinschaft werden und sein will, kann und darf, weil die Bestimmung dazu, wenn Wahrheit in ihr liegen soll, nicht eine Wirkung seiner allgemeinen Menschennatur, sondern *seiner individuellen Naturbestimmtheit* ist, nur von ihm selbst, nur von seiner eigenen freien Wahl abhängen, er darf dazu nicht von anderen bestimmt werden. Eigene freie Wahl setzt aber Selbstkenntnis, Kenntnis der Verschiedenheit der Dinge und Zustände und folglich *Verstandesreife* voraus, welche daher in allen Fällen *abgewartet* werden muß. Jede unfreiwillige, von anderen veranlaßte Bestimmung dieser Art führt die Gefahr herbei, daß der Betreffende oder Betroffene, herangereift und geistig mündig geworden, ein verfehltes Leben vor sich sieht – zum bleibenden Unglück sowohl für ihn selbst wie für die Gemeinschaft, in welcher er lebt. Der Übergang zu einem andern, seiner Natur mehr zusagenden Lebensberufe *nach* den eigentlichen Jahren der Bildung ist in der Regel ebensowenig von heilsamen Folgen begleitet als der Wechsel des religiösen Glaubens und der Kirchengemeinschaft. Innere Unzufriedenheit, Zerfallenheit mit sich und mit der Welt, oder apathische Gleichgültigkeit sind die gewöhnlichen Resultate des früher erlittenen Zwanges. Es gibt in einzelnen Fällen Entschuldigungsgründe für dieses Treiben, nimmermehr aber lassen sich allgemeine Maßregeln und Gewohnheiten dieser Art rechtfertigen. Namentlich ist nichts entehrender und entwürdigender als die *frühe Nötigung* zur Ablegung eines religiösen Bekenntnisses. Konfession ist Darlegung dessen, was meine innerste Überzeugung geworden, was eins ist mit meiner Seele, mein Ich selbst, Produkt meiner innerlichsten Bildung. Dazu kann nichts gehören, was äußerlich an mich herangebracht, mir *beigebracht* worden, es kann nur mein eigenstes Leben selbst sein, Resultat meines ganzen bisherigen Lebens, meiner Erfahrung, meines Denkens. Nur dann, wenn es das ist, hat es innere Wahrheit. *Alles Aufgedrungene, passiv Angenommene ist der Religion feind.* Der echte Religionslehrer gedenkt der darin liegenden Warnung. »Nur so«

– sagt Schleiermacher[1], einer der religiösesten Menschen, die in der neueren Zeit gelebt haben, von welchen man weiß –, »durch die natürlichen Äußerungen des eigenen Lebens will der Fromme das Ähnliche aufregen, und wo ihm dies nicht gelingt, verschmäht er vornehm jeden fremden Reiz, jedes gewalttätige Verfahren, beruhigt bei der Überzeugung, die Stunde sei noch nicht da, wo sich hier etwas mit ihm Verschwistertes regen könne.« ...

b) Nur unter jener Voraussetzung entgeht der Lehrer heutiger Zeit allen Kollisionen mit den Eltern und mit den Geistlichen. – Die Verschiedenheit der Auffassungsweisen in Religionssachen nimmt immer mehr zu. Die Eltern denken anders, als der Lehrer lehrt, und er muß, wenn er mit dem Geistlichen nicht in Streit geraten will, oft auf alle Eigentümlichkeit verzichten. Wie entgeht man diesen schlimmen Fällen? Oder ist es kein schlimmer Fall, keine böse Situation a) für den *Lehrer*, wenn er nicht gewiß weiß, daß die Eltern mit den Ansichten, die er lehrt, übereinstimmen, oder wenn er gewiß weiß, daß dieses geradezu nicht der Fall ist (heuer, 1848, fast der häufigere Fall!); b) keine schlimme Lage für die *Eltern*, wenn sie sich genötigt sehen, um von dem unbefangenen Herzen ihres Kindes unseligen Zwiespalt fernzuhalten, ihre eignen Überzeugungen zu verschweigen, von Überzeugungen zu schweigen, die ihnen lieb und teuer geworden; oder wenn sie sich gar gedrungen fühlen sollten, dem Kinde über die veralteten, schiefen und dunklen Lehren seines Lehrers, oder die nihilistischen desselben, die Augen zu öffnen; c) kein schlimmer Fall für den *Geistlichen*, wenn die Schule in den Katechumenen nicht *den* Grund gelegt hat, auf dem *er* fortbauen will, ja einen Grund gelegt hat, den er als einen falschen verwirft?

Wie will man, sprechet, Freunde, diesen Schwierigkeiten, Hindernissen, Kollisionen und sehr schlimmen, alle Tage eintretenden Fällen entrinnen, wodurch anders bei der heutigen Lage der Welt und der (zunehmenden) Verschiedenheit der Ansichten und Überzeugungen als dadurch, daß man den speziell-konfessionellen Unterricht aus den Schulen entfernt? –

c) Nur unter dieser Voraussetzung zerstört man den Grund des Indifferentismus. – Religion ist den Menschen ein Bedürfnis; aber sie richtet sich nach der Bildung des einzelnen. Zwei Menschen verschiedner Bildung können nicht dieselbe Religion haben. Wie nun, wenn ich den Unmündigen zum Bekenntnis des Alt- oder Neu-Luthertums usw. genötigt habe und die beschwornen (!) Sätze ihm nachher bon gré mal gré abhanden kommen, das heißt aus seinem Kopfe verschwinden, weil sie sich mit seinen übrigen Überzeugungen nicht weiter vertragen? Nicht zu

---

1. Reden an die Verächter usw. Vierte Auflage, Seite 204.

der Partei, deren Glaubensbekenntnis man einem Kinde von vierzehn oder fünfzehn Jahren auferlegt (der Wahrheitsfreund, das heißt derjenige, der nichts achten kann als innere, lautere Wahrhaftigkeit, erkennt in dieser Gewohnheit einen innern Widerspruch), gehört es, erwachsen, als ein *lebendiges* Glied, sondern der erwachsene, lautere Mensch ist ein solches nur in der Partei, die er, herangereift, *aus innrer Überzeugung*, ohne alle von außen auf ihn einströmenden »bewegenden Ursachen« ergreift. Die allgemeine Humanität erhält kein reales Fundament, solange man die Kinder in Konfessionsschulen absondert, und die Religion, die innere, allein wahre, wird in den Individuen keine Wahrheit, das heißt kein Produkt freier, mit allem übrigen harmonierender Bildung, solange man *Kindern – Glaubensbekenntnisse aufdringt.*

Gibt es für das reine, unschuldsvolle Gemüt eines Kindes ein tödlicheres Gift als die Lehre von *seiner* alleinseligmachenden Kirche, *seinem* alleinseligmachenden Glauben und von den Ketzern da draußen, den ewiglich Verdammten! ...

d) Endlich – um diese Theses damit zu schließen –, die Tätigkeit der Lehrer und Schulerzieher wird keine freie, solange man sie zwingt, den Kindern Glaubensbekenntnisse aufzulegen und sie nachsprechen zu lehren. Ich halte mit voller, reifer Überzeugung (ich bin von nichts tiefer überzeugt) fest, daß dieses Tun oder Treiben etwas Aufregendes an sich hat. Es widerstrebt allem dem, was ich der Förderung der Religion, Religiosität usw. für heilsam halten muß, wie allen Grundsätzen der Pädagogik, die ich für wahr halte, in solchem Grade, daß sich mein Inneres gegen dieses Verfahren förmlich auflehnt – nolens volens. Es wäre mir angenehm, wenn ich dem alten Herkommen beistimmen könnte; aber es ist mir unmöglich. Und nun denke man sich die Lage eines Lehrers (ich bin ja nicht der einzige), der diese Ansichten hat, der von diesen Ansichten beherrscht wird und der – trotzdem, trotz allen Überzeugungen, die er für gesunde zu erachten sich gezwungen fühlt, bloß wegen des Herkommens oder wegen amtlicher Befehle das *Gegenteil* von dem, was er tun möchte, tagtäglich tun und dadurch die echte, wahre Religiosität – die des innern Fürwahrhaltens, der innern Überzeugungstreue, die des Herzens, die Religiosität, welche sich allmählich entwickelt, nicht von der übrigen Gesamtbildung des einzelnen getrennt ist, sondern damit auf das treulichste harmoniert, aus ihr hervorgeht – geradezu verleugnen muß! Ist das nicht alarmierend, nicht aufregend für einen gewissenhaften Mann, nicht angreifend für einen Mann, der nicht stillsteht, sondern sich entwickelt und das, was er als Unmündiger nachgebetet, als Mündiger untersucht hat? Ist es nicht ein lähmender

Gedanke, Unmündige zu Bekenntnissen anleiten zu müssen, die sie dereinst als Mündige (wenn auch nur *vielleicht*, wenn auch nur *einige*) verwerfen und für Aberglauben erklären!? ...

Der konfessionell-dogmatische Unterricht (um bei der Stange zu bleiben) ist der Alp, der auf den Schulen lastet. Zwar fehlt noch sehr, sehr viel daran, daß die Prinzipien der neuen Pädagogik, durch Locke, Rousseau, Basedow, Rochow und Pestalozzi eingeleitet und begründet, überall durchgedrungen wären; aber es existiert doch kein Unterrichtszweig mehr, der nicht ihnen gemäß bearbeitet wäre, und nichts hindert den Lehrer, die beste Bearbeitung eines jeden in seine Schule einzuführen. Nur der Religionsunterricht leidet noch an altem Herkommen, alten Gebrechen. Nicht, als wenn nicht viel theoretisch Wichtiges für ihn geschehen wäre, aber in der Praxis ist von dem Besseren noch wenig zu verspüren. Vergebens sucht man in ihm die Anwendung richtiger Grundsätze: unmittelbare, dem Schüler anschaulich erkennbare Wahrheit, Entwickelung aus dem Innern heraus, Anschließung an den Standpunkt des Schülers, methodischen Fortschritt vom Leichtern zum Schwereren, Anregung der Selbsttätigkeit; dagegen aber diese Kennzeichen eines schlechten Unterrichts: Dogmatismus nach Form und Inhalt, Unanschaulichkeit und Unverständlichkeit des Inhaltes, Belastung des Wortgedächtnisses, widerwärtige Form in vorgesprochenen Fragen und Antworten, Hinzerrung auf unnatürliche Standpunkte, die dem Kinde ganz fremd sind, und dergleichen mehr. Es gibt keinen grelleren Widerspruch als den Anblick einer Schule, in welcher in allen Fächern methodischer Unterricht erteilt wird, ausgenommen in der Religion, die noch unter den alten Formen schmachtet und das Gemüt der Kinder belastet und drückt. Ist es ein Wunder, daß die Religiösität durch dieses Verhältnis nicht gewinnt, daß die Schüler in den Religionsstunden Allotria treiben und Katechumenen sich sehnen, wie man am Niederrhein sehr bezeichnend sagt, »abzukommen«! Wer ermißt den Nachteil, den solcher Unterricht für das ganze Leben schafft, wenn er solche Erinnerungen zurückläßt! ...

2. Universale religiöse Bildung: das Wahre, das Gute, das Schöne

Die Frage ist nach diesen vorbereitenden Bemerkungen demnach die: *Wie will ich, daß der Religionsunterricht in der Schule (Volksschule) erteilt werde?*

Die Antwort wird *von einem einzigen* Grundsatze regiert und diktiert, der nur der Auseinandersetzung (der Explikation oder meinetwegen des Beweises der Richtigkeit) bedarf. Er heißt:

Der Religionsunterricht soll den ganzen Menschen bilden, oder:
der Religionsunterricht soll die Grundlage, den Mittelpunkt (den Kern oder wie man will) der Bildung des jungen Menschen auch in der Schule legen oder darbieten oder erzeugen (ebenfalls wie man will). Ich halte mich aber an den ersten, darum *gesperrten* Satz und gehe nun dazu über, zu sagen, was er setzt (voraussetzt, enthält usw.).

Zuerst aber muß ich noch dem Einwande begegnen, daß er ja (im Widerspruch mit andern meiner Ansichten) erreichen zu können prätendiert, was nur von der ganzen Schultätigkeit und Einrichtung verlangt werden kann, daß dem Religionsunterricht also hier zuviel aufgebürdet wird. Dieses muß ich als richtig zugeben; aber dennoch bleibe ich bei meinem Satze ...

1. Der (nicht zu vergessen: *der = mein*) Religionsunterricht soll den *Menschen* bilden, den *jungen* Menschen, den konkreten, den einzelnen, *individuellen* Menschen (das Individuum).

Wegen des *ersten* verlangen wir, daß der Religionsunterricht (die religiöse Bildung) so erteilt werde, wie er für den Menschen, für jeden Menschen auf der ganzen Erde, paßt; wegen des *zweiten*, daß er sich dem Wesen der Kindesnatur anschließt; wegen des *dritten*, daß er die Verschiedenheiten der individuellen Entwicklung nicht aus-, sondern einschließt, sie folglich beachtet und respektiert.

Auf dieses dritte haben wir hier, wenigstens zunächst, keine Rücksicht zu nehmen, da die Mannigfaltigkeit des Individuellen unendlich groß ist, so groß wie die Zahl der Menschen selbst; auch enthält unsere Forderung vorerst nur eine Negation (das Nicht-Stören); später aber werden wir sehen, daß die lebendige, wahre Religion, die Religiosität, etwas Individuelles, dem einzelnen Menschen wesenhaft Eigentümliches ist.

2. Wir haben also in der religiösen Bildung den *Menschen* im Auge, die menschlichen Anlagen, wir stehen auf dem allgemein-humanistischen Standpunkte. Dieses ist überhaupt der Standpunkt *der* Schule, die keine Standes-, keine Berufs-, keine Tendenzschule ist. Ob unser Schüler künftig im Leben dieses oder jenes Geschäft ergreift, ob seine Eltern diesem oder jenem Stande angehören, kümmert uns nicht. Damit hat es die Erziehung oder vielmehr Bildung ad hoc zu tun. Zur allgemeinen Erziehung gehört das nicht ...

Das Konfesionelle schließt das Allgemein-Menschliche aus, oder, wenn es das nicht tut, so ist es mit diesem identisch, und es heißt dann mit Unrecht das Konfessionelle. Man kann ein Katholik werden und ist doch noch kein Christ; man kann ein Protestant werden und ist doch noch kein Christ; man kann ein Jude werden und ist doch noch kein Mensch. Die weise Lehrerin, die Geschichte, erweist dieses. Die Katholiken haben als solche, die Protestanten haben im Namen des Protestantismus und von ihm getrieben und die Juden haben als Juden nicht selten als wahre Unmenschen, jene also auch gewiß als Nicht-Christen gehandelt.

In dem Konfessionellen, das hier, wie billig, historisch zu verstehen ist, liegen Momente, die das direkte Gegenteil von dem Christlichen und Menschlichen sind. Darum verwerfen wir es für die religiöse Bildung der Jugend und fordern, daß sie auf das Allgemein-Menschliche gerichtet werde und bleibe.

3. Eben darum und weil durch sie die Bildung des *ganzen* Menschen befördert oder erreicht werden soll, liegt in ihr das Augenmerk der Entwicklung und Kräftigung *aller* Anlagen des Menschen, besonders der höheren, und *jedes* Bildungsmittel hat *seinen* Beitrag zu liefern zu der allgemeinen Bildung, die wir die religiöse genannt haben. *Welchen* Beitrag jedes einzelne liefert und daß dieses der Fall ist, wird daraus hervorgehen, wenn wir das Wesen der allgemeinen Bildung näher charakterisieren.

Die höheren Kräfte des Menschen sind der Verstand (die Vernunft, die Intelligenz), das Gefühl, der Wille.

Die Religion hat es mit der inneren Erregung dieser Kräfte zu tun, mit dem Fundamentalen derselben, mit der ganzen innerlichen und innerlichsten höheren Natur des Menschen, deren Einheit und innerste Wesenheit ich mit *Fleiß* das *Gemüt* nenne.

Die religiöse Bildung ist in diesem Sinne wesentlich Gemütsbildung, die Richtung des ganzen innern Menschen als erkennendes, fühlendes und begehrendes Wesen ist das Höhere, wodurch die Einheit und Harmonie alles dessen, was der Mensch denkt, fühlt und will, entsteht. Alles und jedes tritt in dem Menschen, dessen religiöses Gemüt die gehörige Lebendigkeit und Stärke empfangen hat, mit dem Höheren in bezug, *nichts* ist davon ausgeschlossen.

4. In der religiösen Bildung des Menschen sind folgende *Momente* zu unterscheiden:

a) das *eigentlich religiöse*; die religiösen Vorstellungen und Begriffe, die religiösen (sich auf Gott beziehenden) Gefühle, die religiösen Handlungen:

b) das *sittliche*, dem ersten nahe verwandt, das sich auf das rechte Verhältnis des Menschen zum Menschen bezieht, welches daher aus dem ersten oder auch, und zwar besser, aus selbständiger Wurzel abgeleitet werden kann. Beide Betrachtungsweisen sind richtig, jedenfalls schließt sich in der durchgreifend gewordenen religiösen Bildung des Menschen das zweite mit dem ersten zu einer Einheit zusammen.

c) Das *ästhetische* Moment, das Schöne, die Liebe zum Schönen, die Darstellung des Schönen, besonders des schönen Menschenlebens.

In der universalen religiösen Bildung haben wir also beisammen das Wahre, das Gute, das Schöne.

Das Wahre ist Nummer eins, daher [ist] der Sinn der religiös zu bildenden Jugend überall zuoberst und zuerst auf das *Wahre* zu lenken; die Sehnsucht nach der Wahrheit, nach der absoluten Wahrheit, nach der ganzen Wahrheit, nach nichts anderem als nach der Wahrheit, ist der alles andere beherrschende Trieb in dem religiösen Menschen. Das Wahre ist auch das Gute, nichts ist gut, was nicht auch wahr ist; das Wahre ist auch das Schöne, das Höchst-Schöne, nichts ist schön, was nicht wahr ist.

Alle Wahrheit ist entweder Wahrheit der Natur oder Wahrheit des Geistes, des Natur- und des Menschenlebens und Seins. Da nun beide von dem Schöpfer herrühren, so ist im eigentlichen, wahren Sinn des Wortes *jede* Wahrheit *göttliche* Wahrheit, keine einzige ist davon ausgeschlossen; sonst wäre ja auch eine religiöse Einheit des Menschenlebens eine Illusion.

Daraus folgt, daß jeder Unterrichtsgegenstand in seiner Wesenheit (ohne alle weiteren Beziehungen, Wendungen, Tendenzen, Absichten) in dem Dienst der religiösen Bildung steht, daß jeder, er möge nun Wahres lehren oder vorzugsweise die Darstellung des Schönen bezwecken, seinen Beitrag dazu liefert. Jeder Lehrer ist darum als *solcher* ein Religionslehrer; jeder fördert, wenn er seine Pflicht als Lehrer tut, die universal-religiöse Bildung des Schülers.

Ferner folgt daraus, daß alle Veranstaltungen der Schule, die man unter dem Namen der Ordnung und Disziplin zu begreifen pflegt, zur religiösen Bildung des Schülers beitragen, daß Regelmäßigkeit und Ordnung, Pünktlichkeit und Reinlichkeit, Anstand im Gehen, Stehen und Sitzen usw. eben dahin gehören, ja, daß die körperliche Ausbildung des jungen Menschen mitnichten davon ausgeschlossen ist. Von der Aufmerksamkeit, der Lernlust, dem Fleiße usw. braucht nicht die Rede zu sein; von diesen normalen Schülertugenden versteht es sich von selbst, es sind *sittliche* Tugenden, sie involvieren mit der Wahrheitsliebe und dem Streben nach Wahrheit den Begriff der *Sittlichkeit* des Schülers.

Das Schöne – um dieses noch besonders zu bemerken – tritt dem Schüler besonders in der Natur, in den Naturgegenständen und im Menschenleben entgegen: Naturschönheiten und schöne und edle Erscheinungen des

Menschenlebens. Dieselben sind für die Gemütsbildung des Menschen von der höchsten Bedeutung.

5. Der Gegenstand (das Objekt) der religiösen Jugendbildung ist das Kind, der sich entwickelnde Mensch. Die *Form* der religiösen Bildung, wie der Bildung überhaupt, oder die Art und Weise der religiösen Belehrung und Bildung ist daher *nach den Gesetzen der sich entwickelnden Menschennatur* zu bestimmen. Hier machen sich besonders folgende Prinzipien der Didaktik geltend:

a) *das Prinzip der Heiterkeit* – man erlaube mir, es so zu nennen, hier auf- und *voran*zustellen; denn von ihm hängt der beabsichtigte Erfolg wesentlich ab. Man vergegenwärtige sich, daß von der Bildung des *Gemüts* die Rede ist, welche nur gedeiht in reiner Luft, heitrer Umgebung und Ansprache, in gemütlicher, reiner, heitrer Stimmung.

Dem Kinde ist alles Ernst-Finstre, Despotische, Einengende zuwider; es liebt das Befreiende, Anregende, Aufweckende, Gemütliche. Die Religion soll nicht niederdrücken und fesseln, sonden befreien, erheben, beglücken.

Wer dieses begreift, wird einsehen, daß vorzugsweise die religiöse Bildung nur bei Heiterkeit und frohem, beglückendem Lebensgefühl der Kinder gedeihen kann. Schon deswegen müssen wir alle niederdrückenden, einengenden, lästigen Übungen aus dem Religionsunterricht verbannen. Nun weiß jeder, daß nichts die höheren Vermögen, den Flug des Geistes, mehr niederdrückt als Belastung des Gedächtnisses, als wörtliches Auswendiglernen massenhafter Stoffe, als der *Gedächtniskram* ...

b) Das *zweite* ist *das Prinzip der Anschaulichkeit*, welches zwar den Gesamtunterricht beherrscht, hier aber mit stärkstem Akzente betont zu werden verdient. Denn woran anders als an Abstrakt-, wo nicht an Hohlheit und Unverständlichkeit litt der bisherige Religionsunterricht? Den *dogmatischen* Unterricht müssen wir daher für die Volksschule verwerfen; denn die Dogmen sind abstrakte Lehrsätze und wenigstens dem Kinde nicht verständlich, noch viel weniger anschaulich zu machen. Was aber nicht anschaulich ist, paßt auch nicht für den Elementarschüler (paßt eigentlich für niemand) ...

c) Zu dem Prinzip der Anschaulichkeit gesellt sich *das Prinzip der Entwickelung* oder der *Entwickelbarkeit*, welches verlangt, daß die religiösen Vorstellungen und Begriffe aus den dem Schüler vorgelegten Stoffen entwickelt werden, folglich aus ihm entwickelt werden können, daß sie also tatsächlich und nach Nummer b) in konkreter Gestalt darinliegen.

Das Gegenteil ist das Mitteilen, Vorsagen, Oktroyieren, Offenbaren, Aufnötigen, Einpauken. Solches war Sitte, es ist es noch, man dringt da, wo diese Weisen überwunden waren, auf ihre Wiederaufnahme, oder die ergriffenen Maßregeln haben wenigstens diese Folge. Aber es ist ein heilloses Verfahren. Es kam durch die Meinung, daß die Religion kein menschliches Produkt, sondern daß sie vom Himmel gefallen sei, durch den Mangel aller psychologischen Kenntnis der menschlichen Seele und durch die Faulheit der Lehrer in die Schulen und in den Religionsunterricht überhaupt. Die Religion wurde ein Gegenstand des Auswendiglernens. Der Stoff wurde in kurzen Fragen und langen Antworten dargeboten. Diese im Himmel und auf Erden unverantwortliche Lehrweise erklärt allein hinreichend den heutigen religiösen (trostlosen) Zustand des Volkes ...

Wer jemals einen echten Katecheten gehört und die Wirkung seiner hohen Kunst auf die Gemüter der Kinder oder auch der anwesenden Erwachsenen beobachtet – oder besser: selbst empfunden – hat, wird eine hohe Meinung davon haben. Was aus den vorgelegten Stoffen und aus der Natur der Kindesseele entwickelt werden kann, soll auch aus ihnen entwickelt werden.

Ich fürchte, das alles ist heutzutage in den Wind geredet; denn die jetzige theologische Richtung ist ihm nicht günstig. Im vorigen Jahrhundert war man darin weiter, und wenn die Theologen erst wieder mehr Pädagogen werden, wird man erkennen, was man versäumt hat.

d) Viertens führen wir *auf das Prinzip der Systemlosigkeit*.

Es enthält einen negativen Grundsatz; aber er muß hier aufgestellt werden, weil es notwendig ist, gegen den heutigen Brauch oder vielmehr Mißbrauch zu polemisieren. Dieser Mißbrauch besteht in der Systemsucht oder -wut.

Man überliefert dem Elementarschüler ein religiöses, theologisches, dogmatisches System, einen gegliederten, vollständigen Begriff »der zur Seligkeit notwendigen Lehren«, bestehe er auch nur in dem Darbieten eines Katechismus, sei es des Römischen oder des Lutherschen, Calvinschen oder eines willkürlich fabrizierten ... in die Elementarschule gehört *kein* System, am allerwenigsten darf man damit anfangen. Es paßt nur für den, der es selbständig aus den Tatsachen entwickeln kann, paßt nur für die Wissenschaft, gehört nur an das Ende wissenschaftlicher Untersuchung und ergibt sich dann von selbst, und wenn es das nicht tut, so taugt es nichts, weil es nicht in den Sachen liegt, sondern in dem Menschenwitz oder weil es über die Kräfte des Lernenden hinausgeht.

Systematisch mag der durchgebildete Lehrer denken, aber er darf dem Schüler kein System, aus dessen Vordersätzen Schlüsse gezogen werden, welche dem einfachen Menschenverstande nicht sofort einleuchten, überliefern. Die Systemsucht hat den literarischen Terrorismus in die Wissenschaft gebracht: die theologischen Systeme haben das Parteiwesen, die Leidenschaftlichkeit, die Verfolgungssucht in der Religion erzeugt. Von den religiösen Wahrheiten muß uns ein inneres Bewußtsein unerschütterlich und unmittelbar überzeugen; nicht aber muß dazu eine syllogistische Ableitung erforderlich sein. Darum kein System, nicht einmal Gesetze (die ins Staatsleben gehören), sondern große Grundsätze und Lebensprinzipien, wie Christus sie aufstellte, der auch nicht daran dachte, seinen Jüngern und durch sie der Welt ein System zu überliefern ...

e) *Das Prinzip des Fortschritts und des unendlichen Entwicklungsprozesses der Menschheit:*

Wie jeder Mensch, so hat sich die Menschheit geschichtlich entwickelt. Jede Entwicklung ist historischer Prozeß, aus einem Keime zu fortschreitendem Werden und Gestalten. Jeder Mensch soll den Entwicklungsprozeß der Menschheit durchmachen. Darum stellt man ihn auf historischen Boden, entwickelt durch die Geschichte des Menschengeschlechts ihn selbst, durch die Geschichte der Religion sein religiöses Bewußtsein.

Die Geschichte schließt nichts ab, gelangt nur zu Stadien und Epochen, die einen ferneren Fortschritt bedingen, den Keim dazu in sich tragen. Der Entwicklungsprozeß ist ein unendlicher.

Jedes Ereignis ist das Ende einer vorangegangenen und der Anfang einer folgenden Reihe, der Schlußsatz früherer Ober-, die Prämisse folgender Schlüsse. Ebenso ist die Stellung jedes an der Entwicklung teilnehmenden Menschen; er ist Produkt und Erzeuger zugleich. Nicht anders faßt ihn die Geschichte, nicht anders faßt er sich selbst auf. Der Narr betrachtet sich als Urschöpfer oder als Endresultat; der Vernünftige sieht sich als Punkt in einer nach beiden Seiten unendlichen Linie an.

Darum darf die geschichtliche, dem Wesen der Menschheit entsprechende Bildung keinen definitiven Abschluß setzen, weder in der Idee noch in der stattgehabten Wirklichkeit, noch in der Bildung des einzelnen Menschen. Wer ein solches Definitivum oder Ultimatissimum setzt, kennt weder das Wesen der Geschichte noch das Wesen des Menschen. Der Unterricht darf daher auch auf keinen definitiven Abschluß hinweisen, er existiert nicht; er ist stets nur ein vorläufiger, und wenn er in der Meinung existiert, so ist diese zu beseitigen.

Der geschichtlich-religiöse Unterricht führt daher die Geschichte des religiösen Bewußtseins bis zur Gegenwart fort, weist aber allein dadurch auf den Fortgang des Prozesses hin, hütet sich daher wohl, irgendeinen Lehrbegriff als solchen hinzustellen, über den nicht hinauszugehen, welcher der geschichtlichen Entwicklung zu entziehen wäre. Das hieße den ohnedies von keiner Gewalt der Erde aufzuhaltenden Prozeß leugnen und den (vergeblichen) Versuch machen, ihn in betreff des einzelnen Menschen und damit nach Möglichkeit des ganzen Geschlechts aufzuheben. Die Geschichte selbst spottet bekanntlich dieser Versuche. »Sie bewegt sich doch.«

Eben deshalb ist die *Bindung* eines Menschen an ein Glaubensbekenntnis, möge es die Vorzeit oder die Gegenwart aufstellen, ein Verrat an der Natur des Menschen, dessen Wesen und Wert eben in der fortschreitenden Entwicklung besteht. Der der Wahrheit der Geschichte gemäße historische Unterricht verhütet den Dogmatismus und seine verderbliche Tendenz.

Die »Offenbarung« selbst ist, wie Lessing in seiner klassischen Abhandlung über die »Erziehung des Menschengeschlechts« unwiderleglich gezeigt hat, nichts anderes als die göttliche Erziehung des Menschengeschlechts, die als Erziehung sich dem Standpunkt desselben akkommodiert, mit der Entwicklung fortschreitet und die Unendlichkeit derselben nicht hemmen, sondern fördern will. Hätte sie die entgegengesetzte Absicht, so wäre sie nicht Erziehung. Alle wahre Erziehung hat ein in der Unendlichkeit liegendes Ziel im Auge. Nicht die Erreichung, sondern die Richtung und Bewegung auf dasselbe ist die Bestimmung des Menschen. Den Jüngling auf diesen Weg zu bringen und zu dieser selbständigen und freien Bewegung zu veranlassen, ist die Aufgabe des Erziehers ...

Die Frage nach dem »Wie denn?« kann für den, der dem Bisherigen beigestimmt hat, nicht mehr aufgeworfen werden. Denn die Art und Weise, welche einzig und allein den bisherigen Anforderungen und nach meiner Meinung allein den Anforderungen an die religiöse Bildungsweise des Kindes entspricht, brauche ich nicht mehr zu nennen, jeder muß sie kennen, weil es keine andre sein kann als die *historische*.

Geschichte, meine Herren, nichts als Geschichte. (Dies ist »der langen Rede kurzer Sinn«.) Religion – nicht Theologie; sittliche Grundsätze – keine dogmatischen Lehrsätze – durch *Tatsachen*: die unter den Augen der Kinder passierenden sind die wichtigsten, was die nicht liefern und leisten, liefert und leistet die Geschichte.

Denn

a) Geschichte läßt sich mit *Heiterkeit* (versteht sich: heiterem Ernste) behandeln. Wann hätte die Jugend aufgehört, gern Geschichten zu hören? »Erzähle uns etwas, lieber Vater, liebe Mutter!« Das verstand Campe, der Kinderfreund und Kinderkenner, und *Jesus*, der Menschenfreund und Menschenkenner, verstand es auch. Natürlich muß man erzählen können und *gute* Geschichten erzählen.

b) Geschichte liefert Tatsachen, Begebenheiten, Ereignisse aus dem Leben; Handlungen und Personen treten in individueller Gestalt vor das Auge des Lesenden und Hörenden, der Anforderung der *Anschaulichkeit* wird vollkommen genügt, selbst dann, wenn man ihr durch Bilder nicht zu Hilfe kommen kann, was aber auch sehr gut ist.

c) Ferner liegt der religiöse Inhalt (von *religiösen* Geschichten ist ja die Rede) in den Geschichten, und zwar in konkreter Gestalt, er kann also in ihnen erkannt und folglich aus ihnen entwickelt, zum Bewußtsein gebracht werden, und zwar durch die Kinder selbst. Von Vorsagen, Vorpredigen, Deklamieren, Offenbaren, Definieren und andern Verkehrtheiten ist also gar keine Rede. Was die Kinder bei leiser Anregung von seiten des Lehrers nicht finden, das ist noch nicht für sie; und was sie noch nicht aussprechen können, läßt man still empfinden.

d) Die Geschichten knüpfen sich an kein System, erlauben gar nicht die Aufstellung eines solchen; sie entstehen im Leben in aller bunten Mannigfaltigkeit desselben und wecken das Leben, geben zu denken und zu empfinden und enthalten edle Antriebe zum Handeln;

e) endlich leitet die Geschichte auf die Bahn einer unendlichen Entwicklung.

Summa: Der Religionsunterricht der Volksschule ist Historie, nichts mehr und nichts anderes.

Es sei erlaubt, noch einige Bemerkungen und Fragen anzuschließen.

1. *Wo nehmen wir diese Geschichten* her?

Antwort: Aus dem geschichtlichen Schatze, welcher dem Volke besonders wert ist, den es heilig hält, der ihm also am meisten bekannt ist, so daß sie schon darum, weil der junge Mensch in das Volksbewußtsein hineingestellt werden muß, ihm nicht vorenthalten werden dürfen; *wir* also nehmen sie aus dem Alten und Neuen Testamente.

Ob diese Geschichten alle wahr sind, ob die Begebenheiten sich alle so zugetragen haben, wie sie erzählt werden, das geht uns gar nicht das geringste an. Es kommt in betreff ihres Inhaltes auf ihre psychologische Wahrheit an, in betreff ihrer Wirkung auf den Eindruck, den sie auf das Herz, den Kopf und den Willen des Kindes machen. Die Art ihrer Behandlung beugt allen unnützen Fragen vor und ist ungleich wichtiger als der Inhalt selbst. Mag ihr Inhalt nicht wahr sein, wenn er nur schön ist, mögen sie zu den Mythen, zu den Dichtungen gehören, gleichviel; der gute Eindruck, den sie zurücklassen, bleibt. Erzählen wir ja auch unsern Kindern Märchen, schöne Märchen – mögen sie jetzt oder später einsehen, daß ihr Inhalt keine buchstäbliche Wahrheit enthält ...

II. RESTAURATION UND KAISERREICH: SITTLICH-RELIGIÖSE BILDUNG UND KIRCHLICHES KATECHUMENAT

Die Stiehlschen Regulative

1. Absage an das Ideal formeller allgemeiner Bildung und kirchlich-christliche Restauration

Den Schullehrer-Sem. der Mon. ist seit längerer Zeit, was die Auswahl, Ausdehnung und die Form des von ihnen zu ertheilenden Unterrichts, so wie die Erzielung der für ihre Zöglinge nöthigen Unterrichtsfertigkeit betrifft, ein möglichst freier Spielraum der Entwickelung gestattet worden ...

Die in jener Weise für eine Vielseitigkeit und eine gewisse Vollendung der Methode des Elementar-Unterrichts erzielten günstigen Resultate sind in ihrer Bedeutung für das Schulwesen überhaupt nicht zu verkennen; auf der einen Seite machen sie selbst es aber ebenso möglich, wie die aus der seitherigen mehr subjektiven Entwickelung der einzelnen Anstalten für den Elementar-Unterricht des Volkes sich ergebenden Schwankungen und Gefahren der Abirrung es auf der andern Seite mit Nachdruck fordern, *daß für den Unterricht der Sem. auf dem Grunde der gewonnenen Erfahrungen gemeinsame Normen aufgestellt werden,* innerhalb deren jeder berechtigten Eigenthümlichkeit hinlänglicher Raum zur Weiterentwickelung und Weiterbildung verbleibt ...

Im Folgenden aber werden ... diej. Grundzüge aufgestellt, welche fortan für die innere Gestaltung der Sem., ihre Beaufsichtigung und Leitung maßgebend sein müssen. Sie sollen in Festhaltung der eigentl. Aufgabe der Elementarschule *das für den angehenden Elementarlehrer nothwendige und ausreichende Maaß der Seminarbildung bezeichnen, welches von den Sem. als das festgestellte Ziel ihrer Aufgabe zu erfüllen ist.* Die Gränzen dieser Aufgabe sind der Regel nach nicht zu überschreiten, jedenfalls nicht eher, als das zunächst festgestellte Gebiet der Seminarbildung vollständig durchdrungen, und dessen Inhalt zum wirkl. geistigen Eigenthum der Zöglinge geworden ist. Zu solchen Abweichungen ist die besondere Genehmigung des Min. erforderlich.

I. Allgemeine Bestimmungen

Zunächst ist unter Berücksichtigung der factisch bestehenden Verhältnisse, der nur kurzen Zeit, welche den Sem. zur Bildung ihrer Zöglinge gewährt werden kann, und des Maaßes der Vorbildung, mit welcher die letzteren eintreten, als erste und unter allen Umständen zu lösende Aufgabe des Sem.-Unterrichts die anzusehen, *daß durch dens. und durch Benutzung der mit dem Sem. verbundenen Uebungsschule die angehenden Lehrer zum einfachen und fruchtbringenden Unterricht in der Religion, im Lesen und in der Muttersprache, im Schreiben, Rechnen, Singen, in der Vaterlands- und der Naturkunde – sämmtliche Gegenstände in ihrer Beschränkung auf die Grenzen der Elementarschule – theoretisch und praktisch befähigt werden.* Die unbedingte Erreichung dieses Ziels darf nicht in Frage gestellt oder behindert werden durch den Versuch einer wissenschaftl. Behandlung von Disciplinen, welche mit jener nächsten Aufgabe der Sem. in keinem unmittelbaren Zusammenhange stehen, welche für allgemeinere Bildungszwecke zwar wünschenswerth und nützlich, für den Elementarlehrer als solchen aber nicht unbedingt erforderlich sind, und hinsichtlich derer das Seminar sich daher darauf zu beschränken hat, *durch elementarische Grundlegung und Behandlung der Anfangsgründe, Neigung und Befähigung zum weiteren Studium zu erzeugen ...*

Das in Seminarien mehrfach zur Geltung gekommene Streben, möglichst weite Kreise des Wissens zu ziehen, eine vielseitige allgemeinere Bildung anzubahnen, das eigentlich Elementarische in Stoff und Methode als sich von selbst verstehend vorauszusetzen, widerspricht auf das Bestimmteste dem Zwecke der Seminarbildung. *Es muß vielmehr das Unterrichtsmaterial der Elementarschule als ein nach allen Beziehungen zu Durchdringendes und zu Beherrschendes das nächste Gebiet des Sem.-Unterrichts bilden, und es soll die Uebungsschule, zumal im letzten Jahre, der eigentl. Mittelpunkt des Sem.-Unterrichts werden ...*

Der letzte Zweck des Sem.-Unterrichts ist nicht, daß der Zögling lerne, sondern daß durch das im Unterricht vermittelte Lernen und Gelernte Leben geschaffen und der Zögling seinem Berufe gemäß herangebildet werde *zu einem Lehrer für evang. christliche Schulen, welche die Aufgabe haben, mitzuwirken, daß die Jugend erzogen werde in christlicher, vaterländischer Gesinnung und in häuslicher Tugend ...*

Was die Form des Unterrichts angeht *so soll dieselbe zunächst in sittlicher Beziehung mustergebend sein:* die Zöglinge der Sem. sind als angehende Lehrer zu betrachten, welche liebevoller Ernst und theilnehmende

Hülfeleistung schon in ihrer Vorbereitung gewöhnen soll, die ihnen später anzuvertrauenden Christenkinder ihrem Heiland in Liebe und Treue zuzuführen, und sie in der Schule eine Werkstätte des göttlichen Geistes erkennen und verehren zu lehren. Härte und Selbstüberhebung wird daher dem Seminarleher eben so fern bleiben, wie Beförderung der Eitelkeit auf menschliches Wissen.

Weiter muß der Sem.-Unterricht im Ganzen nach dens. Grundzügen und in seinen begründenden Abschnitten theilweise selbst in der Form gegeben werden, welche die Behandlung desselben Gegenstandes in der Elementarschule erfordert. Er muß überhaupt in seiner Form nach allen Seiten in strenger Festhaltung des Gedankens entwickelnd, die Antworten zum weiteren Fortschreiten richtig benutzend, Schwierigkeiten vermittelnd und verkehrte Auffassungen berichtigend, *geistige Zucht üben* und, indem der Lehrer in seiner mittheilenden Thätigkeit mehr zurücktritt, *die Selbstthätigkeit der Schüler anregend in Anspruch nehmen.*

Hiernach sind in allen Lektionen *rasches und sicheres Auffassen der gelesenen und vorgetragenen Gedanken, klares und sicheres Verarbeiten, einfaches, richtiges Wiedergeben, also Uebung im Verstehen, Denken und Sprechen* stets im Vordergrund stehende Gesichtspunkte.

Uebermaaß des Mitzutheilenden, ohne gleichzeitige Verarbeitung und Entwicklung soll nicht die Entfaltung der Individualität hindern, die Produktivität abschwächen und das gesunde Urtheil gefangen nehmen.

Wo irgend möglich, ist dem Unterricht ein geeignetes Lehrbuch oder ein Leitfaden zu Grunde zu legen. Aufgabe des Lehrers ist es, *den Inhalt desselben zu erklären, zu befestigen und durch Verständniß nach allen Seiten anwendbar für den Elementarunterricht zu machen;* nicht aber, dasselbe zum Gegenstand der Kritik zu machen, und neben dems., aber abgesehen von dems. ein anderes System vorzutragen ...

II. Einzelne Unterrichtsfächer

1. Was bisher an einzelnen Sem. noch unter den Rubriken Pädagogik, Methodik, Didaktik, Katechetik, Anthropologie und Psychologie u.s.w. etwa gelehrt sein sollte, ist von dem Lektionsplan zu entfernen, und statt dessen für jeden Kursus in wöchentlich zwei Stunden »Schulkunde« anzusetzen.

In dem Sem. ist kein System der Pädagogik zu lehren, auch nicht in populärer Form.

Der Unterricht über Schulkunde hat sich vor Abstraktionen und vor Definitionswerk sorgfältig zu bewahren und möglichst praktisch und unmittelbar zu gestalten ...

Was die Erziehung im Allg. betrifft, so wird für den künftigen Elementarlehrer eine Zusammenstellung und Erläuterung der in der heil. Schrift enthaltenen, hierher gehörigen Grundsätze ausreichen. Die Lehre von der Sünde, menschlichen Hülfsbedürftigkeit, von dem Gesetz, der göttlichen Erlösung und Heiligung ist eine Pädagogik, welche zu ihrer Anwendung für den Elementarlehrer nur einiger Hülfssätze aus der Anthropologie und Psychologie bedarf. Das Sem. hat hier nur den richtigen Grund zu legen, der zum Schulhalten befähigt und ausreicht, zugleich aber für mögliches Weiterstudium einen geeigneten Weg zeigt ...

2. Der in dem Sem. vielfach unter dem Namen »christliche Lehre« ertheilte *Religions-Unterricht,* welcher künftig in dem Lektionsplan als »*Katechismus-Unterricht*« aufzuführen ist, hat vornehmlich die Aufgabe, *durch ein klares und tiefes Verständniß des göttlichen Wortes auf der Grundlage des evang. Lehrbegriffes der eigenen religiösen Erkenntniß der Zöglinge Richtung und Halt, und indem er sie durch jenes Verständniß sich selbst und ihr Verhältniß zur göttl. Heilsordnung erkennen läßt, für ihr ganzes christl. Leben die richtige Grundlage zu schaffen* ...

Es versteht sich von selbst, daß die nächste Unterlage dieses Unterrichts die für den Volksunterricht bestimmten symbolischen Bücher der evang. Kirche, *der kleine Katechismus Lutheri,* beziehungsweise *der Heidelberger Katechismus,* bilden müssen.

Da aber jedenfalls der erstere eine ausführlichere Entwicklung und Erweiterung für den vorliegenden Zweck erheischt, so ist vielfach dieses Weitere dem Vortrag des Lehrers und der freien Verarbeitung der Zöglinge überlassen worden. Wenn auch nicht bei diesem Verfahren unter Umständen ein zu weiter Spielraum für die nicht mehr berechtigte Subjektivität des Lehrers zu befürchten wäre, so ist es doch keinesfalls zu vermeiden, daß auch die von ihm richtig vorgetragene Lehre möglicher Weise so vielfach irrthümlich, oder halbwahr aufgefaßt und weiter getragen wird, als Zöglinge seinen Unterricht empfangen.

Es ist daher erforderlich, dem Religions-Unterricht in den Sem. einen Leitfaden zu Grunde zu legen, welcher dasj. vollständig enthält, was künftigen Schullehrern in bestimmter Fassung zu wissen nothwendig ist. Aufgabe des Lehrers ist es, den Inhalt dieses Leitfadens zu erläutern, zum vollen Verständniß der Zöglinge zu bringen und zu ihrem freien geistigen Eigenthum zu machen, ohne daß es weiterer materieller Zuthaten von seiner Seite bedürfe ...

Ueber den engeren Kreis seiner unmittelbaren Thätigkeit in der Schulklasse hinaus wird von dem evang. Schullehrer mit Recht *eine warme und thätige Theilnahme an dem kirchl. Leben der Gegenwart gefordert.* Zu dem Ende ist aber für ihn eine Kenntniß von der Vergangenheit der christl. Kirche und von der allmäligen Entwickelung ihrer jetzigen Zustände nothwendig ...

Wenn nach diesen Gesichtspunkten der Religions-Unterricht in den Sem., soweit er vorzugsweise die eigene, christl. Bildung der Zöglinge im Auge hat, zweckmäßig eingerichtet und in diej. Gränzen zurückgeführt ist, deren Gebiet der Sem.-Unterricht wirklich durchdringen und ausfüllen kann; so wird es weiter darauf ankommen, *diesen Unterricht zu der Aufgabe und zu den Zwecken des Religions-Unterrichts in der Elementarschule, sowie zu dem wirkl. Inhalt des evang. christl. Volkslebens in eine unmittelbarere Beziehung zu setzen, als es vielfach bis jetzt der Fall war* ...

In dieser Beziehung ist zunächst festzuhalten, daß eine systematische Behandlung der christl. Lehre, sei es in Entwicklung des dogmatischen und moralischen Lehrinhalts des Katechismus, sei es in selbständiger katechetischer Behandlung einzelner Lehrpunkte und Bibelstellen, nicht Aufgabe des Elementarlehrers, sondern Aufgabe des vom Pfarrer zu ertheilenden Katechumenen- und Konfirmanden-Unterrichts ist. Der Katechismus-Unterricht der Elementarschule hat auf den letztern in der Art vorzubereiten, daß durch eine einfache katechetische Behandlung *der Katechismus seinem Wort- und Sach-Inhalte nach zum klaren und sicheren Verständniß der Kinder gebracht und, soweit erforderlich, ihrem Gedächtniß eingeprägt wird* ...

Als das Feld, auf welchem die Elementarschule ihre Aufgabe, das christl. Leben der ihr anvertrauten Jugend zu begründen und zu entwickeln, hauptsächlich zu lösen hat, ist nach der Natur des Elementar-Unterrichts und nach Maßgabe der dem Elementarlehrer in der Regel erreichbaren Bildung, die *biblische Geschichte* anzusehen ...

Dem nach diesen Grundzügen eingerichteten Religions-Unterricht wird es nicht nur möglich werden, für die Elementarschule formell vorgebildete und ihrer Aufgabe klar bewußte Lehrer heranzuziehen, in diesen selbst eine ausreichende und bestimmte Erkenntniß des Wortes, der Lehre und des Lebens der evang.-christl. Kirche zu gründen; sondern er wird auf diesem Grunde auch ein gottesfürchtiges Leben der Zöglinge anbahnen können, das den Erziehungsgang Gottes von der Sünde bis zur Rechtfertigung durch den Glauben, der in der Liebe thätig ist, jeden Einzelnen an sich erfahren und in sich nachleben läßt.

Dazu gehört, *daß sich das ganze Leben im Sem. unter die Zucht des Wortes und Geistes stellt, daß aus der Fülle der Gnadenmittel von Lehrern und Schülern fleißig und treu geschöpft, im Ganzen eine evang.-christl. Lebensgemeinschaft dargestellt wird ...*

2. Religionsunterricht und die Wiederherstellung eines christlichen Volkslebens

Für *die innere* und *geistige Thätigkeit* der Schule ist in der neusten Zeit ein wichtiger Wendepunkt eingetreten. Die Gedankenbewegung, welche schon seit längerer Zeit bald in größerer, bald in minderer Klarheit auf dem Gebiete der Volksbildung und Volkserziehung hervortrat, ist in vielen und wichtigen Beziehungen zu einem Abschlusse gediehen.

Es ist daher an der Zeit, das Unberechtigte, Ueberflüssige und Irreführende auszuscheiden, und an seiner Stelle dasj. nunmehr auch amtlich zur Befolgung vorzuschreiben, was von denen, welche die Bedürfnisse und den Werth einer wahrhaft christl. Volksbildung kennen und würdigen, seit lange als nothwendig gefühlt, von treuen und erfahrenen Schulmännern als dem Volke wahrhaft frommend und als ausführbar erprobt worden ist.

Die Elementarschule war der geistigen Richtung des Jahrhunderts, von welcher sie ihre größere Ausbreitung und ihre Neugestaltung empfangen, gefolgt. Wie aber das gesammte Leben des Zeitalters an einer Grenzlinie angekommen ist, wo ein entscheidender Umschwung nöthig und wirklich; *so muß die Schule,* wenn sie nicht in Festhaltung eines überwundenen Gegensatzes wirkungslos werden und untergehen soll, *in die berechtigte neue Bewegung Leben-empfangend und fördernd eintreten.*

Der Gedanke einer allgemein menschlichen Bildung durch formelle Entwicklung der Geistesvermögen an abstraktem Inhalt hat sich durch die Erfahrung als wirkungslos oder schädlich erwiesen.

Das Leben des Volkes verlangt seine Neugestaltung auf Grundlage und im Ausbau seiner ursprünglich gegebenen und ewigen Realitäten auf dem Fundament des Christenthums, welches Familie, Berufskreis, Gemeinde und Staat in seiner kirchlich berechtigten Gestaltung durchdringen, ausbilden und stützen soll. Demgemäß hat die Elementarschule, in welcher der größte

Theil des Volkes die Grundlage, wenn nicht den Abschluß seiner Bildung empfängt, nicht einem abstrakten System oder einem Gedanken der Wissenschaft, sondern dem praktischen Leben in Kirche, Familie, Beruf, Gemeinde und Staat zu dienen, und für dieses Leben vorzubereiten, indem sie sich mit ihrem Streben auf dasselbe gründet und innerhalb seiner Kreise bewegt. *Das Verständniß und die Uebung des dahin gehörenden Inhalts, und dadurch Erziehung ist Zweck; die Methode* ist nur ein Mittel, welches keinen selbstständigen Werth hat; *die formelle Bildung* ergiebt sich durch Verständniß und Uebung des berechtigten Inhalts von selbst; ohne Rücksicht auf den Inhalt oder einem verkehrten Inhalt nachstrebend, wirkt sie schädlich und zerstörend.

Von diesen Gesichtspunkten aus wird es weiterhin für die Elementarschule weniger auf die Ausarbeitung und Anordnung neuer und anderer Lehrgänge ankommen, *als vielmehr auf eine richtige Auswahl und feste Begränzung der Unterrichtsgegenstände, sowie auf eine zweckmäßige Einrichtung der Schule,* wie sie in ihrer Bestimmung als Anstalt zur Erziehung der heranwachsenden Jugend begründet ist.

Nach beiden Richtungen hin kommen für die einzelnen Unterrichtsgegenstände folgende Grundzüge zur Anwendung:

1. Religion

Mit der Konfirmation soll das durch die heilige Taufe der Kirche Christi einverleibte Kind als selbstständiges Glied in die Gemeinde eintreten; die Schule nimmt die theuer erkauften Kinder in sich auf, die ein Recht haben auf alle Gnadengüter der Heilsordnung, um sie zur bewußten Empfangnahme derselben und zum thätigen Leben in ihnen vorzubereiten. Der Lehrer soll geheiligt sein, an Christi Statt zu sprechen: »Lasset die Kindlein zu mir kommen, denn ihrer ist das Himmelreich.«

Christus ist des Gesetzes Ende; *wer an ihn glaubt,* der wird gerecht, und das Gesetz ist unser Zuchtmeister auf Christum.

Dies ist die Grundlage, von welcher aus in dem Regul. für den Sem.-Unterricht die *biblische Geschichte* als das Feld erklärt worden ist, *auf dem die evang. Elementarschule ihre Aufgabe, das christl. Leben der ihr anvertrauten Jugend zu begründen und zu entwickeln, hauptsächlich zu lösen hat.*

Von da an, wo der dreieinige Gott Himmel und Erde geschaffen, bis dahin, wo der heilige Geist die Jünger ausgerüstet, daß sie von dem Herrn zeugen konnten, ist die bibl. Geschichte fortlaufend eine Darlegung der

Entwicklung des menschl. Herzens und der göttl. Gnade, welche auch heute noch jedes menschl. Herz ebenso zur Erlösung vorbereiten, erlösen und heiligen muß.

Darum soll ein Christenkind die bibl. Geschichte *an und in sich erleben*; und dazu soll ihm die Schule verhelfen. Was man erlebt hat, das *weiß* man und *versteht* man; darum soll das Kind die bibl. Geschichte *verständig erzählen* können; und damit es das lerne, soll sie ihm der Lehrer *vorerzählen* ...

Schon mit den in die Schule eintretenden Kindern werden das *Vater Unser*, der *Morgen-* und *Abendsegen*, das *Segens-* und *Dankgebet* bei der Mahlzeit, eingeübt. Der Vorrath von Gebeten wird dahin erweitert, daß die älteren Kinder auch das *allg. Kirchengebet* und *sonstige feststehende Theile des liturgischen Gottesdienstes* inne haben.

Mit dem jedesmaligen Morgengebet der Schule wird das Hersagen eines *Wochenspruches* und *Wochenliedes*, in die einzelnen Verse vertheilt, verbunden, durch welches Verfahren auch die kleineren Kinder dieselben sich allmälig aneignen.

Weiter sind für jede Schule mindestens *dreißig Kirchenlieder* aus den in dem Regul. für die Präparandenbildung aufgeführten zu bestimmen, die fest gelernt werden müssen. Das Einprägen der *Sprüche* kann entweder nach einem besonderen Spruchbuche, oder mit dem Erlernen des Katechismus gemeinschaftlich erfolgen.

Jeden Sonnabend werden die *Perikopen* des folgenden Sonntags gelesen und nach dem Wortverstande erklärt; wenigstens die Sonntagsevangelien müssen allmälig dem Gedächtniß eingeprägt werden.

Das *Vorlesen aus der Bibel* erfolgt nur von denj. Kindern, welche bereits fertig lesen können. Das Bibellesen, abgesehen von den Perikopen, erstreckt sich hauptsächlich auf eine von dem Pfarrer zu treffende Auswahl aus den Psalmen, den propheteischen Büchern und den neutestamentlichen Briefen.

Der in der Gemeinde eingeführte *Katechismus* wird, soweit es die Vorbereitung für den Katechumenen-Unterricht erfordert, dem Gedächtniß eingeprägt; er muß von allen Kindern dem Wortinhalt nach verstanden sein und richtig und ausdrucksvoll hergesagt werden können.

Wo der lutherische Katechismus zum Grunde liegt, soll bis zum 10. Jahre die Einübung der 5 Hauptstücke, und von da ab die der lutherischen Erklärung zu dens. erfolgen.

Sog. Katechisationen über einzelne Lehrpunkte oder Lehrstücke, oder über Bibelsprüche sind von dem Unterricht der Elementarschule ausgeschlossen.

Die Hauptaufgabe des Lehrers ist, den auf den beschriebenen Gebieten belegenen Inhalt *zu entwickeln, zum Verständniß und zum Besitz der Kinder zu bringen.* Dazu ist weniger die Kunst des sogenannten Sokratisirens, als die des guten Erzählens, Veranschaulichens, des klaren Zusammenfassens der Hauptgedanken, des Abfragens und die Kraft des eigenen Glaubenlebens erforderlich, welche in göttlichen Dingen ohne große menschliche Kunst Ueberzeugung und Leben schafft.

Es sind wöchentlich sechs Stunden für den Religionsunterricht anzusetzen, und ist in der Regel mit dems. Morgens die Schule zu beginnen oder zu beschließen ...

Durch den ganzen, nach diesen Grundsätzen angelegten Schulunterricht gehen zwei Grundsätze als unabänderlich maaßgebend: erstens, unter Lossagung von dem einseitigen Streben nach abstrakter, formeller Denkbildung *dem Unterricht des Kindes einen berechtigten und würdigen Inhalt zu geben,* der in steter und inniger Beziehung zu den großen Bildungsfaktoren, der Kirche, Familie, Gemeinde und dem Vaterlande ausgewählt und verarbeitet wird; und sodann an diesen, keinenfalls über die Grenzen eines zu erreichenden vollen Verständnisses hinaus ausgedehnten Inhalt *die Kraft bis zum Können und zur selbstständigen Fertigkeit zu üben.*

Wo es aus der Kirche, dem Vaterlande und der Natur in das Leben tretenden Thatsachen gilt, *da geht der Unterricht in Feier und Betrachtung über,* die vorzugsweise das Gemüth, den Willen und Charakter erfaßt *und die Kinder schon früh sich als Glieder einer von Gott geordneten Gemeinschaft erkennen läßt* ...

Der Lehrer aber wird am höchsten stehen, der täglich selbst in der Schule am meisten empfängt, nämlich den Geist der Demuth, des Gebets, der Liebe und der Gottesfurcht, die mit göttlicher Furcht und freudigem Zittern seine und der ihm anvertrauten Kinder Seligkeit zu schaffen sucht.

Die religiöse Pädagogik des Herbartianismus

1. Tuiskon Ziller

a) *Sittlich-religiöse Charakterbildung durch erziehenden Unterricht*

§ 2.
Doppelte Art des Unterrichtes

Obwohl der Unterricht sich zunächst an die Regierung anknüpft, indem er die Lernenden beschäftigt, wie es diese verlangt, so geht er doch nicht darin auf, und die Natur der Beschäftigung fordert es auch nicht, daß das Beschäftigungsmittel weiter nichts sei, als ein Beschäftigungsmittel. Was es aber mehr ist, läßt sich im allgemeinen so bezeichnen: er sucht den Lernenden immer zugleich eine *Bildung für die Zukunft* zu erwerben, und sie dadurch für das geschickt zu machen, was sie einmal sein wollen oder sein sollen. Und hierdurch geht der Unterricht nicht allein über die Regierung hinaus, sondern tritt zu ihr in einen Gegensatz. Denn die Regierung hat es bloß auf eine abrichtende Gewöhnung abgesehen, und nur insofern dadurch eine notwendige Vorarbeit für die Bildung selbst gewonnen wird, ist sie auf mehr als das nächste Bedürfnis der Gegenwart gerichtet.

Nun giebt es zwei Hauptarten der Bildung, die sich nach der Verschiedenheit der *Zwecke* unterscheiden, welche dabei erstrebt werden. Daher sind auch zwei Arten des Unterrichtes zu unterscheiden, und es ist ein großer Fehler, wenn man bloß die eine Art kennt, während man die eine nach der andern, oder ausschließlich die andere darzustellen oder zu üben hat, oder wenn man beide Arten mit einander vermischt.

Die eine Hauptart des Unterrichtes ist, negativ bestimmt, die, wodurch der Lernende nicht zugleich erzogen werden soll. Er soll bloß dahin gebracht werden, daß er etwas weiß und kann. Er erwirbt hier durch das Lernen eine gewisse *Summe von Wissen*, einen Vorrat von Kenntnissen, und er eignet sich gewisse Geschicklichkeiten und Fertigkeiten durch die dazu erforderlichen Übungen an. Er lernt aber das des Vorteiles wegen, den ihm ein solcher Besitz bringt, insofern derselbe fürs Leben brauchbar ist, sei es selbst zum Zeitvertreibe oder zu einer verbrecherischen Absicht, er lernt es um seines späteren Unterhaltes und Fortkommens willen ...

Die zweite Art des Unterrichtes ist nicht auf ein Wissen und Können, sondern auf eine höhere Art von Bildung (παιδεία) berechnet. Es ist derjenige Unterricht, der dem Lernenden nicht bloß eine intellektuelle Bildung giebt, sondern für ihn zugleich Erziehung ist, und alles Lernen auf den Zweck der Erziehung, der künftigen *Person* des zu Erziehenden einen *absoluten Wert* zu verleihen, zurückbezieht. Das Ziel des zugleich erziehenden Unterrichtes ist also nicht darauf gerichtet, daß der Lernende *Kenntnisse* erlange, sondern nur darauf, daß er πεπαιδευμένος sei, sein persönliches *Wollen* bestimmt werde, weil nicht in jenen, sondern in diesem der Wert des Menschen liegt, weshalb auch die Bibel nicht bloß den Grundsatz aufstellt: Christum lieb haben ist mehr denn alles Wissen, sondern ausdrücklich alles Wissen, das ohne Einfluß auf die Heilung des Lebens bleibt, in den schneidendsten Ausdrücken verwirft. Das Ziel des erziehenden Unterrichtes ist ebensowenig dahin gerichtet, daß sich durch Übung nur technische Fertigkeiten in dem Lernenden ausbilden, da alles Hinstreben darauf, daß eine bloße Äußerlichkeit des Thuns bei dem Zöglinge hervorgebracht werde, von der Erziehung durch ihren Zweck ausgeschlossen ist. Der erziehende Unterricht tritt in ein solches Verhältnis zum Bewußtsein des Lernenden, daß dieser sich in seinem Willen heben und persönlich tüchtig werden soll. Der Lernende soll diejenige Bildung des Willens erwerben[1], die ihn dem göttlichen Ideale der Persönlichkeit annähert, er soll zu Christus hingeführt werden und dadurch, daß ihm das Streben zur Übereinstimmung mit dessen göttlicher Natur eingepflanzt wird, soll er göttliches Wesen annehmen, indem Christus in ihm Gestalt gewinnt. Der Lernende soll also durch den erziehenden Unterricht zur Sittlichkeit oder zum Glauben als der religiösen Form der Sittlichkeit erhoben werden, und hiermit das erwerben, was dem menschlichen Dasein und Wirken erst seine Würde verleiht und was ihn rechtfertigt vor Gott. Er soll mit einem Worte ein frommer und tugendhafter Mensch werden, und da Frömmigkeit und Tugend bei den Menschen immer charaktermäßig auszubilden ist, wie

---

1. Ihr Inhalt ist dadurch zu gewinnen, daß der Inhalt nicht bloß des Religionsunterrichtes, sondern auch aller Lektüre und Geschichte, aller Poesie und Liedertexte stets den Systemen der Ethik und Religionsphilosophie, der Individual- und gesellschaftlichen Psychologie zustreben muß, ohne jedoch dem akademischen Lycealunterrichte vorzugreifen. So können namentlich auch die Alten eine Grundlage für sittlich-religiöse Charakterbildung werden und für die Gesamtbildung des Zöglinges sich fruchtbar erweisen.

die Lehre von der Zucht nachzuweisen hat, so muß alles Wissen und Können, das der erziehende Unterricht giebt, zugleich der sittlich-religiösen Charakterbildung des Zöglinges dienen.

§ 6.
Der Unterricht im Verhältnisse zur Zucht im allgemeinen

Wir haben soeben nachgewiesen, daß auf dem wissenschaftlichen Unterrichte die Kraft der Erziehungsschulen *vorzugsweise* beruht. Schon früher haben wir aber allen Unterricht vom pädagogischen Gebiete ausgeschlossen, der nicht erzieht, und von der Regierung aus, die nicht erziehen soll, sind wir zunächst zum Unterrichte übergegangen, um zur Erziehung zu gelangen. Hier fragt es sich nun, was für ein Recht wir haben, daß wir die Erziehung unmittelbar an den Unterricht anknüpfen, und ob die Art von Erziehung, welche uns hierbei vorschwebt, die Erziehung durch den Unterricht, überhaupt möglich ist.

Zuvörderst muß es auffallen, daß wir die *Lehre vom Unterrichte der Lehre von der Zucht voranstellen*, und diese als den zweiten, jene als den ersten Hauptteil der Erziehungswissenschaft betrachten. Die Zucht stimmt nämlich in ihrem Ziele mit dem Unterrichte völlig überein. Sie sucht ebenso, wie wir vom Unterrichte gesagt haben, dem Zöglinge eine höhere Bildung und dadurch einen absoluten Wert zu verschaffen, d.i. sie sucht gleichfalls den Willen des Zöglinges zu heben, diesen persönlich tüchtig zu machen, und seinem Verhalten und Geistesleben die Richtung auf Tugend und Glauben zu geben. Aber sie wirkt zu diesem Zwecke unmittelbar auf das Gemüt und den Willen des Zöglinges ein, während der Unterricht denselben Zweck nur mittelbar zu erreichen strebt. Denn der Unterricht bestimmt zunächst immer den Gedankenkreis der Jugend, indem er ihr einen Vorrat von Gedanken, ein Wissen mitteilt, und erst mittels des Wissens sucht er auf ihren Willen zu wirken. Eben deshalb aber, weil der Unterricht als mittelbare Erziehung die Jugend durch ihren Gedankenkreis, die Zucht dagegen sie unmittelbar durch Berührung ihres Empfindens und Wollens zu erziehen strebt, muß es vor genauerer Erwägung selbst demjenigen, der keinen Gegensatz zwischen Unterricht und Erziehung annimmt, auffallend erscheinen, daß die wissenschaftliche Pädagogik den Anfang der eigentlichen Erziehung mit dem Unterrichte macht, und man muß es für viel natürlicher halten, bei der Darstellung der Pädagogik, wie es gewöhnlich geschieht, die Zucht dem Unterrichte vorangehen zu lassen, da man doch nicht ohne Grund einen Umweg wählt, wo der gerade Weg zum Ziele offensteht. In der That wäre es auch so, wie man im ersten Augenblicke geneigt ist anzunehmen, und man würde also der Zucht um ihrer unmittelbaren Bildung des Willens willen die erste Stelle im systematisch geordneten Zusammenhange der Erziehungsmaßregeln einzuräumen haben, die Hilfsmittel des nachfolgenden Unterrichtes dagegen bloß unterstützend hinzutreten lassen müssen zu der Wirksamkeit der Zucht, wenn in der Seele des Kindes ein selbständiges Begehrungs- und Willensvermögen vorhanden wäre, wie man sich wohl einbildet, mit anderen Worten, wenn es bei ihm unabhängig von seinem Vorstellen, wenn es außer und neben seinem Gedankenkreise oder außerhalb der Vorstellungsmassen, welche seinen Gedankenkreis bilden, und außerhalb des Wissens, welches darin eingeschlossen ist, ein Wollen gäbe. Aber das ist nicht der Fall. Das Wollen hat vielmehr seinen Sitz im Gedankenkreise selbst, es wurzelt in den Vorstellungsmassen, welche sich in der Seele angehäuft haben, und wächst daraus hervor. Abgetrennt von den Vorstellungen und isoliert gedacht, ist ein Wille und eine Äußerung des Willens ein absolutes Nichts. Die Vorstellungen sind es gerade, aus denen sich die Willensäußerungen hervorbilden. Sie werden zu Willensäußerungen, wenn sie in bestimmte Zustände versetzt sind, wenn Bedingungen bei ihnen eintreten, von denen wir einiges schon in den Lehren von der Regierung kennen gelernt haben. Das Wollen ist folglich nur eine Modifikation, eine abgeänderte Form des Vorstellens, es ist ein Zustand, in welchen die Vorstellungen auf bestimmte Veranlassungen hineingeraten. Weil man sonach nur *durch* das Vorstellen zum Wollen hindurchzudringen vermag, muß in der psychologischen Wissenschaft früher vom Vorstellen die Rede sein als vom Wollen, und aus dem gleichen Grunde muß in der pädagogischen Wissenschaft beim Durchdenken der eigentlichen Erziehungsmaßregeln die Lehre vom Unterrichte, die sogenannte pädagogische Didaktik, vorangestellt, dagegen der Lehre von der Zucht die zweite Stelle angewiesen werden.

b) Konzentrierende Gesinnungsstoffe im kulturgeschichtlich orientierten Lehrplan: christliche Gesinnung als Zentrum der Schule

1. Vorbemerkungen über Konzentration

§ 53. Der Unterricht soll nach den *Forderungen der wissenschaftlichen Pädagogik* (Herbarts) erteilt werden. Insbesondere soll auch in unserer Schule versucht werden, den *Grundsatz der Konzentration*, von dem ihr ethisch-religiöser Charakter ahängt, zur *vollständigen Durchführung* zu bringen.

§ 54. Diesem Grundsatze der Konzentration gemäss giebt es in einer Erziehungsschule (Volksschule, Realschule, Gymnasium) nicht selbständige, in sich abgeschlossene Lehrfächer, wie sie der Fachunterricht kennt und wie sie für ein schon vorhandenes wissenschaftliches Interesse und für ein schon lebendiges Streben, alle dafür sich darbietenden Mittel und Gelegenheiten in der rechten Weise zu benutzen, einen Wert haben, der ihnen aber da abgeht, wo beides erst zu wecken und auszubilden ist. *Alle Lehrfächer stehen* demnach *bei uns ununterbrochen im Dienste der sittlich-religiösen Charakterbildung des Zöglings und sind schon dadurch sowohl gleichzeitig als auch in der Aufeinanderfolge des Unterrichts konzentrirt, ausserdem aber sind sie es auch durch die kulturgeschichtliche Richtung des ganzen Unterrichtes.* Denn das Wissenstreben der Jugend, die psychologische Vorbedingung für den sittlich-religiösen Charakter, wird nicht besser erweckt als dadurch, dass sie in die kulturgeschichtliche Entwickelung des Menschengeschlechtes eingeführt und genötigt wird, dem nachzudenken, was die Menschheit von Stufe zu Stufe gewollt und wie sie das Gewollte erreicht oder nicht erreicht hat. Indem die Jugend dies erwägen lernt, sowohl von dem Standpunkte des Zeitalters aus, in welchem es stattgefunden hat, als von dem individuellen aus, auf welchem sie selbst steht, wird sie an die Gedankenbewegungen gewöhnt, aus denen das rechte Geistesleben, und an die Überlegungen, aus welchen das rechte Wollen und Thun hervorgehen muss. Dies ist um so zweckmässiger, als die Entwickelungsstufen des Menschengeschlechtes, die bis jetzt abgelaufen, solche sind, wie sie auch der Einzelne immer wieder durchmachen muss, um an der gegenwärtigen Bildung der Menschheit mit voller Kraft teilnehmen und in ihre Arbeit von seinem Standpunkte aus auf die rechte Weise eingreifen zu können. In jenen Entwickelungsstufen, für deren Auffindung der Gesichtspunkt der psychologischen Nähe einen Leitfaden an die Hand giebt, sind in der That die Hauptstationen für den gesetzmässigen Aufbau auch des Einzelgeistes angedeutet. Die Kulturgeschichte tritt so bei dem Unterrichte als das beherrschende Fach hervor, allerdings in der Beschränkung auf diejenigen ihrer Entwickelungen, die gerade für die Entwickelung des Einzelgeistes massgebend sind. Sie ist also vor den anderen Fächern nicht bloss hier und da einmal zu berücksichtigen, vielmehr erhalten diese von ihr, sei es unmittelbar, sei es mittelbar, eine Richtung, in der sie sich dem Ganzen des Unterrichtes einzufügen und in der sie fortzuschreiten haben.

§ 55. *Durch eine solche Konzentration erhält der Unterricht eine formelle Einheit, welche ihn zu einer unmittelbaren Schule des Charakters macht,* indem sie beim Zöglinge zum Entstehen der Person, der Einheit des Bewusstseins, fortwährend mitwirkt und zugleich den Grund zu einer bedeutenden gesellschaftlichen Wirksamkeit legt, da diese bei jedem durch das Vorhandensein der Person bedingt ist. Ausserdem unterstützt die formelle Einheit des Unterrichtes die Apperzeption, indem sie ihr auf den verschiedenartigsten Gebieten, auf denen der Unterricht gleichzeitig thätig ist, möglichst Gleichartiges darbietet und einen möglichst gleichartigen Fortschritt herbeiführt, und dadurch schont sie zugleich die Geisteskraft, da sie nicht fort und fort die allerungleichartigsten Kräfte in Bewegung setzt. Auch bewirkt sie, dass gar vieles, das ohne sie dem Schüler gegeben werden müsste, von diesem selbst gefunden und abgeleitet werden kann. Was aber gelernt worden ist, hilft die formelle Einheit des Unterrichtes recht befestigen, weil der nach dem Kulturfortschritt sich richtende allmähliche Aufbau des Unterrichtes, der ohnehin wegen der dadurch hergestellten begrenzten Gebiete dem kindlichen Geiste in Bezug auf Aufmerksamkeit, Gedächtnis und Interesse angemessener ist, als die lange Reihe eines auf einmal zu durchlaufenden Faches, durch das Zurückkommen auf dieselben Gegenstände die mannigfachsten immanenten Repetitionen notwendig macht, die nur dann ihres Zweckes verfehlen würden, wenn etwa die gründliche Durchbildung des Stoffes auf der früheren Entwickelungsstufe, die gerade ein sicherer Stützpunkt für das Spätere werden und den Reiz zu tieferem Eindringen und weiterem Fortschreiten involvieren soll, verschoben würde bis zur Repetition auf der nächsten Stufe. Die formelle Einheit des Unterrichtes bewirkt endlich auch die mannigfachsten Verflechtungen und Verwebungen des Stoffes, was wiederum für das Gedächtnis, für die Kombinationen der Einbildungskraft und damit für alle höhere Geistesthätigkeit, namentlich auch für das Wollen und die Persönlichkeit gleich förderlich ist.

§ 56. *Trotz der Konzentration muss aber die Trennung der Fächer nach den Hauptgattungen der Unterrichtsgegenstände aufrecht erhalten bleiben,* damit die Heterogeneität nicht störe, sondern jedes Fach für sich zur höchsten Vollendung gebracht werden könne. **Jedes Fach muss sich also seiner eigentümlichen Natur nach entfalten.** *Nur seine systematische Form darf es nicht beibehalten. Diese muss vielmehr nach psychologischen Gesetzen* mit Hilfe des Unterrichtsmaterials, das teils die Kulturentwickelung der Stufe, teils der individuelle Standpunkt des Zöglings und die besondere

Natur des Gegenstandes fordert, *neu erzeugt werden. Die Wissenschaften werden dadurch zu Schulwissenschaften ...*

Statt eine Vermischung unter den Unterrichtsfächern herbeizuführen, ist nur dahin zu streben, dass jedes Fach Anknüpfungen an das angrenzende zu gewinnen und die daraus sich ergebenden Reproduktionen und Anregungen zu benutzen suche. Das angrenzende Fach hat, wenn es Berührungspunkte zuerst bemerkt, darauf aufmerksam zu machen, und die wirkliche Benutzung der Reproduktionen und Anregungen muss im Klassenbuche teils bezeugt, teils reproduziert werden. – *Der Gesinnungsunterricht und das Lesebuch müssen ausserdem die verschiedenen Fächer soviel als möglich zusammenzufassen suchen.*

§ 57. Allmählich muss nach diesen Grundsätzen für jede Schule ein detaillierter Lehrplan entworfen werden, ein *Lehrplan* also, der *kulturgeschichtlich konzentrierend* ist, indem die Gesinnungsstoffe als Mittelpunkt und allgemeiner Beziehungspunkt für den gleichzeitigen und späteren Unterricht dienen, ein Lehrplan, in welchem überhaupt alle Stoffe in einen verwandtschaftlichen Zusammenhang treten. Geschieht dies, so wird einerseits wegen der zentralen Stellung, welche die christliche Gesinnung in der Kulturgeschichte einnimmt, anderseits wegen der allerdings nur im Sinne von § 56 zu verstehenden Abhängigkeit, in der alle Unterrichtsfächer zu den Gesinnungsstoffen stehen, der christliche Religionsunterricht aus der Isolierung heraustreten, die ihm im Verhältnisse zu dem übrigen Unterrichte im Widerspruche zu dem Geiste der Reformation durch den neueren Zeitgeist (z.B. in der Richtung der konfessionslosen Schule), selbst bei denen, welche dagegen opponieren, zum grossen Teil infolge pädagogischen Ungeschicks, aber allerdings auch infolge des Mangels an der rechten philosophischen Bildung aufgenötigt worden ist. Zugleich wird eine *Einheit der Bildung in den verschiedenen Standesschulen* möglich, soweit sie für die gesellschaftliche Verschmelzung notwendig ist, und doch bleibt daneben *die Möglichkeit, dass die verschiedenen Stände mit Hilfe ihrer besonderen Bildung um so energischer von verschiedenen Seiten her zusammenwirken.*

Der kulturgeschichtlich konzentrierende Lehrplan sucht den Zögling auf die Höhe der menschlichen Bildung zu erheben, auf der die Einzelpersönlichkeit stehen soll. In dem Masse aber, als das gelingt, wird der Zögling auch ungesucht die dazu in Beziehung stehende *formell-logische und praktisch-verstandesmässige Ausbildung des Geistes* erlangen, deren er für seine besonderen und gesellschaftlichen Lebenszwecke bedarf. Keinesfalls dürfen dafür besondere Veranstaltungen getroffen oder darf dem Zögling dafür besonderer Stoff dargeboten werden. Der Schüler soll nur ein lebhaftes Interesse, solchen Stoff sich anzueignen, erwerben; er muss die rechten Gesichtspunkte dafür gewinnen, er muss die Fächer beherrschen lernen, in die auch jener Stoff einzuordnen ist, und das kann er schon durch die allgemeine Richtung des Unterrichts erreichen. Damit wird er zugleich für die *speziell-individuelle Befähigung, die das spätere Leben von ihm verlangt,* vorbereitet. Am besten geschieht dies freilich in Verbindung mit Nebenklassen.

2. Die konzentrierenden Gesinnungsstoffe für die acht Schuljahre der Volksschule

§ 58. Der Unterricht ist in der Volksschule auf *acht Schuljahre* berechnet, wobei *jedes Schuljahr einen Konzentrationskreis* für sich bildet. An ihn haben sich die *Erweiterungen* sowohl des *Progymnasiums* als *der Unterrealschule* anzuschliessen.

§ 59. *In der Mitte des Unterrichts steht jederzeit ein konzentrierender Gesinnungsstoff,* an den alle anderen Unterrichtsfächer angeschlossen werden.

Die Konzentrationsstoffe sind folgende:

1. Schuljahr (6. – 7. Lebensjahr): *Märchen* von Grimm in folgender Ordnung: 1) Sternthaler. 2) Die drei Faulen. 3) Die drei Spinnerinnen. 4) Strohhalm, Kohle und Bohne. 5) Die sieben Geislein. 6) Hühnchen und Hähnchen. 7) Wolf und Fuchs. 8) Lumpengesindel. 9) Bremer Stadtmusikanten. 10) Zaunkönig und Bär. 11) Fundevogel. 12) Der Arme und der Reiche.

2. Schuljahr (7. – 8. Lebensjahr): *Robinson* nach dem Original Defoes, aber im Auszug.

3. Schuljahr (8. – 9. Lebensjahr): a) Die Geschichte der *Patriarchen.* Nach dem Untergange von Sodom Einschaltung von Schöpfung, Sündenfall, Brudermord, Sündflut, Turmbau. b) *Deutsche Heldenzeit* (thüringische und allgemein deutsche (= Nibelungen-) Sagen).

4. Schuljahr (9. – 10. Lebensjahr): a) Die Geschichte der *Richter* inkl. Moses (jüdische Heldenzeit). b) *Deutsche Königsgeschichte.*

5. Schuljahr (10. – 11. Lebensjahr): a) *Das Davidische Königtum* (von Davids Salbung an bis zu Salomo). b) *Barbarossa* und die *Kreuzzüge. Sinken des Rittertums. Rudolf von Habsburg. Schweizer Aufstand.*

6. Schuljahr (11. – 12. Lebensjahr): a) Das *Leben Jesu* und einschaltungsweise Stücke aus den *Propheten.* b) *Reformationsgeschichte. Erfindungen und Entdeckungen. Dreissigjähriger Krieg. Friedrich der Grosse.*

7. *Schuljahr* (12. – 13. Lebensjahr): a) Die *Apostelgeschichte* mit Einschaltung von Stücken aus den *Briefen des N.T.* b) *Profane Geschichte des Altertums.*

8. *Schuljahr* (13. – 14. Lebensjahr): a) Abschliessende Wiederholung des *Katechismus.* b) *Freiheitskriege. Französische Revolution. Amerikanischer Befreiungskrieg. Gründung des neuen deutschen Reiches.*

2. Ernst Thrändorf

a) Religionsunterricht und Charakterbildung: Religion erst erleben und dann erlernen

In welcher Weise kann der Unterricht und besonders der Religionsunterricht (d.h. der Unterricht in christlicher Glaubens- und Sittenlehre) zur Bildung eines Charakters mitwirken?

Aller Unterricht, auch der Religionsunterricht vermittelt dem Zögling zunächst bloss Kenntnisse und Fertigkeiten und dabei mag es in den bei weitem meisten Fällen auch wohl bleiben; dann kann der die Schule verlassende junge Mensch schreiben, lesen und rechnen, er kennt eine Reihe biblischer Geschichten, er kann den Katechismus aufsagen, er weiss, wenn er gefragt wird, die üblichen Definitionen, Erklärungen etc. anzugeben, er ist mit einem Worte ein guter Schüler, aber das alles hindert ihn, wie die Erfahrung lehrt, nicht, der grösste Verbrecher zu werden. Das blosse Wissen allein hat also an sich noch keinen zwingenden Einfluss auf die Charakterbildung; es zeigt dem Zögling im günstigsten Falle ein Ideal, dem er nachstreben könnte, aber es macht dasselbe nicht zu *seinem* Ideal. Wollte man daraus schliessen, dass Kenntnisse und Fertigkeiten für die Charakterbildung unnöthig, also überflüssig seien, so würde man sich einer grossen Uebereilung schuldig machen, denn wenn Jemand ein Ideal realisiren soll oder will, so muss er eine wenn auch noch so unvollkommene Vorstellung, einen Begriff von dem Ideal haben. Eine Bildung des sittlich-religiösen Gedankenkreises wäre also schon aus diesem Grunde ein unentbehrlicher Theil der Charakterbildung. Der »erziehende Unterricht« begnügt sich aber nicht mit der Erzeugung eines Gedankenkreises, nach dem sich der Zögling richten oder auch nicht richten kann; sein Streben geht dahin, durch den Gedankenkreis und besonders durch die Art, wie er erzeugt wird, den Zögling zu determiniren. »*Machen, dass der Zögling sich selbst finde, als wählend das Gute, als verwerfend das Böse: dies, oder Nichts, ist Charakterbildung!** Diese Erhebung zur selbstbewussten Persönlichkeit soll ohne Zweifel im Gemüth des Zöglings selbst vorgehen und durch dessen eigene Thätigkeit vollzogen werden ...

Nehmen wir also an, dass der religiöse Gedankenkreis ganz in der von den Geistlichen geforderten Ausdehnung neben dem sittlichen ausgebildet wird, ist etwa damit schon ein Einfluss auf den Charakter gewonnen? – Die Erfahrung sagt: Nein, und abermals nein! – Ja es liegt sogar die traurige Thatsache vor, dass der Religionsunterricht durch die oft unmässigen Anforderungen, die er an das mechanische Gedächtniss stellt, sich selbst und seinen Gegenstand dem Schüler verhasst macht. Daraus geht klar hervor, dass nicht jeder irgendwie gebildete religiöse Gedankenkreis Einfluss auf das Herz des Zöglings hat. Das nächste Mittel, zu dem nun Religionslehrer ihre Zuflucht nehmen, sind Gefühlserregungen; man sucht den Schüler zu rühren, um ihn zu bessern und für das Gute zu gewinnen. Wie urtheilt die Erfahrung? – Selbst in dem Falle, dass das, was die Rührung veranlasst, beim Lehrer nicht bloss Schauspielerei, sondern wirklich eignes, ungesucht und ungekünstelt sich darstellendes Gefühl ist, selbst in diesem günstigsten Fall ist die Wirkung eine *sehr vorübergehende*. Freilich junge Mädchen erinnern sich gern an die rührenden Religionsstunden und an den süssen Religionslehrer, aber was sie gerührt hat, wissen sie nicht und die heiligen Gelübde solcher Rührungsstunden sind längst vergessen. Gefühle sind eben vergänglich; wie sie vom Augenblick erzeugt werden, so vergehen sie auch wieder, wenn das, was sie veranlasste, nicht mehr wirkt. Wir wollen aber einen dauernden Eindruck auf unseren Zögling machen.

In einen kurzen Satz zusammengefasst, lautet die Forderung der Schule Herbart's an den Relgionsunterricht folgendermassen: **Lass deinen Zögling Religion erst erleben und dann erlernen!**

»Wenn das möglich wäre!« rufen verzweifelnd die einen, »das machen wir auch so!« behaupten zuversichtlich und selbstbewusst die andern. Beide haben bis zu einer gewissen Grenze recht, denn wirkliche Erfahrungen zu machen, ist dem Schüler nur in sehr geringem Masse vergönnt, also scheint es, dass von einem eigentlichen Erleben der religiösen Thatsachen nicht die Rede sein kann, und insofern wäre der erste Einwurf berechtigt. Aber es gibt noch ein nachfühlendes Erleben, ein Erleben durch Theilnahme

---

* Thrändorf zitiert J.F. Herbart: Über die ästhetische Darstellung der Welt als das Hauptgeschäft der Erziehung, 1804/1982a, 108 (K.E.N./F.S.).

an den Geschicken anderer, und um dieses zu erzeugen, wird jetzt allgemein der christlichen Lehre der Unterricht in den biblischen Geschichten vorausgeschickt; derselbe soll dem zuletzt folgenden Katechismusunterrichte gleichsam die Anschauungen liefern, an denen er seine Begriffe, Lehrsätze etc. entwickelt; auch hier heisst es also, erst erfahren und erleben, dann erlernen, erst das Konkrete, dann das Abstrakte, erst die Anschauung, dann der Begriff ...

Es gibt aber noch einen andern Umgang, der ebenfalls Theilnahme erweckt, wir können ihn den »idealen Umgang« nennen, weil er es zum Theil mit Personen zu thun hat, die bloss in der Vorstellung existiren. Wer hätte nicht schon einmal beim Lesen oder bei einer guten Aufführung eines Dramas am Schicksal des Helden den innigsten Antheil genommen? Wer hätte sich nicht schon selbst einmal dabei betroffen, wenn er mit dem Helden hofft und fürchtet, jubelt und trauert, beschliesst und verwirft. Dieses Miterleben tritt in der Jugend, wo die Phantasie noch sehr geschäftig ist, am leichtesten und lebhaftesten ein. Das erste Lieblingsbuch des Knaben ist unstreitig der Robinson; wie viele Tausende von Knaben mögen nun schon mit ihrem Robinson auf der Insel gelebt, mit ihm die Freude über seine Rettung, die Entrüstung über die Wilden, die Trauer des Abschieds von der Insel getheilt haben? Das sind ganz sicher auch Erlebnisse, und wenn sie auch nicht ganz so eindringlich sind wie thatsächlich Selbsterlebtes, so sind sie doch wenigstens ein Ersatz und zwar der *einzige Ersatz, der der Jugend durch den Unterricht geboten werden kann.*

Will also der Unterricht Theilnahme im Zögling erzeugen, so muss er ihn in einen solchen idealen Umgang mit den Personen versetzen, an denen sittliche und religiöse Erfahrungen gemacht werden sollen. Auf Grund solcher Erfahrungen muss sich dann die Katechismuslehre nach und nach auferbauen. In dieser Katechismuslehre finden auch die positiven Dogmen ihren wohlberechtigten Platz, ohne dass desshalb der Unterricht selbst ein dogmatischer wird, d.h. ein solcher, bei dem das Iurare in verba magistri das Eins und Alles ist ...

Um dem Zögling zu einem idealen Umgang zu verhelfen, muss man ihm Gelegenheit geben, sich anhaltend in denselben Lebensverhältnissen zu bewegen und mit denselben Personen sich zu beschäftigen. Da aber die Schüler im ersten und zweiten Schuljahre für eine solche zusammenhängende Beschäftigung mit einer Periode der biblischen Geschichte nicht reif zu sein schienen, so schickt Ziller einen vorbereitenden »Gesinnungsunterricht«, der sich an ausgewählte Märchen und an den Robinson anschliesst, voraus. Bei diesem Unterricht werden die Hauptwahrheiten der natürlichen Religion gewonnen und befestigt, denn im Gegensatz zu Rousseau, der den Anfang des Religionsunterrichtes hinausgeschoben wissen will, sagt Herbart: »Nie wird Religion den ruhigen Platz in der Tiefe des Herzens einnehmen, der ihr gebührt, *wenn ihr Grundgedanke nicht zu den ältesten gehört, wozu die Erinnerung hinaufreicht;* wenn er nicht vertraut und verschmolzen wurde mit allem, was das wechselnde Leben in dem Mittelpunkt der Persönlichkeit zurückliess.« Um aber schon vom ersten Schuljahre an dafür Sorge zu tragen, dass die Zöglinge sich in feste kirchliche Gewohnheiten hineinleben, hält die Schule an allen Sonn- und Festtagen Erbauungsstunden, die der Ordnung des Gottesdienstes der Erwachsenen möglichst angepasst sind. Bei diesen Andachten ist der *Charakter der Schule abzustreifen,* und die versammelten Zöglinge bilden eine feiernde Schul*gemeinde.* Indem die Texte der Erbauungsreden sich an den Ablauf des Kirchenjahres anschliessen, gewähren sie dem Schüler einen vorläufigen Einblick in das Leben Jesu und bereiten die unterrichtliche Behandlung desselben in geeigneter Weise vor, ohne dass man dabei in die groben Fehler der gewöhnlichen Kindergottesdienste verfällt, welche Unterricht und Erbauung vermischen und dadurch keines zu seinem Rechte kommen lassen.

An diesen allerdings vielumstrittenen Vorbereitungskursus hat sich nun der Unterricht in der biblischen Geschichte anzuschliessen ...

b) *Religionsunterricht nach der Herbart-Zillerschen Methode: die Formalstufen*

Nachdem ich so den grossen Gesammtplan, der dem Herbart-Ziller'schen Unterricht zu Grunde liegt, in den allgemeinsten Grundzügen dargestellt habe, bleibt mir nur noch übrig, das Verfahren zu beschreiben, welches bei der Behandlung der einzelnen Geschichte und besonders bei der Herausarbeitung des begrifflich-systematischen Stoffes eingeschlagen wird ...

Aufgabe des Unterrichts wird es also sein, den Schülern nicht bloss Vorstellungen zuzuführen, sondern diese Vorstellungen auch in ein solches Verhältniss zu andern im Individuum bereits vorhandenen Gedankenkreisen zu bringen, dass die beabsichtigte Einwirkung auf das Gefühl wirklich erfolgt ...

Die Phantasie, mittelst deren wir uns fremde Erlebnisse, die uns durch die Sprache übermittelt werden, anschaulich machen, ist keine freischaffende Thätigkeit, wie man gewöhnlich anzunehmen geneigt ist, sondern sie kann bloss bereits vorhandene Vorstellungen in ihre Elemente zerlegen und diese Elemente dann neu kombiniren. Die Phantasie ist also nicht schöpferisch im strengsten Sinne, sondern nur bildnerisch ... Mit unsern Worten können wir den Schüler bloss veranlassen, die in seiner Seele vorhandenen, durch wirkliche Erfahrung gewonnenen Anschauungselemente, so zu combiniren, dass eine möglichst anschauliche Vorstellung der Vorgänge, welche die Geschichte berichtet, in seiner Seele entsteht ... Die Geister sind in dieser Beziehung sehr verschieden. Es gibt Menschen, bei denen genügt ein einziges Wort, um von allen Seiten die Vorstellungen zuströmen zu lassen und die Phantasie in die regste Thätigkeit zu versetzen. Diese bedürfen der Unterstützung durch den Unterricht nur in geringem Masse; von ihnen sagt man: »Sie haben eine lebhafte Phantasie.« Es gibt aber daneben auch andere, deren Phantasiethätigkeit eine sehr langsame, schwerfällige ist. Bei diesen ist es vor allen Dingen nothwendig, dass der Unterricht das nöthige Baumaterial für die Phantasie bereit stellt und den Prozess des Phantasirens nach Möglichkeit einleitet und fördert. Die Ziller'sche Schule nennt diesen Theil der unterrichtlichen Thätigkeit Analyse. Dieser allerdings nicht sehr bezeichnende Name soll andeuten, dass aus dem bereits im Schüler vorhandenen, durch Umgang und Unterricht entstandenen Gedankenkreis die für die Auffassung des Neuen dienlichen Vorstellungs-Elemente herausgehoben, zusammengestellt und befestigt werden. Die Analyse ist wenigstens zum Theil der Blick ins eigene Herz, der den Schüler befähigen soll, die andern zu verstehen.

Ein Beispiel mag die Sache weiter erläutern: Es soll gelernt werden, wie Jonathan seinem Vater Vorstellungen über das Vorgehen gegen David macht, und wie Michal ihren Mann rettet. Soll der Schüler nicht an der Schale kleben bleiben, sondern in das Innere der Geschichte eindringen, so muss er in den Stand gesetzt werden, sich in die Seele des Jonathan und der Michal hineinzuversetzen und den Zwiespalt zwischen kindlicher Pietät auf der einen, Gerechtigkeitsgefühl und Freundschaft auf der andern Seite nachzufühlen ...

Nachdem so der Boden bereitet ist, schreiten wir weiter zur zweiten Stufe des unterrichtlichen Verfahrens (»Synthese«). Treu dem Grundsatze, dass *Alles, was der Schüler selbst thun kann, nicht vom Lehrer gethan werden darf*, lassen wir unsere Schüler die Erzählung aus dem Bibeltexte selbst, der natürlich von anstössigen Stellen gereinigt worden ist, gewinnen ...

Auch bei dieser Vertiefung gilt es natürlich, den Zögling zur Selbstthätigkeit anzuregen, denn das sittliche Urtheil muss ja *sein* Urtheil sein, wenn es Werth haben soll; der Glaubenssatz muss Ausdruck einer eigenen Ueberzeugung sein, sonst tröstet er nicht und rechtfertigt nicht vor Gott.

Ich verhehle mir die Schwierigkeiten, die hier vorliegen, keineswegs, aber sollen wir uns durch dieselben von dem Versuche, *eigenes* sittlich-religiöses Leben im Zögling zu erzeugen, abschrecken lassen? Sollen wir unsere Kinder wieder auswendig lernen lassen, das Auswendiggelernte erklären und aus der Bibel beweisen und dann sagen: »Das musst du nun glauben, denn es steht so in der Bibel?« Das wäre – mag immerhin der Satz von der Rechtfertigung aus dem Glauben mit gelernt werden – nichts Anderes als eine neue Gesetzesreligion. Eine solche Gesetzesreligion mit dem Hauptsatze: Du musst glauben, denn es steht in der Bibel, kann man dem Schüler für die Schulzeit wohl aufzwingen, *für's Leben nicht!* – Unsere Zeit ist über die Stufe des naiven Auktoritätsglaubens nun einmal hinaus ...

Woran erkenne ich nun aber, dass etwas wirkliches Eigenthum des Schülers, wirklicher geistiger Besitz geworden ist? Auf diese Frage mag uns Herder antworten, er sagt im Sophron: »Der beste Prüfstein also, ob Jemand etwas gefasst hat, ist, dass er's *nachmachen*, dass er's selbst vortragen kann, *nach seiner eigenen Art, mit seinen Worten*. Merkt euch dieses, ihr Katecheten!« Wenn dieser einzige Satz unseres Herder recht beherzigt würde, dann wäre das Fragengeklingel der Katechesen gewöhnlicher Art mit einem Schlage aus der Welt geschafft. Soll aber das von Herder gewünschte Ziel erreicht werden, so ist vor allen Dingen Eins nöthig, was allerdings vielen Lehrern sehr schwer fällt: *Der Lehrer muss es über sich gewinnen, nicht immer das Wort führen zu wollen* ...

Wollte man bei der vertiefenden Einzelbetrachtung stehen bleiben, so würde man ins Detail versinken und den Ueberblick völlig verlieren; daher ist es nothwendig, dass auf die Vertiefung die Besinnung folgt; der Schüler muss sich von der Anschauung zum Begriff, vom Einzelurtheil zur Regel, von der religiösen Erfahrung zum allgemeinen Glaubenssatz erheben ... Der psychologisch Ungebildete macht sich von dem Prozess, der nöthig ist, wenn ein annähernd richtiger Allgemeinbegriff zu Stande kommen soll, keine rechte Vorstellung, vom concreten Einzelfall glaubt er ohne Weiteres zum Allgemeinen fortschreiten zu können. Er gibt daher dem Schüler entweder einfach den Begriff oder die Regel, oder er bringt ihn durch katechetische Kunst dahin, dass er die gewünschten Sätze ausspricht. Aber ein logisch richtig definirter Begriff, eine korrekt ausgesprochene allgemeine Regel etc. sind noch keineswegs sichere Beweise dafür, dass der Inhalt der ausgesprochenen Worte auch wirklich gefasst ist ... Wir gehen daher lieber den umständlichen und zeitraubenden Weg rechter Induktion und sammeln auf der dritten Stufe (Association) der methodischen Einheit eine möglichst grosse Zahl von Beispielen, welche mit dem in der Synthese behandelten Falle Aehnlichkeit haben und dem Gedankenkreis der Schüler bereits angehören, und bilden uns dann aus dieser Summe von Einzelfällen die allgemeine Regel oder den Begriff oder den Glaubenssatz ...

Auf dem tiefgegründeten breitangelegten Unterbau der drei ersten »Formalstufen« des Unterrichts baut sich nun ganz groß von selbst das System als vierte Stufe auf. Der Schüler spricht zunächst den Gedanken, der auf dem Wege der Induktion sich ergeben hat, in seinen Worten aus, dann wird mit Hilfe des Lehrers eine kurze, prägnante klassische Form (Bibelwort, Katechismussatz oder Dichterstelle) für denselben gesucht und als Stütze für den Gedanken und zu leichterem und schnellerem Gebrauch memorirt. Dabei ist als Grundsatz festzuhalten: Es kommt nicht auf die Zahl der Sprüche an, die *memorirt* worden sind, sondern auf die Zahl derer, die *bleibendes geistiges Eigenthum* des Schülers geworden sind. Aller »Memorirmaterialismus« ist auf's Entschiedenste zu bekämpfen ...

Die letzte der an das natürliche psychologische Geschehen sich anschliessenden Formalstufen nennt Ziller »Methode«; Prof. Vogt hat statt dieses missverständlichen Ausdrucks den bezeichnenderen »Funktion« vorgeschlagen. Es kommt nämlich auf dieser Stufe darauf an, die im System gewonnene Erkenntniss als geistige Kraft funktioniren zu lassen. Zu diesem Zweck werden natürlich vor allen Dingen die mündlichen und schriftlichen Uebungen in der Darstellung der gewonnenen Gedanken fortgesetzt, denn nur das ist mein wirklicher geistiger Besitz, was ich in jedem Augenblick ohne fremde Hilfe reproduciren kann ...

Diese Uebungen, die bereits auf der Stufe des Systems begonnen wurden, müssen sich nun aber auf unserer letzten Stufe immer freier gestalten, es müssen nun Gesichtspunkte aufgesucht werden, nach denen der Gedankenstoff, anders zu ordnen ist, es müssen Zweifelsfragen aufgeworfen werden, die durch geschickte Verwendung der gewonnenen Gedanken ihre Beantwortung finden. Vor allem aber muss der Schüler auf dieser Stufe wenigstens in Gedanken selbst handeln; er muss sich mit Unterstützung des Lehrers in gewissen Lagen, in die er einmal kommen könnte, hineindenken und sich dann die Frage vorlegen: »Was wirst du thun, was musst du thun, wenn du deinen Grundsätzen nicht untreu werden willst?« Das »phantasirende Handeln« kann zwar das wirkliche Handeln nicht ersetzen, aber es bereitet dasselbe in der der Schule allein möglichen Weise vor ...

Carl Adolf Gerhard von Zezschwitz

1. Der christlich-kirchliche Katechumenat: Kirche – Elternhaus – Schule

§. VII.
Allgemeiner Begriff des christlich-kirchlichen Katechumenats

Das Wesen des christlich-kirchlichen Katechumenats erbaut sich auf drei allgemeinen Voraussetzungen vom Wesen und der Aufgabe der Kirche – auf ihrem Charakter als einer Reichsgenossenschaft in auch äußerlich ausgeprägter Gemeinschaftsform, auf ihrem göttlichen Beruf die Vermittlerin der Gnadenmittel und Heilsgaben Christi selbst zu sein, und endlich auf der damit zusammenhängenden Aufgabe die entsprechende Verwaltung der Letzteren durch eine geistige und geistliche Pädagogik zu sichern.

Demnach wird der christlich-kirchliche *Katechumenat selbst* zu definiren sein als *diejenige Veranstaltung der Kirche, durch welche solche, die nach der Aufnahme in ihre volle gliedliche Gemeinschaft begehren, auf dem Wege eines lehr- und erziehungsmäßigen Bereitens in ein directes Verhältniß zu den der Kirche anvertrauten Heilsmitteln gesetzt werden, zu dem Zwecke, daß die Aufnahme zur vollen gliedlichen Gemeinschaft der Kirche zugleich Einpflanzung in den vollen Heilsstand eines Christen sei* ...

Je reiner unsre Kirche *Wort und Sacrament* für sich ehrt als die Mittel, durch die ausschließlich eine *Versetzung* in den *Heilsstand des Christen* actuell gewirkt wird, desto keuscher enthält sie sich aller weiteren menschlichen Zuthat der Bereitung zu dem was ihr für jenes Ziel allein erforderlich erscheint: zum *Unterricht im Wort* und der Erzielung des *Glaubens*, der für heilwirkenden Empfang des Sacraments die einzige Voraussetzung ist. Dagegen wird überall da, wo das kirchliche Handeln zu Erziehungszwecken vorwiegt vor dem Unterricht im Wort jedenfalls die *Gefahr* vorliegen, daß der Heilsstand vor und in Gott mit dem kirchlichen Gemeinschaftsstand in einer Weise vermischt wird, durch die dem ersteren Trübung nach Seiten seiner sachlichen Reinheit wie Verdunkelung nach Seiten des persönlichen Bewußtseins desselben droht.

Wäre es demgemäß nur durch Einseitigkeit möglich sich gegen die Gefahr der Verkümmerung des Heilsstandes wenn auch nur im Bewußtsein zu schützen, so könnte niemand zweifeln, daß unsre Kirche das beste

Theil erwählt hat. Die äußere Reichsgenossenschaft und ihre vollendete Herstellung bleibt allzeit das secundäre Ziel, und die Treue der Kirchenarbeit um den Heilsstand ihrer Glieder ihre höchste Ehre.

Aber die Frage wird sein, ob es nicht ein erziehungsmäßiges Verfahren gibt, das ebenfalls nur der göttlichen Heilswirkung der Sacramente dient und die unterrichtliche Bereitung durchs Wort nach dieser Seite heilsam unterstützend begleiten kann. Denn man könnte bei einseitiger Bereitung durch Unterricht im Wort vielleicht auch Gefahren, wenn schon minder unmittelbar für das Seelenheil der Anvertrauten, drohen sehen. Bei aller Sorgfalt der unterrichtlichen Bereitung selbst kann die Erzielung des Heilsglaubens gegen die Begründung im kirchlich theologischen Lehrausdruck zurücktreten. Und wo auch jenes Ziel in Treue allein gewahrt bleibt, kann die Verwechslung dieser doch immer menschlich vermittelten Bereitungsarbeit mit der Herstellung einer Gemeinde der Gläubigen selbst drohen. Oder endlich es wird die ausschließliche Werthlegung auf die unsichtbare Genossenschaft der wahrhaft Gläubigen dazu führen, daß die äußere Genossenschaft der Kirche in ihrer Bedeutung verkannt, ihr höchstes Band selbst, das kirchliche Bekenntniß des Glaubens, entwerthet wird. Die Geschichte der protestantischen Kirchengemeinschaften gibt für jede dieser Gefahren naheliegende Belege.

Aber wir können vielmehr noch auf positivem Wege die Nothwendigkeit des erziehungsmäßigen Bereitens neben dem unterrichtlichen aus dem herleiten, was in der Einleitung über die verschiedenen kirchlichen Thätigkeiten gesagt wurde ... Es wird daher nur diejenige Katechumenatsveranstaltung wahrhaft dem Princip entsprechen und mit allseitig heilsamer Wirkung begleitet sein, die das *doppelte Ziel der äußerlichen Reichsgenossenschaft* und *des* in den Sacramenten garantirten *innren Heilsstandes* und *das doppelte Mittel unterrichtlicher* und *erziehungsmäßiger* Bereitung *gleichmäßig* im Auge behält.

§. XXI.
Der Katechumenat des Hauses und der Schule

Die Taufe als Katechumenatsbasis verleiht dem christlichen Haus und in Verbindung mit diesem der christlichen Schule einen Rechtsantheil an der stiftungsgemäßen Aufgabe der Tauferziehung und des Taufunterrichts, ein Recht, auf Grund dessen dieser Bereitungszeit auch der Name Katechumenat nicht abgesprochen werden darf, wenn schon Haus und Schule denselben nur als einen von der Gabe und Aufgabe der Kirche abgeleiteten besitzen. Wiederum besitzt die Schule diesen Antheil nur als einen von Haus und Kirche, als den organischen Factoren der Tauferziehung, zu beiden Theilen und unter bestimmten Bedingungen auf sie als menschliche Institution übertragen, welcher nur die selbständige Bedeutung der unterrichtlichen Aufgabe eine selbständige Stelle als Katechumenatsvertreterin sichert. Das zwischen Haus und Kirche allein und ohne weitere Vermittelung als die der Pathen bestehende Vertragsverhältniß, wird durch die Schule nicht alterirt, sofern die Kirche mit dem einzelnen Kind auch während seiner Schulpflicht als Kind des Hauses handelt, dem sie dasselbe übergeben und von dem sie es am Ende zurückfordert.

Im Haus liegen daher die breiteren, umfassenden Grundlagen dieses Katechumenats, durch welche der Antheil der Schule an der Tauferziehung ebenso vorbereitet als danach bewahrt und gesichert wird. Die Ausübung desselben beginnt nicht erst mit der Taufe der einzelnen Kinder; sondern mit den ersten Anfängen ihres für die Wiedergeburt bestimmten Lebens; hat an der Heiligung und Heilighaltung des Tauftags seinen Kern und die Grundlage einer lebendig actuellen Concurrenz der Pathen, und stellt in den Dienst dieser stetigen Erneuerung des Gedächtnisses und Taufbundes nicht nur die specielle Gebetspflege und erste biblische Unterweisung der Kleinen, sondern auch den gesammten Hausgottesdienst als die Basis eines stetigen liturgischen Fortlebens der Hauptstücke des Katechismus als Buch des Hauses nicht minder wie der Taufe. Statt der ersten mütterlichen Pflege tritt die vorwiegende Leitung des Vaters dem Kinde bei dem ersten Schritte aus dem bewahrenden Haus in die neuen Lebenskreise der Schule zur Seite, und leitet dasselbe an der Hand einer Erziehung im höheren Ernst auf seinem Gang der Kirche und den unmittelbaren Organen der geistlichen Vaterschaft entgegen.

Die Schule nimmt die unterrichtliche Aufgabe des Katechumenats in einer den Anfängen des Hauses entsprechenden Weise ergänzend und wesentlich vollendend auf, zwischen eintretend in die häusliche und seelsorgerliche Erziehung, und die Weihe betender Uebung vom Hause, die Mittel gottesdienstlichen Lebens wie die Zielbestimmung kirchlicher Richtung von der Kirche herleihend. Hat das Haus an dem Tauftag, so hat die Schule an dem Taufbuch, als vollständiger Summa aller Katechumenenlehre wie als compendiarischer Zusammenfassung des grundlegenden Schriftinhalts die Concentration ihrer Thätigkeit, für welche die reine Positivität das Ideal stofflicher wie formeller Behandlung ist. Diese bestimmt sich den biblischen Voraussetzungen für den Katechismus gegenüber näher als Biblicität, und bewährt sich am Katechismus selbst als Treue gegen den Text in Enthaltung von fremdartigen Eintragungen stofflicher oder systematisirender Art, und Bewahrung der in den Hauptstücken des Katechismus gegebenen Einheit und selbständigen Inhaltsfülle. Die Alles beherrschende Aufgabe der Wortauslegung sichert auch nach ihrer Vertiefung und Belebung durch biblische und dialectische Ausführung die leichte und sichere Zusammenfassung der Katechumenenerkenntniß zu dem in die Form der Lehrsumme selbst gefaßten Katechumenenbekenntniß. Während der Antheil, den der Geistliche an der Herstellung der vollen Erkenntnißreife der Kinder nimmt, selbst nur als integrirendes Moment des Schulkatechumenats in Betracht kommt, bildet seine Stellung als geistlicher Inspector der Schule die Garantie nicht nur für die allgemeinen Pflichtbeziehungen der Schule zur Kirche; sondern für den Taufcharakter insbesondere, den Unterricht, Gebetserziehung und seelsorgende Pflege innerhalb der Schule ihrem Antheil am Katechumenat gemäß zu tragen haben.

2. Die Katechese als kirchliche Unterrichtsmethode

a) Definition – Lehrstoff – Lehrarten

§. I.

Unter *Katechese* versteht man neurer Zeit den Einzelact und -Vollzug des katechetischen Unterrichtes, gleichbedeutend meist mit Katechisation. Im Unterschied vom Unterrichts*stoff,* den man im 16. Jahrhundert obenan meinte, wo »Katechesis«, gleichbedeutend mit Katechismus, auf den Büchertiteln erschien (II,1,32ff.), bezeichnet es nun die Unterrichts*handlung,* das katechetische Unterrichten in einem *Einzelvortrag.* Wir halten diese Bahn der Entwicklung ein, entnehmen aber in unsrer systematischen Darstellung den Begriff dieser letztren Schranke insoweit, als wir überhaupt die drei Begriffe: *Katechumenat, Katechismus, Katechese* in eine der historischen Entwicklung derselben als Sprachbegriffe entsprechenden Prinzipstellung zu rücken versucht haben. Dann bezeichnet *Katechumenat* die anstaltliche Basis des kirchlich-christlichen Unterrichtes, der *Katechismus* den Stoff, die *Katechese* aber die *Methode dieses Unterrichtes im Allgemeinen* ...

§. III.

Das *erotematische* Verfahren für sich das *katechetische* zu nennen, ist Willkühr nach Sprachgebrauch wie sachlicher Vorlage. Als Sprachgebrauch nach höchst zufälligen Anlässen, wie unten näher zu zeigen ist, entstanden, beruht diese seit dem 18. Jahrhundert erst bewußt eingebürgerte Neuerung auf einer einseitigen Verengerung der Aufgabe. So gewiß obenan der biblische Geschichtsunterricht einen wesentlichen Bestandtheil des christlichen Anfangsunterrichtes bildet, so gewiß gehören akroamatischer Vortrag und erzählendes Unterrichten zu dem was nach ursprünglich kirchlichem Begriff katechet. Unterweisung heißt und zu heißen ein Recht hat. Dasselbe gilt von dem memorativen Einprägen des katechetischen Stoffes. Nur eine bestimmte einzelne Aufgabe und Stufe des methodischen Unterrichtsfortschrittes deckt sich mit dem entwickelnden Fragverfahren, das man einseitigen Theorieen zu lieb, ausschließlich katechetisches Verfahren, zu nennen sich gewöhnt hat. Bei der abschließenden Definition wird man daher, um Mißverständniß zu verhüten, der neuerdings einmal festgestellten Ansicht durch eine engere und praktisch-technische Begriffsfassung neben der weiteren principiellen Rechnung tragen können. Die wissenschaftliche Aufgabe aber in Feststellung des wahren Begriffes der katechetischen Methode ist nur zu lösen, wenn man die allgemein pädagogischen Principien, mit denen die Auctoritäten im 18. Jahrhundert meistentheils allein rechneten, mit den Stoffen und Zielen innerlich ausgleicht, in denen der Christenthumsunterricht als solcher sein besondres Wesen hat. Der Mangel dieses Ausgleiches hat es in den meisten katechetischen Lehrbüchern zu keiner organischen Fassung und Eingliederung der Methode kommen lassen.

Die bewußte Reflexion über die Methode folgt in allen Wissenschaften der Auffindung des Stoffes nach (II, 1, 12ff.). Andrerseits schafft sich in der Unmittelbarkeit des Handelns jede principiell erfaßte Aufgabe ihre Methode; nur daß dieselbe von Anfang herein instinctiv, unreflectiert, in Unbewußtheit geübt wird. Der Unterschied der Aufgabe in den einzelnen Zeiten oder Gebieten begründet dann wol auch wesentliche Unterschiede und Fortschritte des methodischen Verfahrens. Das war bei der Katechese nothwendig der Fall, soweit, statt der überwiegenden Rücksicht auf erwachsene Taufcandidaten in der alten Kirche, die getaufte Jugend Object des Unterrichtes wurde. Nicht eben der Stoff und theilweis nur die kirchlichen Veranstaltungen, wohl aber die Methode der Aneignung mußte in umfassender Weise davon berührt, resp. alteriert werden. Bewußter fing man in der Reformationszeit an, diesen Wechsel der Aufgabe zu begreifen. Man sieht daher auch in der Reformationszeit schon Fragverfahren mit dem Begriff des Katechismus sich verschwistern; aber das bestimmende Interesse ist ein ganz andres als in der zweiten Hälfte des 18. Jahrhunderts. Beide Zeiten aber ermangelten, wenn auch aus verschiednen Ursachen doch in Gleiche der thatsächlichen Wirkung, des Sinnes für *Geschichte*. Die in der That pädagogisch bedingte Umgestaltung der Katechese im 18. Jahrhundert wußte mit dem, was für alle Pädagogen der Gegenwart einen Haupt- und Wesensfactor bildet, so gut wie gar nicht zu rechnen. Erst die Neuzeit hat erkannt, welchen Werth der *erzählende* Unterricht grade für die Jugend hat. Der christliche Religionsunterricht datirt von daher eine wesentliche Veränderung. Aber wie man das entwickelnde Fragverfahren gut- oder übelwillig aus einer Epoche herübergenommen hat, die dem positiven Christenthum wesentlich entfremdet war, so gilt der pädagogische Gewinn der Neuzeit als Recht der biblischen Geschichte im christlichen Religionsunterricht, ohne daß die Systematiker oder Methodiker der Katechetik sich principiell über sein Recht auf den Namen der Katechese aus- und einzulassen pflegen ...

Aber auch damit kann es nicht gethan sein, daß kirchlich positive Männer dieselbe Werthschätzung gegen die Methode beweisen, wie früher nur die Vertreter einer gegen den kirchlich positiven Stoff gleichgiltigen Technik. Die systematische Lösung der Aufgabe muß vielmehr darin gefunden werden, daß einerseits die dem Christenthumsunterricht an sich eigenthümliche und native Methode aufgefunden und dargestellt und die letztre andrerseits mit den allgemeinen Forderungen der Pädagogik und Didaktik ausgeglichen, beide aber in organischer Einheit ihrer Wechselbeziehungen dargestellt werden ...

§. IV.

Der christlich-kirchliche Lehrstoff hat seinen Grundcharakter an der geschichtlichen Positivität. Die objective Auctorität des Offenbarungscharakters, den das Christenthum in Anspruch nimmt, muß daher in der Lehrweise derselben seinen Ausdruck finden, wenn die Methode dem Stoffe entsprechen und nicht durch sie factisch der Eindruck und die Wirkung aufgehoben werden soll, die thetisch für die Vorlage als Offenbarungsstoff in Anspruch genommen werden. Die Formen der unterrichtlichen Ueberlieferung und Aneignung, die sich daraus für den Christenthumsunterricht ergeben, sind leicht zu bestimmen. Wir geben sie im ersten Theile unsrer Methodenlehre. Dieser aber fordert mit Nothwendigkeit den Namen der *offenbarungsmäßig-positiven Unterrichtsform* und als Grundlegung und Basis der christlichen Glaubenserkenntniß die erste Stelle sowol in der Methodenlehre wie überall im Einzelnen des Unterrichtsverfahrens.

§. V.

Wie der christlich-kirchliche Lehrstoff die Basis und Grundlegung in der Methode bestimmt, so der christlich-kirchliche Katechumenat das Ziel. Der katechetische als der christlich-kirchliche Unterricht verfolgt als bestimmtes und specifisches Ziel die Erreichung nicht irgendwelcher rein menschlichen Erkenntniß- und Reifestufe, sondern die Erreichung der christlichen Mündigkeit, d.i. die Reifestufe der vollen und bewußten Gliedschaft an der Kirche Christi innerhalb der entsprechenden Bekenntnißkirche. Eine *sittlich* erziehende Seite des Verfahrens tritt damit neben die rein unterrichtliche Aufgabe im Allgemeinen, wie neben jene göttlich und menschlich auctoritative Grundlegung, die den ersten Theil der Methodenlehre charakterisirt. Beherrscht aber wird dies sittlich erziehende Verfahren von dem *teleologischen* Moment. Beides endlich kommt hier nicht als Erziehungsmaßregel in Betracht; denn davon handelt die Katechumenatslehre (vgl. I): sondern als Formen, Methoden und Bedingtheiten des Unterrichtes, die wir unter dem Namen der *teleologisch-paränetischen Unterrichtsform* zusammenfassen. Die nähere Darlegung ist dem *dritten* Theile der katechetischen Methodenlehre vorbehalten; denn im Wesen der teleologischen Beziehung liegt es, daß dieser Stoff dem letzten Theile zuzuweisen ist.

§. VI.

Zwischen diese beiden Theile der Methodenlehre tritt die centrale Aufgabe des Unterrichtes, die in der *geistigen Aneignung* des gegebenen Stoffes für das bestimmte Ziel enthalten ist. Der offenbarungsmäßig gegebene und dem entsprechend auctoritativ zu übermittelnde Stoff soll erkenntnißmäßig angeeigneter Geistesbesitz des Subjectes werden und in dem Subjecte zu derjenigen Ueberzeugungsgewißheit ausreifen, ohne welche die kirchliche Person- und Bekenntnißentscheidung keine innere Wahrheit hätte. Auch dieses letztre Ausreifen kann nie durch Paränese allein gewirkt werden, sondern hat eine eigentlich *didaktische* Aneignung des Lehr- und Glaubensstoffes zur Voraussetzung, so gewiß der subjectiv christliche Glaube objectiv auf biblisch kirchlicher Lehre beruht. Indem aber dieses Aneignen des objectiven Stoffes nur auf dem Wege der Umsetzung in subjectives Erkennen sich vollziehen kann, handelt es sich hier um die bestimmte Form *didaktischen* Verfahrens, die man als die *dialektische* zu bezeichnen hat. Das *dialektisch-didaktische* Verfahren tritt daher als mittler und für das Unterrichtsverfahren wesentlichster Theil der katechetischen *Methodenlehre* zu jenen beiden, und man erkennt leicht, daß das specifisch sogenannte katechetische Fragverfahren hier seine organische Stelle in der principiell gefaßten Methodenlehre der Katechese findet.

§. VIII.

Nennen wir diese Methodenlehre in dem gesammten Umfang »Katechese«, so ergibt sich für diesen dritten Haupttheil des gesammten Systems der Katechetik folgende allgemeine Definition: »*Die Katechese ist das gesammte kirchliche Unterrichtsverfahren, durch welches den kirchlichen Unmündigen der positive Lehrstoff christlicher Offenbarung in dem Umfange und Maße erkenntnißmäßig angeeignet wird, daß sie befähigt werden in eigner Ueberzeugung und mit vollem Bewußtsein der erforderlichen Personentscheidung ihren kirchlichen Gliedschaftszusammenhang bekenntnißmäßig zu bethätigen und an der weitren Aufgabe wechselseitiger Erbauung der Kirchenglieder (Cultus und Homilie) selbstthätig Antheil zu nehmen.*«

b) Die offenbarungsmäßig-positive Lerhrart

§. XI.

Der religiöse Unterricht bestimmt seinen Charakter unmittelbar nach dem Charakter dessen, was denen Religion heißt, die lehren und lernen sollen. So zog die Erfindung einer *natürlichen* Religion, als dem angeblichen Wahrheits- und Wesenskern aller positiven Religionen, unmittelbar die aprioristische Unterrichtstheorie oder die sogenannte *Sokratik* nach sich, gepaart obenan mit tiefer Mißachtung alles Geschichtlichen. Und umgekehrt wird und muß der Glaube an eine aus positiver göttlicher Offenbarung stammenden Religion eine Unterrichtsweise erzeugen, die zunächst immer Positives positiv lehrt, d.h. als Gegebenes, und hier durch *Offenbarung Gegebenes* so lehrt, daß es zunächst auf *Auctorität* hin angenommen wird. So als Offenbarung gilt dem Christen das Wort alten und neuen Testamentes, als Aus- und Abdruck der thatsächlichen geschichtlichen Offenbarung des lebendigen Gottes, die sich in Christo vollendet hat. Das Christenthum ist die Vollendung der Offenbarung Gottes, und so die Religion der Offenbarung im eminenten Sinn. Darum kann Christenthumsunterricht auch seiner Form nach nur ein *offenbarungsmäßig positiver* sein ...

§. XII.

Die nächste Probe für Werth und Wahrheit des §. 11 Behaupteten muß sich daran machen lassen, welche von beiden Unterrichtsweisen *natürlich, d.h. naturgemäß* für den werdenden Menschen, oder für die Menschheitsentwicklung im Einzelnen ist. Welche von beiden verdient es *pädagogisch* zu heißen? Die vollständige Beantwortung der Frage ist zwar von einer ganzen Reihe noch nicht erörterter Instanzen abhängig; aber man kann diese als bestätigende Zeugen nachbringen und die Entscheidung zunächst allein auf den Unterschied des *auctoritativen* und des *räsonierenden* Unterrichtes stellen, wie man die andre Art im Gegensatz zur ersten ohne gehässige Unterstellung bezeichnen kann und muß. Die Frage ist für alle wahren Pädagogen entschieden, ehe man sie aufstellt und Einer hat für alle in diesem Sinne die sokratische Methode als unpädagogisch und grausam, weil räsonierend, verurtheilt – *Pestalozzi*.

Auf »Auctorität« hin Religion annehmen zu sollen, das scheint die Verurtheilung der erstren Methode. Unter dem in §. 11 aufgenommnen Namen grade wurde diese Methode in der Wende des Jahrhunderts verworfen. – Als ob das Kind, das ein wahres Kind ist, nicht Alles was es überhaupt lernt zuerst hinnähme auf Auctorität. Das ist ihm Natur; alles Gegentheil Unnatur. Zerstört ist die Seele des Kindesverhältnisses, wo was es vom Vater und Lehrer lernt nicht darum gilt, weil Vater und Lehrer es sagen. Sie, die natürlichen Auctoritäten würden das Naturverhältniß aufheben und zerrütten, wo sie nicht auctoritativ, sondern mit absichtlicher Aufhebung der natürlichen Auctoritätsstellung lehrten und sprächen ...

Pestalozzi bekämpfte die sokratische Methode von dem großen Methodenprincip der *Anschauung* aus ... In seiner reformatorischen Schrift: »Wie Gertrud ihre Kinder lehrt« ... heißt es: »Katechisiren über abstracte Begriffe ist an sich selbst nichts, als ein papageyenartiges Nachsprechen unverstandner Töne; das Sokratisiren aber – das erst in unsren Tagen mit dem Katichisiren vermischt worden – *ist wesentlich für Kinder unmöglich*, denen beides, der Hintergrund der Vorkenntnisse und das äußerliche Mittel der Sprachkenntnisse mangelt« ...

»Man träumte in diesem Zeitpunct von dieser Art den Verstand also herauszulocken und aus dem eigentlichen Nichts hervorzurufen, Wunder; ich denke aber, man ist jetzt an dem Erwachen aus diesem Traume.« Als das »hineintrichternde Herauspumpen« pflegte Pestalozzi das Sokratisieren zu ironisieren ...

»*Räsonieren*« lernen Kinder, die man so schult. Das sagt Alles. Auf dem Gebiet des Glaubens und der Religion zeigen sich nur die Früchte am bittersten, so bitter schon die Pietätlosigkeit im Hause empfunden werden dürfte. Wenn Carl von Hohenhausen, der unglückliche junge Selbstmörder, in seinem Tagebuch als Gymnasiast darüber reflectirt, ob dem Vater als Vater Pietät zukomme, da alle Vaterschaft doch nur aus einem Moment der Lustempfindung stamme – so versteht sich leicht wie Pietät gegen Göttliches und Menschliches mit einander dem »Räsonieren« eines Knaben zum Opfer fallen. *Pietät* ist das gesunderhaltne Kind lebenskräftiger Auctorität, und mit der menschlichen und persönlichen Pietät erstirbt die Seele der höheren, der *Frömmigkeit*. Ohne Frömmigkeit aber keine Religion.

§. XIII.

Eine allgemeine und höhere Voraussetzung muß jedoch bei dieser Forderung rein auctoritativer Mittheilung am Anfang gleich in Rechnung gebracht werden: das ist das *Menschengemäße* und für Natur und Bedürfniß eines jeden *Entsprechende*, was der für die ganze Menschheit bestimmten Offenbarung an sich eignet. Grade vom Christenthum gilt aber dieser allgemein humane Charakter ohne Schranke. Der Einzelnachweis dafür ergibt sich aus dem Charakter des biblischen Lehrstoffes, besonders dem geschichtlichen; aber die allgemeine Grundlage bildet das unauflösliche Personenverhältniß des Einzelnen, das Abhängigkeitsverhältniß der Seele von Gott, in der Uebereinstimmung seines erfahrungsmäßigen Bestandes mit dem Schriftzeugniß davon. Ohne daß man dieses voraussetzen dürfte, könnte ein auctoritatives Nahebringen der Schriftwahrheit nicht nur als specieller Mißbrauch der ganz anders begründeten Auctorität des Lehrers oder Vaters in Anspruch genommen werden; sondern die ganze Parallele würde hinfällig, welche §. 12 mit der natürlichen Abhängigkeit des Kindes von Vater- und Lehrerauctorität zieht, wenn nicht die Gottesabhängigkeit, gleichstehend mit jener Offenbarungsauctorität ebenso im höheren Sinn das menschlich-natürliche wäre und für alle Vater- und Lehrerauctorität menschlicher Art vielmehr das Urbild und die Quelle bildete.

§. XIV.

Das *auctoritative* Moment des Unterrichtes findet als solches dem Wesen der Sache nach seinen Ausdruck mehr noch im Geiste als in bestimmten Formen des Unterrichtes, sowie sein Gegentheil, der räsonierende Unterricht, vielmehr einen Grundcharakter an der Form bildet, die als wesentlich nothwendige auch für den religiösen Unterricht in Aussicht genommen ist, die dialektisch-didaktische. Dennoch liegen im auctoritativen Unterricht allgemeine wie besondere Formen der Natur der Sache nach beschlossen. So deckt sich zunächst die *akroamatische* Lehrform der Natur der Sache nach mit dem rein auctoritativen Moment, und sofern diese wieder insbesondre als *Erzählung heiliger Thatsachen* das nothwendige Gewand für die Ueberlieferung offenbarter Religion bildet, tritt daran die Glauben fordernde Auctorität in besondrer Reinheit hervor, zuletzt in dem pädagogisch so wichtigen Moment der Erweckung der kindlichen *Imitation* sich wiederspiegelnd. Für alle diese Formen und Momente bildet das Auctoritative ein den allgemeinen Geist und Charakter bestimmendes Hauptmotiv ...

§. XVIII.

Mit der Frage nach dem Werthe des positiv auctoritativen Unterrichtes hängt daher die andre vom Werthe der *memorativen Ueberlieferung* unmittelbar zusammen. Dabei wird, was die erste Grundlegung im zarteren Kindesalter betrifft, der Unterschied der Gedächtnißfunction in diesem von der im entwickelten Geiste normgebend sein müssen. Denn während man gewöhnlich, von letzterer Stufe her den Maßstab nehmend, in der *erinnernden* Thätigkeit das Wesen des Gedächtnisses findet, tritt es beim Kinde vielmehr als schlechthinnige Receptivität und die Einheit des kindlichen Geisteslebens in keimender Naturthätigkeit des Geistes und einem Verhältniß sinnender Beschaulichkeit zu allen aufgenommenen Geistesstoffen auf: – Eigenschaften, die als solche wieder eine Art Beweis für die unmittelbare Anlage des Kindesgeistes auf religiöses Leben und seine Geistesstoffe bilden können. Damit setzt der mechanisch memorativen Thätigkeit für die erste Grundlegung die Kindesnatur selbst einen Damm entgegen. Im Uebrigen aber dient die letztere als solche zum Ausweis der Einseitigkeit, wenn der Pietismus das Recht der Gedächtnißthätigkeit bei religiösen Stoffen von dem Gegensatze des Herzens zum Kopfe aus bekämpfen zu können glaubte. Was dabei die eigentlich unterrichtliche

Ueberlieferung auch der religiösen Erkenntnißstoffe anbelangt, so hat ein naturgemäßer und verständiger Anbau des Gedächtnisses bei den Pädagogen namentlich der *humanistischen Richtung*, gegenüber einseitig philanthropinischen Reformbestrebungen, als *allein correcte erste Grundlegung in allen positiven Lehrstoffen* die entschiedenste und siegreichste Vertretung gefunden.

Friedrich Wilhelm Dörpfeld

Für eine gerechte, gesunde, freie und friedliche Schulverfassung

a) Die Schulgemeindeschule als oberste Stufe der Entwicklung

Die erste Anregung zur Gründung von Schulen ging, wie wir sahen, von der *Kirche* aus; sie war in der damaligen Zeit die eigentliche Kulturträgerin ... Auf der zweiten Stufe fanden wir städtische *Kommunalschulen*, nicht, wie man vermuten sollte, Kirchschulen. Auch dies erklärt sich aus den Zeitumständen. Die Klosterschulen waren nämlich, wie wir gesehen haben, nicht eigentliche Volksschulen, sondern bildeten hauptsächlich nur für den geistlichen und Beamtenberuf vor. Sollten für die anderen Stände auch Schulen entstehen, so mußte dort das Bildungsbedürfnis erst gefühlt werden. Es ist nun leicht ersichtlich, weshalb dies zuerst in den Städten geschah, da in diesen die entwickelteren gewerblichen Verhältnisse darauf führten. Hier wären nun zunächst die Kirchengemeinden berufen gewesen, die Sache in die Hand zu nehmen; indessen eigentliche Kirchengemeinden mit selbständiger Gemeindevertretung gab es nicht, weil die Kirche die Laienmündigkeit nicht anerkannte; es fehlte also auf kirchlichem Gebiete jede Gelegenheit, wo die soziale Mündigkeit sich hätte betätigen können. Die einzige Korporation dieser Art war die Kommune. Und diese war auch in den Städten so organisiert und belebt, daß sie die selbständige Gründung von Schulen unternehmen konnte. Die Landgemeinden waren in der Verwaltung ihrer Angelegenheiten noch nicht so weit entwickelt, und so kam es denn, daß die zweite Form der Schulen nur in den Städten auftrat.

Die Landbevölkerung erhielt Schulen erst durch die *Reformation*. Durch die Herstellung selbständiger Kirchengemeinden kamen die Gemeindeglieder überall zum Bewußtsein der kirchlichen Mündigkeit, und die kirchliche Behörde weckte durch ihre Verordnung, daß überall Schulen errichtet werden sollten, auch das Gefühl des Bildungsbedürfnisses. Damit war die Einrichtung von *Kirchengemeindeschulen* in Stadt und Land gegeben und also die dritte Entwicklungsstufe des Schulwesens erreicht.

Durch die von der Reformationskirche bewirkte religiöse Mündigkeit der Familie und das von derselben Stelle aus geweckte Bewußtsein des Bildungsbedürfnisses wurde es nun möglich, daß in den Außenteilen der Gemeinden aus der Mitte der Familien heraus auch reine *Schulgemeinde-*

schulen ins Leben treten konnten, wodurch zugleich andrerseits der Anstoß gegeben wurde, daß sich die anfänglich von der Kirche unterhaltenen Schulen allmählich ebenfalls in Schulgemeindeschulen umwandelten. Damit war die vierte Form der Schulen gegeben. Daß diese aus der freien Betätigung der Familien hervorgegangene Schöpfung lebensfähig war, lag daran, daß die Bevölkerung an der selbständigen kirchlichen Verwaltung gelernt hatte, nun auch ebenso selbständig ihre Schulangelegenheiten zu verwalten. Durch die Not war die Schulgemeindeschule äußerlich angeregt worden, aber die Willigkeit zu ihrer Unterhaltung und die Fähigkeit zu ihrer Verwaltung hatte die Bevölkerung vom kirchlichen Leben her bekommen.

Mochte die Schulgemeindeschule anfänglich auch äußerlich recht dürftig aussehen, vielleicht dürftiger als die andern Schulen, obgleich auch diese keinen Glanz kannten, so kann doch darüber kein Zweifel sein, daß wir in dieser vierten Form der Schulen ihrem Wesen nach die *oberste* Stufe der Schulentwicklung vor uns haben. Man erkennt das sofort, wenn man sich vergegenwärtigt, was sie zur Voraussetzung hat. Nämlich:

1. daß in der Mehrzahl der Bevölkerung bis in die untersten Stände hinein ein *Interesse* an der Schulbildung erwacht ist, und zwar ein so lebhaftes und tiefgehendes, daß man kein Opfer scheut, um eine Schule herzustellen;

2. daß in den Familien das Bewußtsein der *Mündigkeit*, d.i. das Bewußtsein der Eltern*pflichten* und der Eltern*rechte* hinsichtlich der Erziehung lebendig geworden ist;

3. daß die Familien sich das Geschick zur *selbständigen Verwaltung* ihrer Schulangelegenheiten erworben haben;

4. daß die Bevölkerung nicht mehr leibeigen oder hörig, sondern *persönlich und wirtschaftlich frei ist.*

Wie bedeutsam dieser letzte Punkt ist, zeigt sich auch darin, daß echte, von *altersher* freie Schulgemeinden sich nur da finden, wo die Bevölkerung entweder stets sozial frei geblieben oder es doch frühzeitig geworden war, nämlich außer am Niederrhein nur noch in Ostfriesland und weiter in den Marschgegenden an der Nordseeküste bis nach Dithmarschen in Schleswig-Holstein.

Faßt man jene vier Vorbedingungen zusammen, so wird klar, warum in Altpreußen und den meisten andern deutschen Ländern in früheren Zeiten keine freien Schulgemeinden haben entstehen können, da dort nämlich 1. die Mehrzahl der Bevölkerung bis zum Anfang dieses Jahrhunderts im *Hörigkeitsverhältnis* stand; da sie 2. bei dem Mangel freier Kirchengemeinden sich kein Verwaltungsgeschick erwerben konnte; da 3. die Familien nicht zum Bewußtsein der *Mündigkeit* kamen, weil sie von Staat und Kirche in kirchlichen und Schulangelegenheiten bevormundet wurden; und da 4. aus allen diesen Gründen auch nicht das volle *Interesse* für die Schulbildung erwachen konnte.

Die Schulgemeindeschule, das ist sonnenklar, stellt die höhere Form der Schulentwicklung dar, zu der es dereinst überall kommen muß ...

b) Erziehung als Recht der Eltern – Die Schulgemeinde als Träger der Schule

Die Kinder gehören zunächst den *Eltern*, sind zunächst ihnen auf die Seele gebunden. So weist es die Natur; so will es auch die moralische und gesellschaftliche Ordnung. Damit sind den Eltern auch bestimmte *Pflichten* auferlegt: sie haben für die leibliche und geistige Pflege ihrer Kinder zu sorgen, also für Nahrung, Kleidung usw. und für die Erzieher. Diese Pflichten nimmt ihnen niemand ab – solange es nicht nach dem Sinn der Sozialdemokratie geht – weder die Kommune noch die Kirche noch der Staat. Wohl aber können und sollen diese Gemeinschaften die Familie in ihrer Erziehungsaufgabe unterstützen, namentlich dadurch, daß sie gute Schulen beschaffen helfen, wie sie das mehr oder weniger ja auch bisher getan haben. So weit nun die Pflichten der Eltern gehen, von ihnen anerkannt und ausgeübt werden, so weit gehen auch ihre *Rechte*. Und so wenig es jemandem einfällt, den Eltern ihre Erziehungspflichten abnehmen zu wollen, ebensowenig kann jemand befugt sein, denselben ihre Erziehungsrechte zu beschränken oder gar zu rauben. Diese unveräußerlichen Rechte der Eltern hinsichtlich der Erziehung ihrer Kinder, und zwar speziell bezüglich der Schulerziehung – das ist das *Familienrecht*, von dem hier näher die Rede sein soll.

Wie bereits erwähnt, sind an der Erziehung der Jugend außer der Familie auch der *Staat*, die *Kirche* und die *bürgerliche Gemeinde* interessiert ...

Es ist klar, daß das Interesse, welches jede der vier beteiligten Gemeinschaften an der Schule hat, sich nach dem besonderen Zwecke richtet, welchem jede Korporation dient. Der Kirche liegt vornehmlich die Gesinnungsbildung, die *ethisch-religiöse Seite* der Erziehung am Herzen, der bürgerlichen Gemeinde hauptsächlich die Ausrüstung für das *wirtschaftliche* Leben, dem Staate die *Kultur im allgemeinen* und speziell im Blick auf das *politisch-gesellschaftliche* Leben.

Das Interesse der Familie an der Schule unterscheidet sich von dem jener drei Gemeinschaften sehr bedeutend. Diese letzteren fassen nämlich immer nur eine besondere Seite, einen *Teil* der Schulerziehung ins Auge. Die Familie dagegen, wofern sie sich ihrer Erziehungspflicht klar bewußt ist, muß die *ganze Erziehungsaufgabe* bedenken, ihr muß die *ganze Persönlichkeit* des Kindes am Herzen liegen. Jene drei Korporationen sind also nur *Teil*interessenten; die Familie hingegen ist *Voll*interessent, d.h. das Familieninteresse schließt die Teilinteressen des Staates, der Kirche und der bürgerlichen Gemeinde als Bestandteile in sich.

Ähnlich verhält es sich mit dem *Recht* der Familie an der Schule im Vergleich zu dem Rechte der drei andern Gemeinschaften. Nicht Staat, Kirche und bürgerliche Gemeinde sorgen für den leiblichen Unterhalt der Kinder in Nahrung, Kleidung, Wohnung usw., sondern diese Pflicht ruht lediglich und ganz auf der Familie. Und da der Geist mehr ist als der Leib, so müssen die Eltern noch viel lebhafter die Pflicht fühlen, für die Geistespflege, für Unterricht und Erziehung zu sorgen. Weder der Staat noch die Kirche noch die bürgerliche Gemeinde, sondern die Familie ist es, welche das volle Weh zu tragen hat, wenn die Erziehung mißrät. Jene drei Gemeinschaften nehmen ihr von diesem Leid nichts ab und können es nicht.

Wohl besitzen Staat, Kirche und bürgerliche Gemeinde, weil sie ein Interesse an dem Gelingen der Erziehung haben, ebenfalls Rechte an der Schule – vorausgesetzt daß sie dementsprechend auch zur Unterhaltung und Pflege derselben beitragen. Aber wie das pädagogische Interesse der Familie für sich allein mindestens ebenso schwer wiegt als die Teilinteressen der drei anderen Korporaionen zusammen, so muß auch das *Recht* der Familie an der Schule mindestens ebensoviel gelten als die Rechte jener drei Gemeinschaften zusammengenommen. Es steht darum fest: solange die Kinder den Eltern gehören und solange die Eltern es sind, welche die Sorgen und Kosten der leiblichen und geistigen Pflege samt den schlimmen Folgen einer vielleicht mißlungenen Erziehung zu tragen haben, so lange wird der Familie bei der Erziehung die erste und Hauptstimme gebühren. Durch die Rechte der drei Teilinteressenten wird freilich das Recht der Familie *beschränkt*, trotzdem aber bleibt die Familie der erste, der Vollinteressent. Wie weit die Rechte jeder der vier Gemeinschaften gehen dürfen, darüber bedarf es einer Verständigung der Beteiligten; jedenfalls müssen die verschiedenen Ansprüche so geregelt werden, daß die Familie bei der Schulverwaltung in angemessener Weise mitberaten und mitwirken kann[1].

---

1. Beim *Staate* kommt natürlich noch eine besondere Gerechtsame hinzu, nämlich

Sollen nun die Interessen der Familie bei der Schulerziehung und die daraus fließenden Pflichten und Rechte voll und ganz zur Betätigung kommen, so muß jede Schulanstalt ihre besondere *Schulgemeinde* besitzen, d.i. sie muß getragen sein von einem Verband von *Familien*, welche sich zur gemeinsamen Schulerziehung ihrer Kinder vereinigt haben. Da nun diese Erziehung eine *gemeinsame* sein soll, so müssen die verbundenen Familien in den wichtigsten Erziehungsgrundsätzen, namentlich in religiöser Hinsicht, *einig* sein. Das ist die rechte Schulgemeinde: sie erbaut sich aus *Familien*, bezweckt die *gemeinsame Schulerziehung* der Jugend und hat einen bestimmten *ethisch-religiösen Charakter*. Denselben Charakter hat demgemäß auch die ihr gehörende Schule.

So die Grundlage.

Es gilt nun, die Schulgemeinde so zu *organisieren*, daß nicht nur die ihr zugewiesenen Pflichten und Rechte gut zur Ausführung kommen können, sondern auch das *Interesse* der Familien an der Schule wach und rege erhalten werde. Eine Organisation, welche einen dieser Zwecke unberücksichtigt läßt, kann nicht die richtige sein.

Unter den Obliegenheiten, welche den einzusetzenden Organen anvertraut werden müssen, nimmt die Mitwirkung bei der *Wahl der Lehrpersonen* ohne Zeifel die erste Stelle ein. Sie bildet gleichsam den Anfang, den ersten Akt ihres Sorgens und Zusehens. Geschieht hier ein Mißgriff, so läßt sich derselbe durch kein Mittel wiedergutmachen, weil ja beim Unterricht und noch mehr bei der Erziehung der rechte Erfolg vornehmlich von der Persönlichkeit des Lehrers abhängt. Zudem erfordert seine ganze Wirksamkeit, daß man ihm mit *Vertrauen* entgegenkomme ...

Von den sonstigen Obliegenheiten der Schulgemeindeorgane ... seien hier noch erwähnt:

die Mitsorge für die *Unterhaltung* und äußere Pflege der Schule – soweit diese Pflicht nicht einem größeren Schulgemeindeverband obliegt;

die allgemeine (nichttechnische) *Aufsicht* über die Schule (für die technische Aufsicht sind besonders qualifizierte Personen erforderlich);

die Sorge für *regelmäßigen Schulbesuch* und für einmütiges Zusammenwirken von Schule und Haus;

> deshalb, weil er – juristisch ausgedrückt – »*der Träger der sozialen Gewalt*«, der Beschützer und Schiedsrichter aller unter seiner Obhut lebenden verschiedenartigen Gemeinschaften ist und sein soll. Darum gebührt ihm im Schulwesen, bei dem er ohnehin als korporativer Mitinteressent beteiligt, das Recht der *leitenden Oberaufsicht*.

die *öffentliche Sittenaufsicht* über die Jugend außerhalb der Schule in Verbindung mit den Lehrern;

die *rechtliche Vertretung* der Schulgemeinde und der Schule.

Faßt man diese geschäftlichen Verrichtungen ins Auge, so ist leicht zu erkennen, daß sie doppelter Art sind:

1. *laufende* Geschäfte, bei welchen es darauf ankommt, daß sie *schnell* und *pünktlich* ausgeführt werden;

2. *solche* Angelegenheiten, wie z.B. die Lehrerwahl, welche nur *in größeren Zwischenräumen* vorkommen, aber von besonderer Wichtigkeit sind und darum eine reifliche Überlegung nötig machen.

Damit ist gewiesen, daß auch zweierlei Verwaltungsorgane nötig sind:

1. ein *kleineres* Kollegium für die laufenden Geschäfte: der *Schulvorstand* oder engere Ausschuß;

2. ein *größeres* Kollegium, welches mit dem Schulvorstande vereint die wichtigeren und seltener vorkommenden Angelegenheiten zu erledigen hat: die *Schulrepräsentation*.

Der *Schulvorstand* mag bestehen aus zwei bis drei Familienvätern, welche von der Schulrepräsentation zu wählen sind, einem Vertreter der bürgerlichen Gemeinde, einem Pfarrer als Vertreter der kirchlichen Gemeinde und dem Lehrer resp. Hauptlehrer als Vertreter des Schulamts.

Die *Schulrepräsentation* mag bestehen – je nach Größe des Schulbezirks – etwa aus sechs bis zwölf Familienvätern ...

Es dürfte somit klar sein, daß für die Besorgung alles dessen, was zur *lokalen* Verwaltung und Pflege der Schule gehört, keine bessere Einrichtung erdacht werden kann als die Gründung besonderer Schulgemeinden mit der vorgeschriebenen *Organisation*.

Diese Einrichtung ist übrigens, wie das erste Kapitel gezeigt hat, keineswegs etwas neu Erdachtes, sondern dieselbe hat im Bergischen und am ganzen Niederrhein auf evangelischem Boden seit langem bestanden und sich bewährt.

Um das Wesen der Schulgemeinde und ihre Bedeutung für das Familienrecht noch klarer hervortreten zu lassen, wollen wir drei irrtümliche Ansichten vergleichend danebenhalten.

In kirchlichen Kreisen hört man nicht selten die Meinung aussprechen, die *Kirchengemeinde* solle zugleich Schulgemeinde sein. Ein besonderer Schulvorstand sei deshalb überflüssig, das Presbyterium könne dessen Obliegenheiten ebensogut wahrnehmen.

Die Vertreter dieser Ansicht übersehen zunächst, daß damit dem Presbyterium eine nicht unerhebliche Mehrarbeit aufgebürdet würde; dasselbe müßte ja neben den kirchlichen Angelegenheiten, mit denen es doch schon genug zu tun hat, auch noch die Schulsachen erledigen. Sodann wird nicht bedacht, daß Schule und Schulverwaltung es mit Aufgaben zu tun haben, welche abgesehen von der sittlich-religiösen Seite der Erziehung einer religiösen Körperschaft beruflich fremd sind. Endlich, und das ist das Entscheidende, lassen sie auch außer acht, daß durch diese Einrichtung das *Familienrecht* schwer geschädigt oder vielmehr vernichtet würde. Bei der Wahl des Presbyteriums kann doch eigentlich nur in Frage kommen, ob die vorgeschlagenen Kandidaten für ihr Amt als *Kirchenamt* geeignet sind; ob sie auch, was bei einer Schulvorstandwahl allein maßgebend wäre, besonderes Interesse und Verständnis für die *Schule* haben, wird ganz in den Hintergrund treten, und es wäre Zufall, wenn *beides* vorhanden ist ...

Eine zweite, nicht minder verkehrte Ansicht will die *bürgerliche* Gemeinde zur Schulgemeinde machen ... Was vorhin über die Kirchengemeinde gesagt wurde, gilt auch von der bürgerlichen Gemeinde, wenn sie zugleich Schulgemeinde sein soll. Beginnen wir mit dem Entscheidenden: Wie dort, so ist auch hier, bei der kommunalen Schulverwaltung, die Familie *entmündigt* ... Ferner: Wie dort die Kirchengemeinde für die *bürgerlichen* Schulaufgaben keinen Beruf hat, so übernimmt hier die Kommune die Sorge auch für die *religiöse* Erziehung, wozu sie ebenfalls keinen Beruf hat ...

Summa: Die bürgerliche Gemeinde ist noch weniger geeignet, die Schulgemeinde zu ersetzen, als die kirchliche Gemeinde; denn bei der letzteren würde wenigstens der konfessionelle, d.i. einheitliche Charakter der Schule geschützt sein.

Die vorstehend gekennzeichneten Übelstände machen sich, und zwar in noch höherem Maße geltend, wenn den Wünschen einer dritten Richtung gemäß die ganze *Staatsgemeinschaft* zur Schulgemeinde gemacht würde. In diesem Falle wäre der Staat alleiniger Patron der Schule, die Familie in Schulsachen vollständig entmündigt und die bürgerliche samt der kirchlichen Gemeinde dazu. Überdies würde dann das Schulwesen ganz und gar von den politischen Parteien abhängig werden – ein Zustand, der zu dem Schlimmsten gehört, was der Schule begegnen kann.

Aus dem allen ergibt sich also, daß, wenn die Familie in Erziehungssachen zu ihrem Rechte kommen soll, dann die Schulgemeinde absolut nicht fehlen darf; daß aber umgekehrt, wenn die Familie in rechter Weise bei der Schulverwaltung zur Mitwirkung gelangt, dann dies dem Staate, der Kirche und der Kommune, dem Lehrerstande und den Schulen nur zum Segen gereichen wird ...

c) Religiöse Erziehung als Frage der Gewissensfreiheit

Die Staatsverfassung gewährt allen Bürgern als *Einzelpersonen* Gewissensfreiheit, gleichviel ob sie sich zu irgendeiner Religionsgemeinschaft halten oder nicht. Ferner gewährt der Staat nicht nur den beiden großen christlichen Kirchen *Kultusfreiheit*, sondern auch vielen kleinen christlichen Religionsgemeinschaften; desgleichen den Juden. Alle Familien, welche einer dieser staatlich anerkannten Religionsgemeinschaften angehören, werden also unzweifelhaft auch moralischen Anspruch auf *erziehliche* Gewissensfreiheit haben – das will sagen, daß weder der Staat noch die Kirche vormundschaftlich über die religiöse Erziehung bestimmen könne, sondern lediglich die *Eltern* resp. deren Stellvertreter, selbstredend unter der Kontrolle der geordneten Schulbehörde.

Inmitten dieser staatlich anerkannten Religionsgemeinschaften, namentlich der größeren Volkskirchen, gibt es *zweierlei* Ansichten bezüglich des religiösen Charakters der Schulen. Die einen wünschen für ihre Kinder die *Konfessionsschule*, sei es die evangelische oder die katholische oder die jüdische usw. Damit ist nicht immer gesagt, daß die Kirchengemeinschaft, zu der diese Personen sich halten, in allen Stücken (Lehre, Verfassung, Kultus usw.) ihrer persönlichen Überzeugung ganz entspräche – vielleicht haben sie in dieser Beziehung mancherlei Wünsche auf dem Herzen; allein aus pädagogischen und andern Gründen ziehen sie doch die konfessionelle Schule vor. *Andere* dagegen wünschen aus religiösen und kulturpolitischen Gründen die konfessionell *gemischte* (Simultan-)Schule, jedoch meistens nicht die völlig religionslose, sondern die sogenannte *paritätisch* simultane, wo der Religionsunterricht zwar konfessionell, der übrige Unterricht aber stets gemeinsam erteilt wird. – Also innerhalb der staatlich anerkannten Religionsgemeinschaften existieren bezüglich des religiösen Charakters der Schulen diese zweierlei Ansichten. Da nun die Staatsverfassung allen Gliedern dieser Kirchengemeinschaften sowohl die *persönliche* als die korporativ-*kirchliche* Gewissensfreiheit zuspricht, so kann denselben füglich auch die korporativ-*erziehliche* Gewissensfreiheit nicht versagt werden.

Nun gibt es aber bekanntlich auch eine *dritte*, wenngleich z.Z. noch nicht sehr zahlreiche Klasse von Personen, welche keiner der staatlich anerkannten Religionsgemeinschaften oder überhaupt keiner religiösen Gemeinschaft angehören. Persönliche Gewissensfreiheit besitzen sie, aber keine kirchliche; denn um die letztere erhalten zu können, müßten sie doch erst dieselbe beim Staat beantragen, also über ihre religiösen und moralischen Ansichten Auskunft geben. Die meisten haben das aber bis jetzt nicht getan, scheinen es auch nicht tun zu wollen. Soll nun der Staat diesen Personen, welche keine *kirchliche* Gewissensfreiheit besitzen, dieselbe vielleicht auch nicht nachsuchen, doch ohne weiteres *erziehliche* Gewissensfreiheit zusprechen? Jedenfalls nicht ohne weiteres. Mag jemand als Privatmann Gewissensfreiheit genießen, wo dann niemand nach seinen religiösen und moralischen Ansichten fragt – beansprucht er aber im *öffentlichen Leben* Gewissensfreiheit, nämlich *kirchliche* und *erziehliche*, also korporative, dann hat er sich vorher vor der Öffentlichkeit, d.i. vor dem Staate über seine religiösen, moralischen und Erziehungsgrundsätze auszuweisen, damit geprüft werden kann, ob dieselben auch mit dem Wohl des gesamten gesellschaftlichen Lebens verträglich sind. Wer korporative Gewissensfreiheit begehrt, der muß jedenfalls dartun können, daß er wirklich ein religiöses und moralisches Gewissen *hat*; denn *Gewissens*freiheit heißt doch nicht Gewissen*losigkeits*-Freiheit. Mit diesen *außerhalb* der staatlich anerkannten Religionsgemeinschaften stehenden Personen haben wir es demnach vorderhand nicht zu tun. Das ist eine rein staatsrechtliche Frage, die sie selber erst mit dem Staate zum Austrag bringen müssen.

Was uns hier anliegt, ist lediglich die sozial-*pädagogische* Frage, wie bei allen denjenigen, welche bereits korporativ-*kirchliche* Gewissensfreiheit besitzen, die darin eingeschlossene *erziehliche* Gewissensfreiheit zur vollen Geltung und Betätigung gebracht werden kann ...

Bevor wir an die Ausführungsbetrachtung gehen können, müssen wir auch noch einen orientierenden Blick auf die vielumstrittene Frage von *Konfessionsschule* und *Simultanschule* werfen – nicht um hier ein Entscheidungsurteil für oder wider zu ermitteln, sondern lediglich um die *Sachlage*, also namentlich Begriff und Wesen beider Schularten klarzustellen.

Die Frage vom religiösen Charakter der Schulen gehört offenbar in die Lehre von der *Schuleinrichtung*, hat also an und für sich mit der Lehre von der Schul*verwaltung* (Schulregiment) nichts zu tun; sie will darum für sich und vorab entschieden sein. Wird sie dagegen *vor* der Entscheidung in die Schulverfassungsfrage mit hereingezogen, so richtet man arge Verwirrung an, beides: in der Lehre von der anstaltlichen Einrichtung wie in der Lehre vom Schulregiment. Das will vorab beachtet sein. Leider ist jener Fehler vielfach begangen worden, selbst von Schulmännern – nicht zur Ehre der Pädagogik. – Weiter: Als zur Lehre von der anstaltlichen Einrichtung gehörig, muß über die Frage, ob die konfessionelle oder aber die simultane Schule die bessere sei, unzweifelhaft die Fachwissenschaft, die Pädagogik, gehört werden. Die formale Pädagogik, die als formale von Religion, Nationalität usw. abzusehen hat, sagt: Die Schule muß, wenn sie erziehlich wirken soll, vor allen Dingen *einheitlich* sein; je einheitlicher, desto besser; je weniger einheitlich, desto minderwertiger; »die gespaltene Glocke hat bösen Ton«. Nun ist die konfessionelle Schule durchaus einheitlich; die gemischte Schule dagegen gespalten, und zwar in jeder Beziehung: im Lehrplan, in den Lehrpersonen, in den Schülern, in den Eltern und im Schulvorstande. Somit kann nicht die simultane, sondern nur die konfessionelle die Musterschule heißen. Das ist also vom formal-pädagogischen Standpunkte aus bereits ausgemacht, ohne daß die Kirche ein Wort dabei mitgesprochen hat. Soll die Schule streng *musterhaft* eingerichtet sein, dann muß die Pädagogik die *Konfessionsschule* fordern, auch wenn die Kirche es nicht täte. – Weiter: Obgleich über die Schuleinrichtung billig der Pädagogik das *erste* Urteil gebührt, so steht ihr, falls der *religiöse* Charakter der Schule, also eine *Gewissens*sache in Frage kommt, darüber doch nimmermehr das letzte, das entscheidende Wort zu. Und da in Gewissensfragen jede andere Rücksicht zurücktreten muß, so kann das entscheidende, endgültige Urteil unter allen Umständen lediglich vom *Gewissenstandpunkte* aus gesprochen werden. Sollte das nicht gelten, so hieße das: das Gewissen seiner Würde berauben und in die Sphäre des relativen, bloß nützlichen Wissens herunterdrücken. Gilt es aber, soll das Gewissen seine Würde behalten, dann gilt es nicht bloß für diejenigen Eltern, welche die *Konfessionsschule* behalten wollen, sondern auch für diejenigen, die nach ihrer religiösen Überzeugung an der Konfessionsschule, wie sie dermalen ist, manches anders wünschen und darum für ihre Kinder die paritätische *Simultanschule* vorziehen. Wohl werden die letzteren sich nicht verhehlen können, daß die paritätische Schule mit schweren pädagogischen Mängeln behaftet ist; dieweil sie aber keinen Ausweg sehen, die bestehende Konfessionsschule in religiöser Beziehung so umzugestalten, daß sie ihrer religiösen Anschauung annähernd verträglich wird: so bleibt für ihr Gewissen nichts anderes übrig, als sich mit der pädagogisch mangelhaften paritätischen Simultanschule zu begnügen. Freilich entsteht nun für sie die große Frage, wie sie dazu *gelangen* sollen, denn dann müßte die erziehliche Gewissensfreiheit der Eltern gesetzlich anerkannt sein; die bestehende Schulgesetzgebung erkennt das Familienrecht mit der darin einbegriffenen erziehlichen Gewissensfreiheit *nicht* an, wie dies auch der v. Goßlersche und der v. Zedlitzsche Gesetzentwurf nicht tat, sondern will dieses Recht lediglich durch Staat und Kirche *vormundschaftlich* wahrnehmen lassen. So die Sachlage in dieser Streitfrage.

Wie verhält es sich auf dem nunmehr abgegrenzten Gebiete um die Gewissensfreiheit?

Unzweifelhaft wird die Gewissensfreiheit für die *höchste* der sozialen Rechte und Güter zu achten sein. Das Gewissen gilt selbst mehr als das Leben. Auf dem Schulgebiete fordert die Gewissensfreiheit, daß die Eltern das Recht haben, ihre Kinder nach denjenigen sittlich-religiösen Grundsätzen zu erziehen und erziehen zu lassen, zu denen sie selbst sich bekennen. Die Gewissensfreiheit ist darum ein Teil des *Familienrechts*, und zwar der *wichtigste*. Fehlt beim öffentlichen Schulwesen im Familienrecht dieses Hauptrecht, so würde der Rest nur noch wenig Wert haben. Soll nun im öffentlichen Schulwesen das Elternrecht voll zur Geltung und Betätigung kommen, so muß – wie in Kap. II [s.o., S. 136ff.] gezeigt worden ist – jede Schule von einer *Schulgemeinde* umgeben und getragen sein, d.i. von einem Verbande von Familien zur gemeinsamen Erziehung ihrer Kinder. Da diese Erziehung eine *gemeinsame* sein soll, so folgt daraus, daß die verbundenen Familien in den wichtigsten Erziehungsgrundsätzen *übereinstimmen*, also vor allen Dingen *gewissenseinig* sein müssen. Die Schulgemeinden müssen sich darum so bilden und abgrenzen dürfen, daß diese Gewissenseinigkeit zur Geltung kommt und demnach die gesamte Schul- und Lehrordnung nach diesen übereinstimmenden Grundsätzen eingerichtet werden kann.

Nun gibt es aber, wie wir gesehen haben, innerhalb der staatlich anerkannten Religionsgemeinschaften, und zwar namentlich in den beiden großen Volkskirchen hinsichtlich der religiösen Schulerziehung *zweierlei* Gewissensstandpunkte. Die einen wünschen die Schule ihres Bekenntnisses, die einheitliche *Konfessionsschule;* die andern wünschen die paritätische *Simultanschule*. Wenn nun auf dem Schulgebiete die Gewissensfreiheit voll und ganz gelten soll, wie muß dann die Schulgesetzgebung sich zu diesen zweierlei Wünschen stellen? Etwa so, daß *nur Simultanschulen* geduldet werden, oder so, daß *nur Konfessionsschulen* geduldet werden? Offenbar hieße das in dem einen wie in dem andern Falle nichts anders als die Gewissensfreiheit *begraben*, denn im ersten Falle werden die Konfessionsschul-Anhänger unterdrückt, im andern die Simultanschul-Anhänger. *Unterdrückt* werden heißt doch nicht *Freiheit* genießen ...

Doch lassen wir dieses unselige Parteitreiben mit seinen bisherigen alten Verirrungen; sehen wir zu, wie die Frage von Konfessions- und Simultanschule behandelt werden muß, wenn der heilige Grundsatz der Gewissensfreiheit voll und ehrlich gelten soll. Der Begriff der echten *Schulgemeinde* – oder was dasselbe ist: das *Elternrecht* – zeigt von selbst den Weg.

Für eine gerechte, gesunde, freie und friedliche Schulverfassung 145

Viel Kopfzerbrechens bedarf es nicht. Wie oben ausgeführt, weist das Familienrecht auf die Schulgemeinde-Einrichtung, d.h. auf einen Verband von Familien zur gemeinsamen Erziehung ihrer Kinder. Gemeinsame Erziehung setzt selbstverständlich Einigkeit in den Erziehungsgrundsätzen voraus. So werden also innerhalb einer Kommune diejenigen evangelischen Familien, welche eine evangelische Konfessionsschule wünschen, sich zu einer oder mehreren konfessionell-evangelischen Schulgemeinden zusammenschließen; die katholischen Familien tun desgleichen, ebenso etwaige Dissidenten und jüdische Familien, wenn dieselben in der Kommune so zahlreich sind, daß sie eine eigene Schule beanspruchen können. Das wären dann sämtlich *konfessionelle* Schulgemeinden mit Konfessionsschulen. Sind nun auch Familien vorhanden, welche zwar zu irgendeiner der staatlich anerkannten Religionsgemeinschaften gehören, aber für ihre Kinder keine Konfessionsschule wünschen, und sind sie so zahlreich, daß sie eine eigene Schule beanspruchen können – nun, das Elternrecht gilt für sie so gut wie für die Konfessionellgesinnten; sie mögen also zu einer *simultanen* Schulgemeinde sich verbinden und erhalten dann eine paritätische *Simultanschule*, natürlich mit derjenigen Einrichtung, wie sie auch für die Notanstalten dieser Art vorgeschrieben ist.

Die Konkurrenz zwischen den Konfessionsschulen und diesen simultanen wird keinem Teile schaden, wie es ja auch die Konkurrenz zwischen den evangelischen und katholischen Schulen nicht tut.

III. DIE RELIGIONSPÄDAGOGISCHE REFORMBEWEGUNG BIS ZUM ERSTEN WELTKRIEG

Ellen Key

1. Das Jahrhundert des Kindes und die Religion der Entwicklung

Die Frage eines Witzlings, warum er etwas für seine Nachkommen tun solle, da diese doch nichts für ihn getan haben, versetzte mich schon in meiner Jugend in die lebhafteste Gedankenarbeit. Ich fühlte, daß die Nachkommen viel für ihre Vorgänger getan haben, nämlich dadurch, daß sie ihnen den unendlichen Horizont der Zukunft jenseits von ihrem täglichen Streben gaben! Aber bis auf weiteres hat die Menschheit sich selbst diesen Horizont verschlossen. Erst wenn man im Kind die neuen Schicksale des Menschengeschlechts ahnt, wird man behutsam mit den feinen Fäden in der Seele des Kindes umgehen, weil man dann weiß, daß es diese Fäden sind, die einstmals das Gewebe der Weltgeschehnisse bilden werden. Dann wird man einsehen, daß jeder kleine Stein, mit dem man die spiegelnden Tiefen im Geiste des Kindes bricht, durch Jahrhunderte und Jahrhunderte in immer weiteren Ringen seinen Einfluß verfolgen wird! Durch unsere Väter sind wir ohne unseren Willen und unsere Wahl bis in den tiefsten Grund unseres eigenen Wesens schicksalsbestimmt geworden. Durch die Nachkommen, die wir uns schaffen, können wir in gewissem Maße als freie Wesen die zukünftigen Schicksale des Menschengeschlechtes bestimmen!

Dadurch, daß die Menschen all dieses in ganz neuer Weise fühlen werden, da sie es alles im Lichte der Religion der Entwicklung sehen, wird das zwanzigste Jahrhundert das Jahrhundert des Kindes werden. Es wird es in zweifacher Bedeutung: in der, daß die Erwachsenen endlich den Kindersinn verstehen werden, und in der anderen, daß die Einfalt des Kindersinns auch den Erwachsenen bewahrt werden wird. Dann erst kann die alte Gesellschaft sich erneuern ...

2. Der Religionsunterricht als das demoralisierendste Moment der Erziehung

Das im jetzigen Augenblick demoralisierendste Moment der Erziehung ist der christliche Religionsunterricht.

Mit diesem meine ich in erster Linie Katechismus und biblische Geschichte, Theologie und Kirchengeschichte. Auch viele ernste Christen haben über den gewöhnlichen Unterricht in diesen Gegenständen gesagt, daß »nichts besser beweist, wie tief die Religion in der menschlichen Natur eingewurzelt ist, als daß dieser ›Religionsunterricht‹ sie nicht auszurotten vermochte«.

Aber ich meine außerdem, daß selbst ein lebendiger »Unterricht« im Christentum den Kindern zum Schaden gereicht.

Diese sollen sich selbst in die patriarchalische Welt des alten Testaments sowie in die des neuen Testaments einleben (am besten in der Form, die Fehr der Kinderbibel gegeben hat). Dieses Buch wird dem Kinde teuer, es findet darin unendlich viel, was seiner Phantasie und seinem Gefühl unmittelbar lebendige Nahrung gibt, aber nur, wenn es sich in Ruhe in die Bibel versenken kann, ohne jegliche dogmatische oder pädagogische Auslegung. Nur im Hause soll dieses Buch – sowie die anderen Bücher des Kindes – zum Gegenstand von Gesprächen und Erklärungen gemacht werden, falls es das Kind wünscht. Auf einer Schulbank soll dies nie vorkommen.

Wenn das Kind so diese Eindrücke aus der Bibel erhält, befreit von aller anderen Autorität als der inneren der Eindrücke selbst, dann geraten die Mythen der Bibel ebenso wenig in Widerstreit mit dem übrigen Unterricht, wie dies bei der nordischen Schöpfungsgeschichte oder bei der griechischen Göttersage der Fall ist.

Aber der für die Menschheit gefährlichste aller Mißgriffe der Erziehung ist der, daß man jetzt die Kinder als absolute Wahrheit die alttestamentarische Welterklärung lehrt, der der naturhistorische und historische Unterricht widerspricht; daß man die Kinder lehrt, die Moral des neuen Testamentes als absolut bindend zu betrachten, deren Gebote das Kind bei seinen ersten Schritten ins Leben allenthalben verletzen sieht. Denn die ganze industrialistische und kapitalistische Gesellschaft ruht gerade auf dem Gegensatz des christlichen Gebotes – seinen Nächsten zu lieben wie sich selbst – nämlich auf dem Gebot: »Jeder ist sich selbst der Nächste!«

Die Augen der Kinder sind in diesem wie in so vielen anderen Fällen einfältig klarsehend. Sie beobachten schon in zartem Alter, ob ihre Umgebung nach der christlichen Lehre lebt oder nicht. Ich erhielt von einem vierjährigen Kinde – mit dem ich von Jesu Liebesgebot sprach – die Antwort: wenn Jesus wirklich so sagte, dann ist Papa kein Christ! Es dauert nicht lange, so gerät das Kind in Kollision zwischen seinen Erziehern und den Geboten des Christentums. So hatte sich ein kleiner Knabe in einer schwedischen Stadt Jesu Worte von der Mildtätigkeit tief zu Herzen genommen. Er gab nicht nur seine Spielsachen, sondern auch seine Kleider den Armen – bis ihm die Eltern mit Schlägen dieses praktische Christentum abgewöhnten! So gab ein kleines Mädchen in einer finnländischen Stadt, als die Lehrerin das Gebot einprägte, seine Feinde zu lieben, die Antwort, dies sei unmöglich, denn niemand in Finnland könne Bobrikoff lieben!

Ich weiß sehr wohl, mit welchen Sophismen man in beiden Fällen die unbestechliche Logik des Kindes abstumpfen kann. Aber ich weiß auch, daß es diese Sophismen sind, die in der »christlichen« Gesellschaft die Heuchelei so natürlich gemacht haben, daß sie jetzt unbewußt ist, und daß nur ein neuer Kierkegaard die Gewissen wachgeißeln könnte! Auf allen Gebieten gelten Rousseaus Worte: das Kind erhält hohe Prinzipien zur Richtschnur, aber wird von seiner Umgebung gezwungen, nach kleinen Prinzipien zu handeln, jedesmal, wenn es die großen zur Ausführung bringen will! Man hat dann, sagt er, unzählige Wenn und Aber, durch die das Kind lernen muß, daß die großen Prinzipien Worte sind, und die Wirklichkeit des Lebens etwas – ganz anderes!

Das Gefährliche liegt nicht darin, daß das Ideal des Christentums ein hohes ist: es liegt ja im Begriff jedes Ideals, unerreichbar zu sein, da das Ideal sich erhebt, je näher wir ihm kommen! Aber das Demoralisierende im Christentum als Ideal besteht darin, daß es als absolut hingestellt wird, während der Gesellschaftsmensch es jeden Tag verletzten *muß* und während er außerdem durch den Religionsunterricht erfährt, daß er als gefallenes Wesen das Ideal überhaupt gar nicht erreichen kann – obgleich seine ganze Möglichkeit, recht in der Zeitlichkeit und selig in der Ewigkeit zu leben, darauf beruht, es zu verwirklichen!

In dieses Netz von unlöslichen Widersprüchen hat Generation um Generation ihren idealen Glauben verstrickt gesehen, und allmählich hat jedes neue Geschlecht gelernt, das Ideal nicht ernst zu nehmen ...

Der demoralisierendste aller Glaubenssätze war die demütigende Lehre: daß die Menschennatur gefallen und außerstande sei, aus eigener Kraft die Heiligkeit zu erreichen; daß man nur durch die Gnade und die Sündenvergebung in das richtige Verhältnis zu den zeitlichen und ewigen Dingen kommen könne. Für die Tieferstehenden ist dieser Gnadezustand zum geistigen Stillstand geworden – um nicht von all den Geschäftsleuten zu sprechen, die allabendlich Jesu Blut das Gebetkonto des Tages an die Moral tilgen lassen! Nur die von Natur sehr hoch Stehenden haben an Heiligung zugenommen, seit sie ihrer Kindschaft Gottes in Christo gewiß waren. Die Menschheit in ihrer Gesamtheit hingegen zeigt die tiefe Demoralisation einer doppelten Moral. Die Zweiteilung trat schon ein, als die ersten Christen aufhörten, Jesu baldige Wiederkunft zu erwarten, eine Erwartung, während der sie ihr Leben in wirkliche Einheit mit seiner Lehre brachten. Aber die Doppelmoral hat dann durch neunzehnhundert Jahre die Seelen und die Gesellschaft im praktischen Heidentum festgehalten. Denn obgleich der eine oder der andere reine oder große Geist wirklich noch vom Christentum Flügel für sein Unendlichkeitssehnen empfängt, und obgleich im Mittelalter viele starke Herzen versuchten, dasselbe im vollen Ernst zu verwirklichen, so lebte und lebt jetzt die Mehrzahl der Menschheit in jener schwankenden Haltlosigkeit, die eine Folge beschnittener Flügel ist, während die Staatsbürger der Antike eine Ethik besaßen, die in Wirklichkeit umgesetzt wurde und sie so zu einheitlichen, stilvollen Persönlichkeiten machte.

Und da neunzehnhundert Jahre gezeigt haben, daß es keine Möglichkeit gibt, in einer von Menschen geschaffenen Gesellschaft mit Jesu Lehre als praktischer, unfehlbarer Heiligkeitsregel zu leben – so kann man der unsittlichen Doppeltheit nur auf einem Wege entrinnen, den viele einzelne Menschen schon gegangen sind, die mit Prometheus ausriefen:

>»Hast du nicht alles selbst vollendet,
>   Heilig glühend Herz?«

Oder mit anderen Worten: diese haben sich klargemacht, daß auch das Christentum ein Werk der Menschheit ist und ebenso wenig wie irgend ein anderes Werk der Menschheit die absolute und ewige Wahrheit einschließt.

Wenn der Mensch also aufhört, seinen Kindern z.B. den Glauben an eine väterliche Vorsehung einzupflanzen, ohne deren Willen kein Sperling vom Dache fällt, so wird er ihnen anstatt dessen den neuen religiösen Begriff der Göttlichkeit des gesetzgebundenen Weltverlaufs einprägen können. Und auf diesem neuen religiösen Begriff wird die neue Ethik aufgebaut werden, die den Menschen mit Ehrfurcht vor dem unausweichlichen Zusammenhang zwischen Ursache und Wirkung erfüllt, dem Zusammenhang, den keine »Gnade« aufheben kann. Sein Handeln wird wirklich von dieser Gewißheit geleitet werden, und er wird sich nicht in irgendwelche Hoffnungen auf eine Vorsehung oder eine Versöhnung einwiegen, die gewisse Wirkungen abzuwenden vermögen. Diese neue Ethik, die durch die Wirklichkeiten des Lebens bekräftigt wird, läßt sich folgerichtig durchführen. Kein einziges Gebot dieser Sittenlehre braucht ein leeres Wort zu bleiben. Und in dieser Sittenlehre wird man für alle die ewig tiefen Worte Verwendung haben, die Jesus oder Buddha oder andere große Geister den Menschen gegeben haben. Aus diesen Worten werden sie immer weiter Erbauung schöpfen – das will sagen, Material, sich selbst aufzubauen – doch mit der vollen Freiheit, bei jedem von ihnen nur jene Baustoffe zu suchen, die gerade zu dem Stil passen, den sie der Architektur ihrer Persönlichkeit verleihen wollen, ohne doch die Aussagen und das Vorbild des einen oder anderen als das absolut Befolgenswerte zu betrachten.

Dann wird die Seele des Kindes nicht von den Tränen der Sündenreue oder der Höllenfurcht gebleicht werden; nicht beschmutzt durch den ideen- und idealitätslosen Realismus, das verächtliche Mißtrauen, das die zerstiebenden Blasen der schönen Worte gleich kaltfeuchten Flecken zurücklassen! Dann werden die Weichen sowohl wie die Starken in dem glücklichen und verantwortungsvollen Glauben an ihre eigene Persönlichkeit, ihre eigenen Hilfsquellen aufwachsen. Der Puls ihres Willens wird stark und warm werden von rotem Blut! Sie werden nicht zur Demut gebeugt werden, auch nicht zur Gleichheit mit allen anderen oder mit irgend einem anderen, sie werden im Gegenteil in dem Rechte bestärkt werden, ihren Freuden, Leiden und Werken ihr eigenes Gepräge aufzudrücken; sie werden ermahnt werden, nur ihr eigenes Bestes zu tun, ja auch ihr eigenes Bestes zu suchen, falls sie ihre eigene Grenze dort ziehen, wo das Recht anderer beginnt.

Solange jedoch Schule und Heim zwischen zwei entgegengesetzten Lebensanschauungen Kompromisse schließen, erhält man von keiner von beiden etwas wirklich Gutes für die Erziehung der Kinder.

Ich habe schon einmal dargelegt, daß man in ein und derselben Schule kirchlichen Religionsunterricht und ein *gewisses Maß* von Kenntnis und Liebe zur Natur und Geschichte mitteilen kann; daß man auch in ein und derselben Schule den Entwicklungsverlauf der Natur und der Geschichte im Zusammenhang mit einem *religionshistorischen* Unterricht mitteilen kann, in dem das Judentum und das Christentum den ersten

Platz erhalten würde, und daß man dabei die durch die Bibel schon errungene Ehrfurcht und Liebe der Kinder zu Jesu Persönlichkeit und Sittenlehre stärken kann. Man kann, auf ehrliche und ernste Gründe gestützt, den einen oder den anderen Plan wählen. Aber in den Religionsstunden Moses und Christus zu den absoluten Wahrheitsverkündern zu machen und in den Naturgeschichtsstunden Darwin auszulegen, das verursacht mehr als irgend etwas anderes die Zusammenhanglosigkeit, die moralische Schlappheit und Charakterlosigkeit, die nicht kann, nicht will ...

3. Das Kind und seine Religion

In diesem wie in anderen Fällen, in denen die Erwachsenen darüber uneinig sind, was »das Kind« braucht, sollten wir nicht von den Erwachsenen, sondern von den Kindern selbst etwas über ihre wirklichen Bedürfnisse zu erfahren suchen.

Man findet da, daß das Kind sehr zeitig anfängt, sich mit den ewigen Rätseln der Menschheit; woher und wohin zu befassen. Aber man findet zugleich, daß ein unverfälschter einfältiger Kindersinn sich gegen die christliche Welterklärung auflehnt, bis seine Ehrlichkeit abgestumpft wird und das Kind entweder schlaff das annimmt, was man es lehrt, oder in seinem Inneren das leugnet, was seine Lippen wiederholen müssen, oder – schließlich – sein Herz von der einzigen Nahrung ergreifen läßt, die man seinen religiösen Bedürfnissen bietet! ...

Der jüdisch-christliche Begriff von der schaffenden und erhaltenden Vorsehung, die allem die höchste Vollkommenheit verliehen, widerstreitet so absolut dem, was die Erfahrung und der Evolutionsbegriff uns über das Dasein lehren, daß man nicht einmal als gedankliches Experiment theoretisch die beiden Vorstellungen zusammenhalten, um wie viel weniger sie praktisch mit dem Mundleim des Kompromisses vereinigen kann. Das Kind – diese scharfsinnige Einfalt – läßt sich auch nicht betrügen. Will man nicht die Wahrheit sagen – dann sprecht überhaupt nicht zum Kinde vom Leben, dem Leben in seiner Einheit und Mannigfaltigkeit, seinen unzähligen Schöpfungsakten, seinem fortgesetzten Schaffen, seiner ewigen göttlichen Gesetzmäßigkeit!

Aber das bedeutet mit anderen Worten, daß man dann dem Kinde weder den christlichen Gott retten kann, nachdem es anfängt, über diesen Gott nachzudenken, dem es gelehrt wurde, blind zu vertrauen, noch daß man das Kind für den neuen Gottesbegriff mit seiner religiösen, – das heißt verbindenden und erhöhenden – Stärke vorbereitet, für den Begriff eines Gottes, dessen Offenbarungsbuch der gestirnte Himmel und die Seherahnung ist, die Abgründe des Meeres und die Tiefe des Menschenherzens, des Gottes, der im Leben ist und der das Leben ist. Nichts zeigt besser, wie schwach, wie wenig durchgearbeitet der eigene Glaube der modern Denkenden ist, als daß sie noch immer ihre Kinder das lehren, wovon sie selbst geistig nicht leben wollen, was sie aber für die Moral und die soziale Zukunft des Kindes für unentbehrlich halten.

Wenn man vom Vorsehungsbegriff zum Sühnebegriffe übergeht, begegnet man bei den Kindern derselben natürlichen Logik.

Das kleine Mädchen, das – selbst das einzige Kind seiner Mutter – ausrief: »Wie *konnte* Gott sein einziges Kind töten lassen? Das hättest Du mir nicht tun können!« und der kleine Knabe, der äußerte: »Das ist doch sehr gut für uns, daß die Juden Christus kreuzigten, so daß uns nichts geschieht!« ... sind die beiden Pole einer gefühlvollen und einer praktischen Betrachtungsweise des Sühnetodes, die beiden Pole, zwischen denen dann alle Parallelkreise gezogen sind. Zu dem mehr humoristischen aber ganz naiven Ideenkreis gehört der Vorschlag eines kleinen Mädchens, Maria Frau Gott zu nennen, sowie die Erzählung eines Knaben, daß man in der Schule von unserem Herrn und den *beiden anderen Herren* gesprochen habe – das heißt: von der Dreieinigkeit!

Aus den Stunden in biblischer Geschichte und Katechismus gibt es unzählige Beweise dafür, wie die Kinder die Worte falsch lesen, die Begriffe falsch verstehen. Der Knabe, der bei der Mahnung, seine Lampe brennend zu erhalten, vergnügt ausrief: »Wir haben das Petroleum gratis!« oder der, welcher auf die Frage, willst du wiedergeboren werden, antwortete: »Nein, denn dann könnte ich ein Mädel werden« – sind in diesem Falle typische Beispiele. Das kleine Mädchen, das man damit tröstete, daß Gott im Dunkel bei ihr sei, das aber ihre Mutter bat, Gott hinauszuschaffen und Licht anzuzünden; oder die andere Kleine, die vor einem Bilde der christlichen Märtyrer in der Arena mitleidig ausrief: »Ach, der arme Tiger dort, der hat gar keinen Christen bekommen!« sind einige aus der Menge von Beispielen für die Auslegung, die Kinder den Religionsbegriffen geben, die man ihnen mitteilt, Begriffen, die sie in einen Ideenkreis zwingen, den sie entweder materiell auffassen, oder dem sie blind gegenüberstehen.

In dem kindlichen Vorstellungskreis, der sich in Anekdoten wie diesen oder in dem Ausruf des kleinen Mädchens malt, das, als es hörte, daß es um elf Uhr abends geboren wurde, fragte: »Wie habe ich denn so lange aufsein dürfen?« – werden die Begriffe Erbsünde, Sündenfall, Wiedergeburt und Erlösung mit Naturnotwendigkeit zuerst leere Worte, dann erschreckend dunkle Worte! In meinem ganzen Leben hat die Höllenfurcht nicht fünf Minuten in Anspruch genommen. Aber ich kenne Kinder – und Erwachsene – die Märtyrer dieses Schreckens gewesen sind. Ich kenne auch Kinder, die – als ihnen in der Schule der Glaube an die Hölle als unumgänglich eingeprägt wurde – darüber trauerten, daß ihre Mutter gesagt hatte, sie glaube nicht an die Hölle und folglich ein sehr schlechter Mensch sein mußte!!

Wir haben uns allerdings weit von den Zeiten entfernt, wo, um das treffende Bild eines Kulturhistorikers zu brauchen, die Teufelsangst »unablässig über dem Leben der Menschen dahinjagte, wie der Schatten der Flügel der Windmühle über die Fenster des Müllers«; weit von der Zeit, in der die göttlichen Personen sich unaufhörlich den Gläubigen offenbarten, und das Wunder ebenso unbedingt zu den alltäglichen Denkgewohnheiten gehörte, wie es jetzt – selbst von dem Gläubigen – ganz aus dem Spiele gelassen wird. Aber solange man noch durch den Religionsunterricht den Teufels-, Vorsehungs- und Wunderglauben aufrecht erhält, wird der Lichtstrahl der kulturfördernden – d.h. der wissenschaftlichen anstatt der abergläubischen – Auffassung nicht die Dunkelheit durchdringen, in der die Bazillen der Grausamkeit und des Wahnsinns reingezüchtet werden.

Die Begriffe, die sich die Kinder vom Himmel machen, sind in der Regel ausgezeichnete Beweise für den Realismus des Kindes. Der kleine Junge, der meinte, sein Bruder könnte nicht im Himmel sein, weil er doch auf einer Leiter hinaufgeklettert sein müßte, und in diesem Falle ungehorsam gewesen wäre, weil ihm verboten war, auf eine Leiter zu steigen; oder das kleine Mädchen, das, als es hörte, daß Großmutter im Himmel sei, fragte, ob Gott da sitze und sie halte, so daß sie nicht herunterfalle, sind einige aus der Zahl der vielen Beweise für den Wirklichkeitssinn des Kindes, den man mit seinen Antworten in dieser wie in so vielen anderen Beziehungen irreleitet. Und wenn man dagegen einwendet, daß die kindliche Phantasie den Mythos, das Symbol brauche, so ist die Antwort sehr einfach. Man kann und soll dem Kinde das Spiel der Phantasie nicht rauben, aber man soll das Spiel nicht für Ernst ausgeben! Daß die Kinder sich selbst realistische Begriffe über geistige Dinge bilden, ist nicht zu verwundern und soll ebenso wenig bekämpft werden wie andere Äußerungen des kindlichen Seelenlebens. Erst wenn diese falschen Begriffe als die höchste Wahrheit des Lebens mitgeteilt werden, müssen sie die heilige Einfalt des Kindes stören.

Ich kenne Kinder, für die Jesu Wort, alles, worum ihr gläubigen Herzens bittet, werdet ihr erhalten, die Ursache zu ihrem Unglauben geworden ist. So betete ein kleines – in ein dunkles Zimmer gesperrtes – Mädchen, Gott möge den Menschen zeigen, wie sie es verkennten, in dem er im Dunkel eine Edelsteinlampe leuchten lasse; eine andere bat um die Rettung ihrer kranken Mutter; wieder eine andere betete neben einer toten Spielkameradin, daß sie aufstehen möge! Und für alle drei wurde die Erfahrung, daß ihr inbrünstiges, gläubigstes Gebet nicht erfüllt wurde, der große Wendepunkt in ihrem inneren Leben ...

Ich will gar nicht von den Helden und Heldinnen der pietistischen Kinderliteratur sprechen mit ihren Bekehrungs- und Heiligkeitsgeschichten. Vor diesen können Eltern ihre Kinder ja schützen. Ich spreche hier nur von der Lebensanschauung, die mit oder gegen den Willen der Eltern den Kindern aufgezwungen wird; die ihre Begriffe von Gott, von Jesus, von der Natur verringert, die das Kind – in Ruhe gelassen – einfältig oder groß auffaßt; jener Lebensanschauung, die unnötige Leiden und schädliche Vorurteile schafft. Die Disposition des Kindes zu tiefem religiösen Gefühl, festem Glauben, warmem Heiligkeitseifer soll ihre Nahrung dadurch erhalten, daß es frei das Lebensmark aus der Bibel schöpfe, aus der Weltliteratur, auch der religiösen, z.B. dem Buddhismus; aus der Schilderung großer – auch religiöser großer – Persönlichkeiten, die ein ideales Streben offenbaren; aus solchen Kinderbüchern, die in gesunder Weise ein ähnliches Streben zeigen. Aber kein Kind hat für seine Religion oder seine Bildung im geringsten den Katechismus oder die Theologie nötig, oder irgend eine andere Kirchengeschichte als jene, die organisch mit der allgemeinen Weltgeschichte verbunden wird, und bei der das Hauptgewicht auf die – Irrlehren gelegt werden soll, um der Jugend die Überzeugung einzuprägen, daß alle neuen Wahrheiten von der Mitwelt Irrlehren genannt wurden: das beste negative Mittel, das man zur Erkennung der Wahrheit besitzt!

In sich selbst die Widersprüche zu verarbeiten und zu klären, die dem Kinde selbst bei einer solchen Religionserziehung, wie ich sie mir denke, begegnen, das gehört mit zur Erziehung fürs Leben, in dem man sich ja mit unzähligen Widersprüchen zurechtfinden muß! ...

Den schwersten Grundschaden des noch immer herrschenden Religionsunterrichts hat schon Kant hervorgehoben, nämlich daß man, solange die Lehre der Kirche der Moral zu Grunde gelegt wird, unrichtige Motive seines Handelns erhält: nicht, weil Gott ein Ding verboten hat, sondern weil es an und für sich unrecht ist, muß es vermieden werden, nicht, weil Himmel oder Hölle die Guten und die Bösen erwartet, sondern weil das Gute einen höheren Wert hat als das Schlechte, soll man das Gute erstreben. Und zu diesem Gesichtspunkte Kants kommt noch der, daß eine Anschauung, nach der der Mensch außerstande ist, aus eigener Kraft das Gute zu tun – und darum in diesem wie in allen anderen Fällen demütig auf Gottes Hilfe vertrauen muß – ethisch schwächend ist, während das Vertrauen auf unsere eigene Stärke und das Gefühl unserer eigenen Verantwortlichkeit ethisch stärkend wirken. Der Glaube, unwiderruflich sündenbeladen zu sein, hat den Menschen dazu gebracht, es zu bleiben.

Soll daher das Geschlecht der Zukunft mit aufrechten Seelen heranwachsen, so ist die erste Bedingung dafür die, daß man mit einem kräftigen Federzug Katechismus, biblische Geschichte, Theologie und Kirchengeschichte aus dem Dasein der Kinder und der Jugend streiche!

Sich vor dem Unendlichen und Geheimnistiefen innerhalb des irdischen Daseins und jenseits desselben zu beugen; die echten sittlichen Werte zu unterscheiden und zu wählen; von dem Bewußtsein der Solidarität des Menschengeschlechts durchdrungen zu sein, und von seiner eigenen Pflicht, sich um des Ganzen willen zu einer reichen und starken Persönlichkeit auszubilden; zu großen Vorbildern aufzublicken; das Göttliche und Gesetzmäßige im Weltall, im Entwickelungsverlauf, im Menschengeist anzubeten – dies sind die neuen Handlungen der Andacht, die neuen religiösen Gefühle der Ehrfurcht und Liebe, die die Kinder des neuen Jahrhunderts stark, gesund und schön machen werden.

Otto Baumgarten

1. Unterricht in der christlichen Religion unter den Bedingungen neuzeitlichen Denkens und religiösen Erlebens

... eine längst gefestigte Überzeugung, daß im Unterricht des Christenthums neue Bahnen einzuschlagen sind, soll dieser Unterricht unserem heranwachsenden Geschlecht, statt es der christlichen Religion zu entfremden, Mut machen, es mit ihr zu versuchen, begründet das nicht unbedenkliche Unterfangen, die Grundzüge eines heutigen Ansprüchen genügenden Unerrichts zu entwerfen und einem weiteren Kreise vorzuführen. Vorweg sei erklärt, daß sich dieser Unterricht in drei wesentlichen Beziehungen von dem herkömmlichen unterschieden weiß: Er will

1) nicht in den Geleisen einer uns fremd gewordenen religiösen und theologischen Denkart sich bewegen,

2) nicht ein objektives System von kirchlich approbierten Lehren bieten und

3) nicht ein vielverwobenes Ganzes eines mit der Konfirmation abgeschlossenen Lehrgebäudes erzielen.

3. Dabei aber bin ich mir der großen Schwierigkeiten wohl bewußt, die einem auf diesen neuen Bahnen sich entgegenstellen ... Die Schwierigkeiten liegen nicht bloß in der Steigerung der kirchlichen Gegensätze, die allmählich das Einheitsband unserer Landeskirchen zu sprengen drohen, sondern vielmehr in den neuen Wegen selbst. Denn

1) erfordert der moderne Subjektivismus, den wir dem Fahren in fremden Geleisen entgegensetzen, ein ungemein starkes Eigenleben der lehrenden Persönlichkeit,

2) führt der Verzicht auf ein objektives System kirchlicher Lehre leicht auf zufällige Einfälle selbstbewußter Neuerer, die ihre eigene Autorität an Stelle der Autorität der Kirche setzen, und

3) fordert die Einfachheit und Unabgeschlossenheit des Religionsunterrichts, die wir dem viel verwobenen kirchlichen Lehrgebäude entgegenstellen, soll sie nicht flach werden, tiefen Ernst beim Unterricht.

4. Der Zweck des nachstehenden Versuches soll also darin liegen, die neuen Bahnen eines unserm neuzeitlichen Denken und religiösen Erleben entsprechenden Unterrichts zu skizzieren, ohne den großen Schwierigkeiten zu erliegen, die in diesen neuen Bahnen selbst, nicht bloß in der erbitterten Gegenwehr von der altgläubigen Position aus zu suchen sind.

2. Die Anklagen der Pädagogik

1. Ein Grundgesetz aller neueren Pädagogik fordert Berücksichtigung der Kindesnatur und ihrer Naivität. »Da ich ein Kind war, redete ich wie ein Kind, war klug wie ein Kind und hatte kindische Anschläge.« Aber wie reden wir zumeist mit den Kindern? Als ob sie sich interessierten für inneres Leben, als ob sie in ständiger Auseinandersetzung ständen mit sich selbst, lebten unter dem Druck der Sünde, seufzten nach Erlösung! Als ob überhaupt Zusammenhang wäre im Denken der Unmündigen über innere Fragen; als ob sie von sich aus, ohne Zwang reflektierten über eine unsichtbare Welt, gar über sich selbst! Das gesunde Kind lebt gedankenlos, harmlos, spielend und wechselnd dahin, vergißt alsbald die eigenen Mängel und die vergebenen Fehler, auch die großen Streiche, die bestraft sind. Leicht mit sich zufrieden, geizig nach Anerkennung, eines kleinen Hofstaats bedürftig, der sich um es bilden soll, ist es weitab von der Sorge um seine Seele und Seligkeit. – Freilich grübeln auch gesunde Kinder, sinnen und kombinieren meist viel mehr als wir Erwachsenen; sie ziehen weit mehr von der Außenwelt hinein in ihre innere Anschauung; aber dies Sinnen und kombinieren bezieht sich, so lange sie gesund sind, nicht auf das eigene Ich, auf den inwendigen, verborgenen Menschen. Wenn im Zinzendorfschen Kreise das Abendmahl zehnjährigen Kindern gereicht werden konnte, weil sie bußfertig darnach begehrten, so war das abnorm. Normale Kinder, Knaben zumal, sind hingegeben der unbekannten, weiten Welt, lesen Reisebeschreibungen, Indianergeschichten, Phantasiegeschichten, befriedigen einen ungemessenen Drang nach fremdem, unbekanntem Land. Diese Außenwelt ist ihnen weder gut noch schlecht, nur interessant, sicher aber kein Jammertal.

Nun aber dreht sich aller Unterricht im Christentum um den verborgenen Menschen des Herzens, um die Sorge für die Ewigkeit der inneren Welt. Und besonders das lutherische Christentum ist völlig abhängig von Paulus, der nicht bloß alles abgelegt hatte, was kindisch war, der so unkindlich war wie je einer, wie er denn den Zustand der Kindheit stets nur von seiten seiner Schwäche und Mangelhaftigkeit ansieht ... Unsere Kirchenlieder aber, die wir mit Recht lernen lassen, sind erfüllt von Mißtrauen gegen die schöne Welt um uns. Der Katholizismus ist in vieler Hinsicht kindlicher: er berücksichtigt viel mehr die Sinnlichkeit durch die Sichtbarkeit und Greifbarkeit seiner religiösen und sittlichen Ziele, durch die Freude am äußerlichen Werk und seiner Verdienstlichkeit. Daß diese gerade in der katholischen Ethik eine Hauptrolle spielt, macht sie den ehrgeizigen, nach Anerkennung geizenden, keineswegs demütig-bescheidenen Kindern kongenial. Der Protestantismus dagegen lehrt eine unsinnliche Innerlichkeit, eine pessimistische Schätzung aller sinnfälligen Welt, Mißtrauen gegen das eigene Werk. Das Unkindliche liegt nicht nur in der Form, es liegt gerade im Inhalt der Lehre, die eben jenseits kindlicher, naiver Selbstbeurteilung und Erfahrung liegt.

Dieselbe Anklage gilt nun auch für den Unterricht des einfachen, naiven Volkes, des Durchschnitts. Im letzten Jahrgang der Grenzboten hat ein beachtenswerter Aufsatz Stocks über Erziehung Unmündiger gestanden, der eine bewegliche Mahnung enthielt, bei aller Erziehung zur Mündigkeit mit dem notwendigen Verharren der Masse in der Knechtschaft der Elemente zu rechnen. Unser Unterricht in der Predigt, zumal über die Episteln, mutet ihnen dagegen eine Fähigkeit der Abstraktion, ein Bedürfnis der Reflexion auf allgemeine Gesichtspunkte, eine unsinnliche Innerlichkeit zu, der der Durchschnitt nicht gewachsen ist, weil ihm dazu die Freiheit von den elementaren Nöten mangelt. Abstraktion fordert Luxus im Leben, Überschuß von Kraft, Ellenbogenraum. Es gibt gewisse philosophische Genies, die zusammen mit Frau und sechs Kindern in ihrer Wohnstätte ein Weltgebäude aufrichten. Wir sollen aber nicht vergessen, daß der Durchschnitt der Menschen niemals heroisch ist. Heroen brechen sich Bahn aus allen Verhältnissen, aus jedem Milieu. Der Durchschnitt aber bleibt gefesselt durch Sinnlichkeit, durch die Not des Lebens, in dem sich Schuld und Verhältnisse verquicken. Nicht bloß unerfahrene Kandidaten, in deren Leben die Krankheit keine große Rolle gespielt hat, wissen wenig anzufangen mit dem Zuge im Christusbild von Act. 10, 38, der Christi Erbarmen mit den Nerven- und Gemütskranken preist; er scheint auch erfahrenern Predigern unerheblich gegenüber der Hauptsache, der Rettung der Seelen. Aber die Hauptsache ist nicht die einzige Sache. Und welche Wohltat für den gebundenen Durchschnitt, wenn wir auch Befreiung predigen aus der physischen und wirtschaftlichen Not! Dagegen schwebt der Unterricht der meisten Prediger über der Wirklichkeit der Leute, besonders auch über ihrer sozialen Gebundenheit.

2. Damit hängt aufs engste zusammen die Übertretung eines zweiten Grundgesetzes der Pädagogik: der konkreten Anschaulichkeit, der Vergegenwärtigung der Unterrichtsgegenstände für die Phantasie, wo nicht eine direkte Gegenwart für die Sinne zu erreichen ist, mit anderen Worten: des realen oder idealen Umgangs mit den Objekten. Die Übertretung dieses Grundgesetzes findet sich nicht bloß, aber vornehmlich bei dem Katechismusunterricht: der arbeitet meist mit Begriffen, die durch keine inne-

re Anschauung nahe gebracht werden. Wo Luther aber noch solche Anschauungen, kräftige Begriffe hat, wie die Schuld bezahlen, des Teufels Gewalt, da ziehen wir Modernen gerade die Anschaulichkeit ab als zu kraß sinnlich und verflüchtigen so die plastischen Bilder in Ideen. So weicht im Katechismusunterricht auch das konkrete Leben Jesu der Idee des erhöhten, verklärten Herrn; nur der Extrakt des wirklichen Lebens wird kredenzt. Gerade die Tiefe unserer Lehre ist der Feind ihrer pädagogischen Wirksamkeit. Es handelt sich ihr um die Sünde als einen Gesamtzustand, davon wir Erlösung suchen, nicht um konkrete Einzelsünden, die allein Kindern an Verständnis und Erfahrung faßbar sind; es handelt sich ihr um die Seligkeit als einen Gesamtzustand, der an Stelle der Sünde treten soll, nicht um bestimmte Lebensgüter, die dem einfachen Sinn der Kinder und der Masse lockend wären; es handelt sich um das Reich Gottes, das Jesu Zeitgenossen leicht faßlich war, weil es für sie als Reich Davids eine sinnlich repräsentierte Vorstellung war, uns aber ein schwer faßbarer, ferner Begriff ist, nicht eine Summe von Gütern, sondern deren tiefster Inbegriff u.s.f. Es erhellt ohne weiteres die unendliche Schwierigkeit, diesen »Reichtum der Tiefe« unserer evangelischen Lehre in pädagogische Form zu fassen.

Aber auch bei der biblischen Geschichte finden viele Pädagogen, daß die Gegenstände vielfach sich in zu großer Ferne und Fremdheit den Kindern, dem Durchschnitt des Volkes gegenüber halten. Mit den fremdartigen, übermenschlichen oder uralten Figuren läßt sich so schwer ein wirklicher Umgang herstellen. Ja, wenn man sie wie Sagengestalten rein mit der Phantasie auffassen dürfte! Aber sie sollen ja wie Geschichtsgrößen gewertet werden. Da fehlt dann die einfältiger Auffassung unentbehrliche Gleichzeitigkeit und Lebendigkeit der Repräsentation. So entstehen die blassen Schattenbilder biblischer Gestalten, die mit dem wirklichen Leben der Kinder und Leute keine Beziehung eingehen.

3. Es fehlt dem Religionsunterricht ganz besonders die selbsttätige Aneignung durch Assoziation der religiösen Anschauungen mit der vorhandenen Vorstellungswelt. Mögen Herbart, Ziller, Rein übertreiben mit ihrer Lehre von den Formalstufen, so bleibt doch ihr Grundgedanke richtig: nichts darf im Unterricht dargeboten werden, das nicht verschmolzen werden könnte mit bereits lebendigen Vorstellungen ...

4. Es fehlt so oft die Stufengemäßheit und die Sicherheit im Fortschritt des Unterrichts. Während man sich allmählich völlig einig darüber ist, daß man nicht dieselbe Predigt in einem Dorfe auf der Geest und in der Universitätsaula zu Kiel halten kann, nicht bloß, weil die Formen der

Mitteilung sich nach der Auffassungskraft der Hörer richten müssen, sondern auch, weil ganz andere Fragen die eine und die andere Zuhörerschaft bewegen, ist dies Grundgesetz aller Mitteilung im Unterricht in der christlichen Religion noch sehr wenig zum Durchbruch gekommen. Man läßt entweder dem Schüler nicht Zeit nachzuwachsen in steigendem Verständnis oder man hält ihn zu lange fest bei längst Angeeignetem.

a) Die geistliche Ungeduld verfrüht meist die Mitteilung. Man fühlt sich, wie der Apostel Paulus in der Rede an die Ältesten von Milet, über alles verantwortlich dafür, daß man den Schülern nichts vorenthalten habe, daß man nicht verkündiget hätte den ganzen Rat Gottes (Act. 20, 27.). Man steht, so oft man sich den Mißerfolg seiner Mitteilung gestehen muß, unter dem Schutz des Wortes: dixi et salvavi animam. Man hat vielerseits nahezu einen Aberglauben an die rein objektive Mitteilung; man glaubt in der christlichen Religion unterrichtet zu haben, wenn man, wie der Missionar Gützlaff den Chinesen, den kleinen Leuten nur die Worte und Sprüche von Christo zugerufen hat, statt, daß man sie zum Nacherleben der Religion Christi veranlaßt hätte.

Dieselbe Ungeduld gilt auch für die einzelnen Stufen des Unterrichts, besonders des Katechismusunterrichts. Der Kern des letzteren ist doch die Erlösung von der Macht und dem Fluch der Sünde durch die Person Christi. Diesen Kern zu erfassen vermag nur ein gereifteres und vielfach gebrochenes Menschenleben. Wir aber lassen die Kinder von sich als »verlorenen und verdammten Sündern« reden, zu einer Zeit, wo das notwendig bloße Worte bleiben für die Unerfahrenen. Man hält uns entgegen, man habe eben die Leute nur, so lange sie in der Schule sind, und müsse diese Zeit ausnutzen. Ebenso treibt man es mit vielen biblischen Geschichten alten und neuen Testaments. So kann Jesaias 53, die Weissagung vom stellvertretenden Leiden, durchschnittlich doch erst vom Zwanzigjährigen wirklich erfaßt werden ...

b) Mit dieser geistlichen Ungeduld verbindet sich nun eine unendliche Geduld im Durchkneten einzelner Worte und Geschichten. Wo kommt in einem anderen Unterricht dieses ewige Wiederholen derselben Stoffe vor? Dazu kommt das sogen. statarische Verfahren bei der Durchnahme der Lesestücke: dies mühsame Kriechen von einem Wort zum andern, das dadurch nicht besser wird, daß man es ganz offen betreibt: »Wir kommen jetzt zu dem Worte »unser«, »wir müssen nun noch etwas über das letzte Wort sagen.« Da wirkt ja das »letzte« offensichtlich erlösend auf beide Teile. Wenn nun gar nach der Methode der Konzentrationstabellen aller denkbare Kulturstoff an die biblischen Geschichten herangebracht wird, dann ist die Zumutung an die Geduld der Kinder eine unbarmherzige. Allgemein verbreitet ist in den Lehrplänen die Einteilung des Stoffes der biblischen Geschichten nach konzentrischen Kreisen, wonach ein großer Teil der Geschichten auf zwei Stufen, manche sogar auf allen drei Stufen vorkommen. Da fehlt dann völlig das Moment der Überraschung, der Befriedigung der Neu- und Wißbegier. Durch den ewigen Schriftbeweis paradieren immer wieder dieselben Stücke aus dem eisernen Bestand des biblischen Arsenals. So wird im Unterschied von allen andern Fächern in der Religion stets mehr wiederholt als neu hinzugelernt ...

Dabei bleibt das Einzelne im Grunde doch unverstanden; denn das überflüssige Belegmaterial, in dem meist noch unverständlichere Worte vorkommen, hilft nur dazu, den Wald nicht vor Bäumen zu sehen. Man würde das auch selbst oft genug wahrnehmen, wenn der Unterrichtsgang nicht vermöge der katechetischen Methode äußerlich so glatt abliefe. Im Grunde bleibt der Gang des Unterrichts, wie vieles Einzelne, unverstanden; die Kinder sind nur darin geübt, erwünschte Antworten aus der bekannten Schublade herauszuholen, worin wie trockne Blumen in einem Herbarium die großen Worte liegen: Gott, Jesus, der Heiland, die Sünde, der Himmel u.s.f. oder »Wir sind allzumal Sünder«, »Wir vermögen nichts durch eigne Kraft« u.s.f. Solcher Betrieb tötet das Leben. Der lebendige Geist regsamer Kinder will weiter; man hält ihn mechanisch fest bei dem, was gar nicht mehr fesselt.

5. Besonders beklagt wird in Lehrerkreisen der Memoriermaterialismus – vergl. Dörpfelds Schrift –, der fast allein noch in der Religion sein Unwesen treibt, während sonst nur innerlich Apperzipiertes auswendig gelernt wird. Wieviele unverstandene Sätze, zumal in Luthers Sprache – bis zu meinem zwölften Jahre staunte ich das »sintemal« wie etwas ganz Besonderes an –, wieviele unverstandene Sachen und Gefühle werden in der Religion dem Gedächtnis der Kinder aufgenötigt. In unserem großen Passionslied lassen wir die Zeile mitlernen: »Ach möcht' ich, o mein Leben, an deinem Kreuze hier mein Leben von mir geben, wie wohl geschähe mir«; wie klingt das doch im Munde eines frischen, fröhlichen Jungen, der trotz allem Bemühen des Lehrers meist kaum das Wortspiel erfaßt! Man wendet uns ein, die Religion sei nicht Verstandessache und mit dem Gedächtnis sei es ähnlich wie mit dem Kamelsmagen: der nimmt auch vor der Reise durch die Sahara in den Vormagen Nahrung auf, die erst im Bedarfsfall in den richtigen Magen zur Ernährung und Verdauung übernommen wird. So sei die Lebensreise für viele mit Hinblick auf das Wort Gottes eine Reise durch die Wüste; die Jugendzeit allein habe Gelegen-

heit und Muße, das Wort in sich aufzunehmen. Daran ist gewiß viel Wahres, das Gedächtnis ist stark mechanisch und nimmt vieles auf, das es nicht im Augenblick verdaut. Ja, es wird gerade geübt durch Aufnahme unverstandenen Materials. Auch ist die Religion gewiß nicht Sache des Verstandes; das ahnende Gemüt umfaßt ihre Objekte. Trotzdem ist es nicht richtig und ratsam, völlig Unverstandenes und Uninteressantes dem Gedächtnis aufzubürden. Eine gewisse Ahnung des Großen, des Geheimnisvollen, ein gewisses Berührtsein von dem Schönen, ein Gefühl für den Wert und die Bedeutung der Sache muß die Gaben an das Gedächtnis umspinnen, mit Haken des Gemüts müssen sie festgehalten werden. Sonst bleiben sie lästiges Lippenwerk, das bald wieder entschwindet ...

6. Endlich wird als die sittliche Frucht die Unwahrhaftigkeit im religiösen Leben verurteilt. Sie ist die Folge der Aufnötigung unbegehrter Dinge unter dem Einfluß der Lehrautorität. Die Zöglinge können sich nicht wehren, sind die Beute der Lehrpersonen. Bei dem Unterricht auf der Kanzel können sich die Zuhörer dem Unbegehrten noch entziehen durch das Wandern der Gedanken und den Kirchenschlaf; da sie nicht gefragt werden, werden sie auch nicht zur Unwahrheit genötigt. Freilich hat die lutherische Kirche auch Ernst gemacht mit dem unterrichtlichen Charakter der Predigt: es gab nicht bloß Abhörexamina vor der Kommunion, es gibt noch heute Predigtabhör in der Schule, wobei die Angabe der Teile der Predigt als Beweis gesegneten Hörens gilt.

Mündige können sich wehren gegen die Fremdkörper. In der Schule führt der katechetische Betrieb notwendig zur Unwahrheit, besonders im zweiten Hauptstück. Die geniale Wendung, die Luther dem dürftigen Apostolikum gegeben hat, der Bekenntnischarakter bringt gerade große Gefahren mit sich für die Wahrhaftigkeit der Kinder. Das Frageverfahren legt den Kindern Antworten auf die Lippen, die nicht aus ihrem eigenen Sinn und Verständnis kommen, und schiebt ihnen Empfindungen unter, die für Luther und, Gott gebe, auch für uns tiefste Lebenskraft besitzen, nicht aber für Kinder. Durch geschickte Zwischenfragen katechisiert man Sündenbewußtsein, Verzweiflung um ihrer Sünde willen in sie hinein und aus ihnen heraus. Der Katechet sagt alles Wesentliche selbst; aber er läßt die Kinder einzelne Steine einfügen in das Mosaik des Unterrichts. So gewöhnen sie sich aus dem Zusammenhang der Gedanken des Katecheten heraus zu antworten, was sie aus ihrem eigenen Zusammenhang heraus nie sagen würden.

Schon Pestalozzi urteilte, das Katechisieren sei ein großes Taschenspiel, zaubere den Kindern, ohne daß sie es merken, die einzelnen Erkenntnisse in die Tasche und locke sie dann wieder heraus. Diese Kunststücke gewöhnen die Schüler an große Sprüche und deren frohgemute Anführung zur Zeit und zur Unzeit. Kinder bringen ja viel fertig, wenn sie sich vornehmen, ihren Lehrern nach dem Munde zu reden. Wenn es von ihnen erwartet wird, bekennen sie fröhlich: »Wie sind allzumal Sünder,« ohne die Spur von Bedauern. Sie bekennen ebenso rasch und fröhlich: »Ich glaube, daß mich verlorenen und verdammten Sünder Jesus erlöst hat,« ohne an solchen Glauben nur zu tippen. Da soll man nun nicht sagen dürfen, daß solcher Unterrichtsbetrieb eine ethische Schädigung zur Folge habe. Die Religion hört auf, als Wirklichkeit, als reell aufgefaßt zu werden. Die Erkenntnisse und Urteile wachsen ja nicht auf dem eigenen Acker, sondern werden aus den Scheunen anderer gestohlen. So entwöhnen sich die Kinder, auf diesem Gebiet es genau zu nehmen mit den Worten und Behauptungen. Von hier aus ist nur ein Schritt noch zu den Anklagen, die wir im folgenden erörtern.

3. Die Anklagen des Wahrheitssinnes

sind dreifacher Art: der Unterricht verletzt die Wahrheit als objektives Resultat der Forschung, er verletzt die Wahrheit als Wahrhaftigkeit des Subjekts und er verletzt die Wahrheit im Sinne der Wirklichkeit des inneren Lebens.

1. Man wirft vielerseits dem Unterricht in der christlichen Religion vor, er verschleiere die objektive Wahrheit. Pietät gegen die Überlieferung, Treue gegen die Vergangenheit spielt in allem Religionsunterricht die größte Rolle, tötet aber die gegenwärtige Wahrheit, die beständig in Fluß und Fortschritt ist. Im letzten Heft seiner Monatsschrift: »Die Wahrheit« hat Schrempf über die Treue geschrieben und sie in unlösbarem Konflikt mit der ewig fließenden Wahrheit gezeigt. Was an dieser zugespitzten These berechtigt ist, zeigt gerade der Unterricht in der christlichen Religion. Besonders der Konfirmandenunterricht weist Treue und Wahrheit im steten Widerspruch auf. Man hört so oft von den gebrochenen Eiden der Konfirmanden, die ihr Gelöbnis der Treue gegen die Autorität Christi so bald nach der Schulentlassung außer acht lassen. Aber ist solche Abwendung von dem als irrig erkannten Unterricht nicht oft Gehorsam der Wahrheit?

Welcher weite Abstand liegt heute zumeist zwischen der Tradition, die den Unterricht beherrscht, und der Forschung, die auf der Hochschule gilt, zwischen dem religiösen und dem sonstigen Wahrheitsbesitz! ... Was man so meist die klassische Katechismus-Tradition nennt, das hält den Unterricht zurück auf dem Standpunkt Luthers. Der Unterricht auf der Kanzel hält krampfhaft alles Bewußtsein von den Fortschritten der theologischen Forschung fern. Die Unterscheidung von Religion und Theologie macht man sich gerne zu nutze, indem man daraus folgert, man müsse die schlichte Religion kindlicher Gemüter predigen unter Ablehnung aller theologischen Fündlein. Dadurch wird die Kluft immer größer zwischen der vorwärtsdringenden Wahrheitsforschung und der rückwärtsschauenden Tradition. Jener ist der Inspirationsbegriff längst verloren gegangen; aber dem »Kirchenvolk« wird die Sache so dargeboten, als wäre die Bibel ein einheitliches, irrtumsloses, mit Gottes Finger geschriebenes Werk. So wird die Religion zu ewiger Rückständigkeit verurteilt und nicht verarbeitet in das gesamte Weltbild. Der andere Unterricht in Realien, Sprache und Literatur ist durchdrungen von der modernen Entwicklungslehre, der die Natur- und Geschichtsforschung ihre Blüte verdanken. Im Religionsunterricht leben wir noch vor Copernicus, vor Goethe, vor Darwin, ja vor aller Durchdringung christlichen Wesens mit humanistischen Gedanken. Daraus entstehen alle die Konflikte, welche die religiöse Gedankenwelt unserer Gebildeten wie unserer Arbeiter zersetzen. Und dieser Kampf zwischen Tradition und wissenschaftlicher Wahrheit endet zumeist mit der Niederlage der ersteren.

Man wendet dagegen ein, es handle sich bei der vielgerühmten wissenschaftlichen Arbeit um Hypothesen, um unbewiesene Annahmen, die von Jahrzehnt zu Jahrzehnt wechseln; denen dürfe die feststehende Offenbarung nicht weichen. Auch sei das Volk meist unreif für solche Wahrheit, seine Aufklärung aber ein krampfhaftes Bemühen. Nun ist gewiß vieles an den modernen Wahrheiten hypothetisch und wechselnd; das Gesetz der Forschung aber, die Methode steht fest und ebenso, daß es kein Gebiet menschlichen Lebens gibt, welches sich der Untersuchung und dem Fluß der geschichtlichen Forschung entziehen kann. Auch die Offenbarung nicht, wenigstens nicht die geschichtliche; denn sie unterliegt wie alle Geschichte den Berechnungen der Wahrscheinlichkeit des geschichtlichen Herganges. Bei dieser Methode gelangt man ja nicht zu absoluter Wahrheit, aber zu größtmöglicher Wahrscheinlichkeit. Die Unreife des Volks in Hinsicht auf historische und naturwissenschaftliche Bildung ist gewiß zuzugeben; aber es ist doch durchsetzt von solchen Elementen, die nicht loskommen von den Fragen der modernen Wissenschaft. Die Sozialdemokratie benutzt bekanntermaßen das, was sie allein Wissenschaft nennt, den Haeckelschen Darwinismus und den Marxschen ökonomischen Geschichtsmaterialismus, als Sturmbock gegen die Tradition der bürgerlichen Gesellschaft. Die Publizität ist in Deutschland auch zu groß, als daß man die gefährlichen Fragen dem Volke auf die Dauer fernhalten könnte. Je weniger Verkehr und Verkehrsmittel, desto mehr Möglichkeit, das Volk geschlossen fest zu halten bei der alten Weltanschauung. Aber die Eisenbahnen, zumal die Kleinbahnen und die Kanäle dringen unaufhaltsam auch in so abgelegene Gegenden wie Nordschleswig vor und bringen mit billiger Fracht außer den sonstigen Erzeugnissen der Großstadtkultur auch deren literarische Produkte in den kleinsten Ort.

Es war ein durchaus zutreffender Zusammenhang, in dem unser Kaiser in seiner Görlitzer Rede den Fortschritt der Technik und die Steigerung des Individualismus in unserer Zeit verband und Freiheit in der Weiterentwickelung der Religion postulierte. In der Tat sind zumal unsere Polytechniker prädestiniert zum Abfall von der supranaturalistischen Weltanschauung; die mechanistische Weltanschauung, wie sie in Haeckels Welträtseln und früher in D.F. Strauß' altem und neuem Glauben zu begistertem Ausdruck kam, scheint ganz dem genius loci dieser Bildungsanstalten zu entsprechen. Bei den ungeheuren Umwälzungen, welche die Verkörperung dieser Weltanschauung in technischen Erfindungen bewirkt hat, kann man sich nicht wundern, wenn diese Weltanschauung siegesbewußt vorwärtsdringt und ein höchst unerfreuliches Halbwissen auf allen humanistischen und historischen Gebieten kundgibt. Der Konflikt dieser Anschauungsweise mit der christlichen Religion scheint unheilbar.

Besonders stark ist dieser Konflikt aber in dem Kreise unserer seminaristisch gebildeten Lehrer. Sie sind durchweg berührt von dem modernen Entwicklungsgedanken und geben sich mit besonderer Freude gerade den naturwissenschaftlichen Studien hin, die ihnen auch weit zugänglicher sind als die geschichtlichen. Nur ihre Vorbereitung auf den Unterricht im Christentum ist ganz gebunden an die Annahme unvermittelter, wunderbarer Durchbrüche. Man darf wohl urteilen: die größte Gewissensnot wird heutzutage erlebt von unseren besten, von den strebsamen Elementarlehrern. Die überwiegende Zahl der Lehrstellen erfordert, daß ihr Inhaber zugleich den Religionsunterricht erteilt; der Verzicht darauf bedeutet eine erhebliche Beschränkung der Anstellungsfähigkeit. Auf dem Seminar aber wird zumeist der lutherische Katechismus oder gar einer der exponierten Landeskatechismen als Lehrgesetz traktiert, nach statarischer Methode, und ein Diktat in die spätere Praxis mitgegeben. Da wird der Katechismus genau nach derselben Methode durchgenommen wie die deutsche

Sprachlehre oder ein deutsches Lesestück. Und da man ja an keinem Wort des Textes ohne irgend welche Erklärung vorübergehen darf, so wird auch von Lehrern, die für sich nicht bloß dem persönlichen Teufel, sondern oft gar dem persönlichen Gott entsagt haben, mit aller Energie »die Gewalt des Teufels« erklärt ...

Wenn dann der erwachende Geist der schulentlassenen Jugend aus diesem gebundenen Unterricht, der alle Probleme verschweigt, in die Kreise der Halbbildung hinaustritt, entdeckt er sofort wenigstens stimmungsmäßig den Zwiespalt, und der Bruch wird unheilbar. Man erzählt ihm in der Arbeiterpresse, daß die Sündflutgeschichte eine babylonische Sage sei und die Schöpfungsgeschichte ein reines Phantasieprodukt, mit dem der wirkliche Hergang der Erdgeschichte in unvereinbarem Widerspruch steht. In der durch Rade veranlaßten Enquete über die religiöse Gedankenwelt der Fabrikarbeiter tritt als markantestes Resultat der durchgängige Anstoß an der biblischen Schöpfungsgeschichte und an dem biblischen Willkürgott hervor. Daß man Rades ernstliche Mahnung, unsern Arbeitern diesen Stein des Anstoßes aus dem Wege zu räumen, auch seitens nahestehender Theologen als inopportun zurückwies, hat bei nicht wenigen den Eindruck verstärkt, daß die Kirche sich einer konstanten Verschleierung der objektiven Wahrheit schuldig mache. Kein Wunder, wenn die so zäh beharrende Kirche von den vorwärtsdrängenden Volksgenossen als eine Großmacht der Reaktion beurteilt wird, die die Schwingen des Volkes kurz zu halten sich bemüht, damit es nicht mit aufsteige in die Regionen freier Bildung.

2. Verwandt mit dem Vorwurf der Verschleierung der objektiven Wahrheit ist der andere Vorwurf der Dämpfung der subjektiven Wahrheit. Auch hier steht Treue gegen Treue, Loyalität der überlieferten Wahrheit gegenüber gegen Folgsamkeit dem inneren Fortschritt gegenüber. Wir entwickeln uns ständig weiter mit den anderen Umgebungen und neuen Erfahrungen; die Welt um uns ändert sich und darum auch unser Innenleben, das durch die Reaktion auf äußere Reize wesentlich mit bestimmt ist. Wer nun treu sein will gegen diese neuen Erlebnisse, wird leicht untreu gegen die festgelegte Wahrheit, zumal wenn auch die bestimmten Denk- und Ausdrucksweisen derselben als bindend erachtet werden. Der Lehrer zumal, der durch seinen Beruf zur denkenden Verarbeitung seiner Erlebnisse geführt wird, wechselt seine innere Stellung, wächst hinaus über seine Anfänge; und doch bleibt er zeitlebens gebunden an die Vertretung der reinen, der rechten Lehre in ihren alten Formen. Der ganze Religionsstoff ist von alter Prägung, ist Zeuge einer anderen Denk- und Erlebnisart. Wir

aber, so weit wir im modernen Lebensstrom mitschwimmen, von Goethe und Carlyle direkt oder doch indirekt abhängig, empfinden nur solches stark und fallen nur dem bei, was sich als Kraft über unser Innenleben bewährt. Festgehalten auf dem Boden biblisch-symbolischer Theologie, zu subjektivistischer Auffassung gedrängt, finden sich gar viele im unheilvollen Konflikt, der wie ein innerer Riegel sich der lebendigen, persönlichen Vertretung des Religionsstoffes im Unterricht entgegensetzt.

Man wendet ein: wie wenige Menschen sind so stark in ihrem selbständigen Innenleben, so bedürftig eigenständigen Denkens! Die meisten Prediger und Lehrer sind der Anlehnung bedürftig und verlangen einen festen Punkt außer sich, um der Welt ihrer Zweifel und Ungewißheiten Herr zu werden. Auf dem Lande ist die »Mode« maßgebend, und in der Stadt irgendeine imponierende, geschlossene Persönlichkeit. Der Durchschnitt auch unserer protestantischen Bevölkerung ist und bleibt katholisch in seiner Art, zu inneren Erlebnissen und Erkenntnissen zu kommen.

Nun ja, dann müßte man eine doppelte Wahrheit und einen zwiefachen religiösen Lehrstand einführen. In der protestantischen Kirche aber, das gehört zu ihrem Wesen, gibt es keine doppelte Wahrheit und keine doppelte Christlichkeit; da verlangen vielmehr die subjektiv Bedürftigen, die Suchenden, die Starken, die, welche eigene Fragen haben, zunächst Nahrung und Berücksichtigung. Damit soll keineswegs intellektueller Aristokratie das Wort geredet werden; es handelt sich hier viel mehr um Regsamkeit von Gemüt und Phantasie. Es muß eine solche Nahrung sich finden lassen, die beiderlei Bedürfnisse befriedigt: einfach, schlicht und elementar und doch wahr, erfahrbar und erlebbar für die Starken. Jedenfalls darf die Liebe, die Anbequemung an die Schwachen, nicht auf Kosten der Wahrheit, der eigenen Überzeugung der Starken, getrieben werden. Die ewigen Biegungen, Anbequemungen, Deutungen, Umsetzungen, die der Religionsunterricht auf Grund der Tradition nötig macht – das Reden von der Gottheit Christi in einem übertragenen Sinne, den die alte Dogmatik ebensowenig als wirkliche Gottheit anerkennt wie das moderne Denken, die Umsetzung von Dogmen, die einer ganz anderen metaphysischen Denkart entstammen, in subjektive Werturteile – verstoßen gegen die intellektuelle Redlichkeit. Hierher gehört wieder die Vorliebe für alle solche Ausdrucksweisen, welche von der Patina uralter Herkunft überzogen sind: Auferstehung des Fleisches, Fleischwerdung Christi u.s.f. Diese Gleichgültigkeit gegen den exakten Ausdruck eigener Auffassung, diese intellektuelle Unredlichkeit ist aber tiefbegründet in dem ganzen Betrieb. Bonus hat hier den Finger gelegt auf einen Krebsschaden kirchlicher Arbeit: die Kunst der Übersetzung vergangenen Erlebens in gegenwärtiges, ohne unwahre Accommodation an jenes, ohne Abzug von diesem und ohne Mißbrauch von Worten, ist selten. Immer noch schlachtet Elias auf Befehl Gottes die Baalspfaffen; wer stellt das offen als eine Wirkung des irrenden Gewissens der Juden hin? Abraham schreitet noch immer auf Befehl Gottes zur Opferung seines Kindes, Gott kommt noch immer in den Verdacht, solche Naturwidrigkeit zu fordern; wer stellt das deutlich als eine Nachwirkung der heidnischen Religionsstufe dar? Ähnliches wäre im klassischen wie im deutschen Unterricht undenkbar. Gegenüber all solchen Dämpfungen der subjektiven Wahrheit helfen keine katechetischen Künste; da hilft nur entschlossene Aufrichtigkeit und – Vereinfachung, Verkürzung des Stoffes.

3. Am Ende ist aber doch der schwerwiegendste Vorwurf: Verbildung des Sinnes für Wahrheit = Wirklichkeit. Die Religion, die wir lehren, schwebt ewig über der Wirklichkeit, in der wir kämpfen, berührt notwendig als unwirklich, entführt in eine Traumwelt. Nicht bloß sonderlich realistische, nüchterne, hausbackene Kinder vermögen sich nicht in diese Welt hineinzusteigern und lassen ihre Äußerungen mit passivem Widerstand über sich ergehen; denn sie hat keinen Zusammenhang mit ihrem täglichen Leben. Unseren Kaufleuten, Technikern, Arbeitern, Post- und Eisenbahnbeamten drängt sich die rauhe Wirklichkeit mit ihren unerbittlichen Gesetzen unweigerlich auf und setzt sich durch; der Unterricht der Predigt aber führt sie in eine Welt, von der sie kaum da und dort eine Spur der Wirkung wahrnehmen. Die ungemein hohen Ideale der Bergpredigt, worin alles Rechtsuchen z.B. abgelehnt wird, da doch jeder gesunde Knabe dem Kameraden, der seine Redlichkeit bezweifelt, mit der Faust unter die Nase geht, werden immer wieder wie selbstverständliche Forderungen in Unterricht und Predigt vorgeführt. Man denke sich, wie die erhabenen Forderungen der Selbstverleugnung auf solche wirken, die sich ihr Selbst erst erobern müssen! Natürlich, in den Religionsstunden lieben die Volksschüler wie die Gymnasiasten ihre Feinde, vor dem Schulplatz aber führen sie ihre Kämpfe mit ingrimmiger Erbitterung. So werden die Lehren zu Unwahrheiten für die Lernenden, die sich bei der Übernahme der großen Worte selbst in eine ihnen fremde Höhe hinaufschrauben. Oder man denke an den enormen Optimismus Luthers mit Hinsicht auf das Schicksal und die Vorsehung! Wie kann es Proletarierkinder als wahr berühren, wenn sie lernen, daß Gott ihre Eltern »reichlich und täglich« versorgt und »wider alle Fährlichkeit beschirmt und vor allem Übel behütet und bewahrt« oder (im

biblischen Unterricht) seinen Gläubigen durch wunderbare Durchbrüche seiner Allmacht hilft – und zu Hause welken die Geschwister hin ohne Aufhalten an der Proletarierkrankheit.

Nach traditioneller Auffassung ist ja freilich die klassische Zeit der Wunder, der großen Krafterweisungen Gottes mit dem Ende des Urchristentums abgeschlossen. Aber, indem wir im Unterricht nur diese Periode berücksichtigen, gewöhnen wir daran, daß am Ende Gott und dem Glauben alles möglich ist – welcher Kontrast mit der Wirklichkeit auch in gläubigen Häusern! Das Problem von Björnsons »Über unsere Kraft« liegt in unserm ganzen Unterrichtsbetrieb. Man kann diese enorme Überwindung der Schranken der Wirklichkeit durch den Glauben wahrlich nicht dem Durchschnitt als Wirklichkeit verständlich machen; denn im ganzen geht doch alles seinen natürlichen Gang. Der Gott der Bibel ist ein Gott der freiesten Willkür, der *seinen* Kindern alles zu erwarten und zu erhoffen gestattet – die rauhe Wirklichkeit ist von unerbittlichen Gesetzen beherrscht; man denke an Martinique oder an große Volksseuchen, bei denen die Frommen mit den Gottlosen untergehen! In der Religionsstunde erscheint Gott als unbeschränkter Autokrat ohne irgend welche Bindung; die Wirklichkeit zeigt ihn als konstitutionellen Monarchen mit einer in festen Gesetzen nach der Verfassung, die er selbst gegeben, verlaufenden Wirksamkeit.

Derselbe Kontrast zwischen Religion und Wirklichkeit besteht in der Auffassung des Menschen: im Religionsunterricht und in der Predigt gibt es nur ein entweder – oder, Lichtmenschen oder Schattenleute, keine Mittelfarben, keine Übergänge, keine Mischung. Das trifft zwar nicht die biblischen Gestalten, weder die Patriarchen noch die Helden und Könige im alten, noch die Jünger und ersten Gläubigen im neuen Testament; aber die Darstellung im Unterricht und in der Predigt malt diese Figuren meist auf den Goldgrund überweltlicher Erhabenheit. Die Wirklichkeit des Lebens zeigt den Durchschnitt der Leute, Fromme wie Unfromme, in steter Trübung der Motive. Nun atmen unsere realistischen Berufsarten in dieser Welt berechenbarer Zusammenhänge; wie sollen ihre Angehörigen in einer Welt atmen, wo alles Berechenbare aufhört? Sie machen's eben, wie so viele Primaner, die, während die Antike ihr schulmäßiges Denken beherrschen soll, tatsächlich schon in den modernsten Gedankengängen, in Ibsen und Gerhart Hauptmann und Sudermann leben. Sie denken getrost: Es ist viel von Gottes Wort zu reden. Daß die Religion aber etwas mit der Wirklichkeit zu schaffen habe, kommt ihnen nie in den Sinn ...

Nun ist aber die Wahrheit, zu der wir vor allem zu erziehen haben, nicht bloß Übereinstimmung der Gedanken unter sich, nicht bloß harmonisches Denken, sondern Übereinstimmung von Denken und Sein, Unterordnung des Subjekts unter die objektiven Realitäten. Dieser Wahrheits- und Wirklichkeitssinn wird verleugnet durch den Unterricht und rächt sich an ihm dadurch, daß er nicht bloß der überfliegenden Traumwelt des Unterrichts mit ihren Willkürwesen, sondern auch dem Kern und Wesen der christlichen Religion in Wirklichkeit den Rücken kehrt.

4. Der Unterricht der Erwachsenen

Das ceterum censeo unserer ganzen Erörterung war: nicht verfrühen, nicht erzwingen, nicht abschließen wollen, vielmehr die Reife abwarten! So bleibt aller Unterricht notwendig halb, bewußt halb; die Überführung der Kenntnisse in eigene Überzeugung, die religiöse Erziehung und Erweckung bleibt zumeist dem Geiste Gottes und dem Unterricht des Lebens überlassen. Die tiefsten und wesentlichsten christlichen Wahrheiten können nicht an die Unreifen herangebracht werden: die Sünde als Gesamthaltung des Lebens, die Erlösung als eine Befreiung von uns selbst, das Kreuz Christi als das notwendige Mittel dieser Erlösung, das stellvertretende Leiden als das Grundgesetz der Tragik des Lebens, die Solidarhaft für die Sünden, das Leben der Hoffnung, kurz das mit Christus in Gott verborgene Leben des Gemüts, diese zweifellos tiefsten und wesentlichsten christlichen Wahrheiten können nicht unterrichtet, nicht dem einzelnen Subjekt beigebracht, können höchstens an anderen, an Helden der Religion dargestellt werden. Darum bleiben die größten Aufgaben zurück für den fortgehenden Unterricht der Erwachsenen. Für diesen Unterricht gibt es viererlei Mittel: Predigten, öffentliche Vorträge über religiöse und sittliche Fragen, Bibelerklärungen, religiöse Literatur ...

Legitimationskrise des schulischen Religionsunterrichts

1. Abschaffung des Religionsunterrichts – die Bremer Denkschrift

Die Schule ist eine Veranstaltung des *Staates;* Religion aber ist *Privatsache.* Diese beiden Grundsätze sind im wesentlichen vom modernen Staat bereits anerkannt. Der Staat nimmt das Recht der obersten Aufsicht über das gesamte Unterrichtswesen für sich in Anspruch und zwingt alle seine Angehörigen zum Besuch der öffentlichen oder vom Staat anerkannten Schulanstalten. Dagegen verlangt er von seinen Angehörigen nicht das Bekenntnis zu einer bestimmten Glaubensrichtung und macht ihre bürgerlichen Rechtsverhältnisse nicht von einem solchen Bekenntnis abhängig. Protestanten, Katholiken, Juden und solche Bürger, welche keiner kirchlichen oder religiösen Gemeinschaft angehören, genießen in Deutschland dieselben staatsbürgerlichen Rechte. Dieser Zustand ist der Ausdruck des Prinzips der *Glaubens- und Gewissensfreiheit.*

Insofern der Staat dieses Prinzip anerkennt, gibt er zu, daß er kein Interesse daran hat, welcher Glaubensrichtung seine Glieder angehören. Damit fällt aber für ihn auch das Recht weg, seinen Angehörigen in den öffentlichen Schulen durch seine bestellten Organe eine bestimmte Glaubensrichtung zu vermitteln und den Unterricht im Sinne einer solchen Glaubensrichtung erteilen zu lassen. Denn kein Bürger darf vom Staate irgendeinem Zwange unterworfen werden, den nicht das Staatsinteresse unbedingt erfordert. Darum darf auch der Schulzwang nicht so weit ausgedehnt werden, daß er die Nötigung zur Teilnahme am Religionsunterricht in sich schließt ...

Die Durchführung der Trennung von Kirche und Staat auch auf dem Gebiete des Schulwesens liegt überhaupt im Entwicklungsgange der Zeit begründet. Die staatliche Nötigung zur Teilnahme aller Kinder am Religionsunterricht wird in der Gegenwart viel schwerer empfunden als früher. Man gesteht dem Staate wohl das Recht und die Pflicht zu, für die wissenschaftliche, technische und sittliche Bildung der Kinder zu sorgen, nicht aber auch für die *dogmatisch-religiöse.* Und ohne einen bestimmten, ins Gebiet des Übersinnlichen hinübergreifenden (metaphysischen) Vorstellungskreis ist keine Religion denkbar. Von diesen Vorstellungen übersinnlicher Dinge hängt die Weltanschauung des Gläubigen ab, und übrigens liegt es im Wesen jeder Religionsgemeinschaft, ihre Weltanschauung als die unbedingt wahre und für alle Zeiten unabänderlich gültige zu erklären; auch wird sie auf übernatürliche Eingebung (Inspiration) zurückgeführt, und sofern die Eingebung von der die Welt beherrschenden und lenkenden Macht ausgeht, wird sie als verbindlich für alle Menschen angesehen, verbindlich bei Strafe des ewigen Verderbens.

Diese Anschauungen nun sind es, denen weite Kreise der Bevölkerung nicht mehr zustimmen ... Die *kulturelle Entwicklung* unserer Zeit, wie sie namentlich durch die Fortschritte der philosophischen und wissenschaftlichen Bildung herbeigeführt ist, hat beim modern denkenden Menschen die Überzeugung befestigt, daß das erhaltende und lenkende Prinzip der Welt ein einheitliches und ihr selbst innewohnendes (immanentes) ist und nach ewigen Gesetzen (Naturgesetzen) wirkt; daß das Gesetz von Ursache und Wirkung (Kausalgesetz) wohl für den Verlauf der Dinge innerhalb des Weltganzen maßgebend ist, nicht aber die Annahme einer zweiten, unserer sinnlichen Wahrnehmung und Erfahrung entrückten Welt rechtfertigt, die willkürlich und besonders im Zusammenhang mit unserem sittlichen Verhalten sozusagen von außen her in das Getriebe der sinnlich wahrnehmbaren Welt eingreifen soll: kurz, man faßt die Welt in diesem Sinne *monistisch* auf. Im übrigen erkennt auch der moderne Mensch an, daß das Wesen der Welt in seinem innersten Kern für das menschliche Begriffsvermögen unerkennbar ist ...

Neben der soeben gekennzeichneten monistischen Überzeugung beherrscht der Glaube an das *Entwicklungsgesetz* weite Kreise der modernen Welt, und zwar in dem Sinne, daß es, ebenso wie auch die naturgesetzliche Bedingtheit, auf die leibliche wie geistige Existenz auch des Menschen rückhaltlos ausgedehnt wird ...

Endlich glaubt man, daß ... *Wissen und Glauben* nicht voneinander unabhängig sind. Bei der Bildung metaphysischer Vorstellungen arbeitet der Geist, meint man, nach den allgemeingültigen Denkgesetzen und formt seine Begriffe auf der Grundlage von Analogien, die er in seiner sog. diesseitigen Erfahrungswelt vorfindet. Darum muß sich auch das metaphysische Vorstellungsleben unaufhörlich weiterentwickeln im Anschluß an die Weiterentwicklung des Kulturlebens überhaupt. Beweis: die angeblich auf übernatürlichem Wege inspirierten Mythen und Sagen des Alten Testaments tragen unverkennbar den Stempel der wissenschaftlichen und philosophischen Bildungsstufe der damaligen Zeit, während es für ihre übernatürliche Eingebung vielleicht etwas beweisen würde, wenn ihre Verfasser etwa die Umdrehung der Erde um die Sonne ohne irgendwelche wissenschaftlichen Unterlagen voraus erkannt hätten. Man ist demgemäß der Meinung, daß die metaphysischen Vorstellungen und die damit ver-

Abschaffung des Religionsunterrichts – die Bremer Denkschrift 173

wandten Überlieferungen der herrschenden Religionssysteme, deren Ursprünge Tausende von Jahren zurückliegen, in wesentlichen Stücken dem Wissen und Denken unserer Zeit nicht mehr entsprechen. Auch genießen sie keineswegs selbst innerhalb der kirchlich-gläubigen Kreise allgemeine und übereinstimmende Anerkennung. Denn da sie zugestandenermaßen nicht vernunftgemäß beweisbar sind, so bekämpft eine Konfession die Glaubenssätze der anderen; ja nicht einmal die Theologen derselben Konfession sind sich untereinander einig. Aus allen diesen Gründen sprechen die Kreise, die diesen Anschauungen huldigen, dem Staate das Recht ab, öffentlichen Unterricht im Sinne einer dieser Glaubensrichtungen zwangsmäßig zu erteilen, und empfinden den gegenwärtigen Zustand als eine Beschränkung ihrer verfassungsmäßig gewährleisteten Glaubens- und Gewissensfreiheit.

Diese Tatsache ist um so bedeutsamer, als die gekennzeichneten Anschauungen heutzutage nicht mehr auf kleine und abgeschlossene Kreise von Gelehrten beschränkt sind, sondern infolge des gehobenen Standes der allgemeinen Volksbildung in die *breiten Massen der Bevölkerung* eingedrungen sind. Längst hat sich in diesen Kreisen ein stillschweigender Gegensatz zwischen Haus und Schule herausgebildet, der, wenn er auch nicht immer zu offenen Zusammenstößen führt, doch ein gedeihliches Zusammenwirken vereitelt und dem Ansehen der Schule wie der Lehrerschaft Abbruch tut.

Dazu kommt, daß der bei weitem größte Teil der *bremischen Lehrerschaft* die erwähnten *freien Ansichten* teilt oder ihnen doch nahe steht ...

Das Recht und die Pflicht des Staates, *Unterricht in den Sitten* zu erteilen, wird durch die Abschaffung des Religionsunterrichts nicht berührt. Ein Sittenunterricht ist vielmehr ohne Zusammenhang mit dem Dogma sehr wohl durchführbar; ja, er wird auf diese Weise planmäßiger und fruchtbarer gestaltet werden können. Die sittlichen Anschauungen und Grundsätze des bürgerlichen Lebens sind im wesentlichen von metaphysisch-dogmatischen Überzeugungen unabhängig. Sie werden vielmehr durch die natürlichen Lebensbedingungen und die kulturelle Entwicklung eines Volkes bestimmt. Völker und Volksschichten mit verschiedenen metaphysischen Überzeugungen haben im wesentlichen dieselben sittlichen Grundsätze (z.B. Protestanten, Katholiken und Juden in Deutschland); anderseits haben sich die sittlichen Anschauungen unendlich vertieft und verfeinert, ohne daß die Dogmen der Religionsgemeinschaften der Entwicklung gefolgt wären (man denke an die Ketzerverfolgungen des Mittelalters und an die jetzt verfassungsmäßig gewährleistete Glaubens- und

Gewissensfreiheit). Insofern religiöse und philosophische Vorstellungen einerseits, sittliche Anschauungen anderseits demselben geistigen Nährboden entwachsen, ist allerdings ein gewisser innerer Zusammenhang nicht zu leugnen. Doch macht dieser Umstand für die Interessen des Staates nichts aus ...

Die sittlichen Grundsätze, die in den Schulen gelehrt werden müssen, sind jedenfalls so allgemeingültiger Art, daß sie des Zusammenhangs mit dogmatischen Vorstellungen entraten können. Ja, eher ist die Anknüpfung der sittlichen Unterweisung an den Religionsunterricht dieser Unterweisung schädlich. Erstens nämlich sind die sittlichen Anschauungen namentlich der Schriftsteller des Alten Testaments unserer Zeit vielfach fremd. Sie sind teilweise nur aus den Kulturzuständen der Zeit zu erklären. *Opferdienst, Satzungswesen*, Akte der Roheit, Grausamkeit und Zügellosigkeit treten uns vielfach entgegen. Dazu kommt, daß die christliche Kirche viele sittlich verwerfliche Handlungen nicht aus dem historischen Gesichtspunkt, sondern auf Grund ihrer Anschauung vom »*Heilsplan*« und vom »*auserwählten Volke*« Gottes wertet. Männer, wie Jakob, David, Salomo, die nach den Anschauungen unserer Zeit mit den schwersten sittlichen Mängeln behaftet erscheinen, gelten ihr als die Auserwählten des Herrn, und es würde durch die Art, wie unser Religionsunterricht diese Männer würdigen und ins Licht stellen muß, die ärgste sittliche Verwirrung in den Köpfen der Kinder angerichtet werden, wenn die heranwachsende Jugend die Sache überhaupt ernst nähme und nicht vielmehr ganz gut wüßte, daß diese Dinge ihr nur im Namen einer ihr im Grunde fremden und seltsamen Anschauungsweise aufgedrängt werden.

Sodann leidet der Sittenunterricht unserer Schulen infolge des Anschlusses an den Religionsunterricht an einer völligen *Planlosigkeit* im Sinne unserer heutigen Bedürfnisse. (Übrigens ist dasselbe von diesem Unterricht zu sagen, soweit er sich auf den in den Lesebüchern gebotenen Stoff stützt.) Die verschiedenen Beziehungen, in denen unser sittliches Verhalten sich betätigt, die Beziehungen auf das eigene Wohl, das Wohl anderer Menschen, das Wohl der Angehörigen, auf das Eigentum (das eigene, das der anderen, das des Staates), auf die Freiheit, die Ehre, die Gesetze und Interessen des Staates – alle derartigen Beziehungen finden im biblischen Geschichtsunterricht keine planmäßige Berücksichtigung im Sinne unserer Zeit. Dies gilt vom Neuen Testament so gut wie vom Alten, wie denn selbst die sittlichen Forderungen der Bergpredigt in ihrer extremen Formulierung keinen eben sehr glücklichen Ausgangspunkt für die sittliche Belehrung bieten. So wird durch den Religionsunterricht eine planmäßig, den Bedürfnissen der Gegenwart entsprechende sittliche Belehrung geradezu verhindert. Wir möchten bei dieser Gelegenheit darauf hinweisen, daß verschiedene Verfasser in neuerer Zeit Entwürfe und Anweisungen zu einer planmäßigen sittlichen Belehrung geliefert haben.

In der pädagogischen Literatur wird vielfach die Forderung einer »*sittlich-religiösen*« Unterweisung aufgestellt. Wir können den Ausdruck »religiös« hier nur in dem Sinne anerkennen, daß er sich auf die religiöse Stimmung und Gesinnung im allgemeinen, nicht auf irgendeine besondere Religion mit bestimmtem dogmatischen Inhalt bezieht. Die religiöse *Stimmung* würde sich dann etwa im Gefühl der Ehrfurcht vor dem Erhabenen, weil über Menschenmacht und -Maß hinausgehenden, sowie an der Freude an allem Guten, Schönen und Wahren äußern, das Natur-, Geistes- und Kulturleben uns darbieten; die religiöse *Gesinnung* aber würde sich in dem festen und stetigen Willen betätigen, einen reinen und sittlichen Lebenswandel zu führen und alle in der eigenen Person vereinigten Kräfte und Anlagen zum eigenen Wohl und zum Wohl des Ganzen zu entfalten und auszubilden ...

Auch christlich-gläubige Kreise haben bereits vielfach die Entfernung des Religionsunterrichts aus der Schule gefordert, und das mit Recht, auch von ihrem Standpunkte aus. Der Unterricht genügt ihren Ansprüchen nicht und kann ihnen nicht genügen. Die bremische Lehrerschaft genoß bisher das stillschweigend gewährte Recht, einen sogenannten *objektiven* Religionsunterricht zu erteilen. Dieses Recht wurde dahin ausgelegt, daß der Unterricht nichts weiter als Bibelkunde mit anschließender Worterklärung sowie ethischer oder historischer Belehrung zu bieten hätte; außerdem wurde etwas Kirchengeschichte getrieben. Man erzählte die biblischen Geschichten und gab in dogmatischer Hinsicht die Belehrung, daß sie so oder so, entweder im bibelgläubigen oder in irgendeinem freieren, der Auffassung des Lehrers selbst entsprechenden Sinne genommen werden könnten. Diese »objektive« Unterrichtsweise hat sich als unhaltbar und undurchführbar herausgestellt. Der biblische Geschichtsunterricht muß den Traditionsstoff der Kirche bieten. Dieser Stoff aber hat in dem Zusammenhange und in der Fassung, wie die Kirche ihn geschaffen oder ausgewählt und adoptiert hat, nur den Sinn, den die Kirche ihm beilegt, und keinen anderen. Wer nicht glaubt, daß verderbliche und zerstörende Naturereignisse Strafgerichte Gottes sind, kann zu der Geschichte von Sodom und Gomorra nur *eine* Stellung einnehmen, nämlich eine ablehnende, aber keine »objektive«. In dem Streit zwischen Samuel und Saul verlangt die Absicht des Verfassers und der Kirche die unbedingte Parteinahme für Samuel, während die unbefangene Betrachtung des historisch Gebildeten zu ganz anderen Schlüssen kommt. Sobald er aber seine freiere Auffassung sagt, muß er notgedrungen die andere verneinen. Und eine solche offene Stellungnahme im verneinenden Sinne ist an den maßgebenden Stellen wohl eigentlich niemals gern gesehen worden. Es läge auch ein gewisser Widerspruch darin. Denn der Umstand allein schon, daß man Stoffe dieser Art, deren erziehlicher und bildender Wert einer »objektiven« Betrachtung oft recht fraglich erscheinen wird, überhaupt in den Lehrplan aufnimmt oder sie darin beläßt: dieser Umstand allein schon bedeutet tatsächlich nichts anderes, als eine Konzession an die Anschauungsweise der Kirche. Da ist es denn in der Tat etwas widersinnig, wenn man bei der Behandlung dieser Stoffe den Ansichten der Kirche wiederum schroff gegenübertreten will. Es ist auch wirklich nicht ausgeblieben, daß selbst in unserem freigesinnten Bremen Lehrer wegen ihrer Stellungnahme zu religiösen Fragen sich *Maßregelungen* zugezogen haben.

Die Kirche wird eben, soweit ihr Einfluß reicht, den »objektiven« Religionsunterricht stets bekämpfen. Sie wird stets darauf bestehen, daß, wenn ihr Traditionsstoff als Gegenstand eines besonderen Unterrichts einmal geboten wird, dies auch in dem Sinne geschehe, den sie ihm beigelegt hat. Dabei ist es gleichgültig, ob sie etwa, wie in anderen Bundesstaaten, auf der geistlichen Schulaufsicht besteht, oder ihren Einfluß bei der Besetzung der in Betracht kommenden staatlichen Beamtenstellen ausnutzt. Wie sehr die Kirche Wert darauf legt, ihren Einfluß auf den Betrieb der Staatsschulen aufrecht zu erhalten, hat gerade bei uns in Bremen in letzter Zeit der Umstand bewiesen, daß sie, wenn auch auf mehr oder weniger indirektem Wege, die private *literarische Tätigkeit* der Lehrer zu überwachen unternimmt. Sie scheint die Lehrer immer noch in gewissem Sinne als ihre Diener anzusehen, eine Auffassung, gegen welche die bremische Lehrerschaft hiermit formell ihren Einspruch erhebt. Besser würde es nach unserer Auffassung der Würde und den Interessen der Kirche entsprechen, wenn sie es überhaupt aufgäbe, die Machtmittel und Veranstaltungen des Staates für die Verbreitung ihrer Lehren in Anspruch zu nehmen. Das ist auch die Ansicht vieler gläubiger Christen.

Auch rein *pädagogische Gründe* sprechen dafür, daß der Religionsunterricht wenigstens auf der Unter- und Mittelstufe abgeschafft werde. (Auf der Oberstufe könnte ein allgemein religionsgeschichtlicher Unterricht eintreten.) Die Kinder werden unvermittelt in ganz fremdartige und fernliegende Zeiten und Verhältnisse eingeführt. Es ist ein Unding, Kinder in den ersten Jahren des Schulbesuchs mit den Sitten, Gebräuchen und Gedankengängen syrisch-arabischer Beduinen der Vorzeit zu behelligen; es ist ein Unding, sie mit Bibelsprüchen und Gesangbuchversen zu plagen, in denen fast jedes Wort ihnen unverständlich ist, und es raubt ihnen alle Lust und Liebe zur Sache, wenn sie unaufhörlich acht Jahre hindurch dieselben Stoffe aufs neue durcharbeiten müssen. Diese Dinge verleiden ihnen häufig jede Beschäftigung mit religiösen Fragen irgendwelcher Art auf Lebenszeit. Diese Gründe haben ebenfalls auch auf orthodoxer Seite vielfach Anerkennung gefunden ...

Es ist übrigens nicht die Absicht, den Kindern die dogmatischen Anschauungen der verschiedenen Religionsgemeinschaften ganz vorzuenthalten. Dazu spielen diese Anschauungen eine zu wichtige Rolle im geistigen Leben weiter Volkskreise. Sie, die Dogmen, wie auch das Wesentliche des Traditionsstoffes, sollen in einem besonderen neu einzuführenden Unterrichtszweig, der »*allgemeinen Religionsgeschichte*«, ihre Behandlung finden. Die allgemeine Religionsgeschichte würde nicht vor dem siebenten Schuljahr einsetzen und sich übrigens zwar mit allen wichtigeren Religionssystemen der Welt, namentlich aber und vorwiegend mit der christlichen Kirche beschäftigen. Hier würde eine »objektive«, d.h. wissenschaftliche Form der Darstellung möglich sein. Denn den Gegenstand der Darstellung würden die Dogmen selbst bilden, nicht aber Stoffe und Geschichten, die von vornherein im Sinne eines bestimmten Dogmas geschaffen sind. Was den allgemein geistigen, sittlich und literarischen Wert der hervorragendsten biblischen Stoffe und Stellen betrifft, so ist es selbstverständlich, daß die schriftlichen Dokumente einer Weltanschauung, die nun zweitausend Jahre die Kulturwelt in der bedeutsamsten Weise beeinflußt hat, Beweise einer ihr eigenen Art von *Genialität* enthalten müssen. Hinzu kommt die meisterhafte, vielfach schöpferische Verdeutschung Luthers. Doch so glänzend, tief und genial viele Aussprüche der Bibel sein mögen, so sind sie aus eben diesem Grunde häufig nichts für Kinder. Aber auch im Leben der Erwachsenen haben sie nicht die Bedeutung, die mancher ihnen im ersten Augenblick beimessen mag. Sittliche Lebensführung und Pflichterfüllung des einfachen Bürgers, wie der Staat sie verlangen muß, bauen sich nicht auf Bibelsprüchen auf, ebensowenig wie auf den Aussprüchen unserer Klassiker, die dem einfachen Manne auch nicht geläufig sind. Wobei sich obendrein nicht leugnen läßt, daß unsere sittliche Lebensführung viel mehr von dem altklassischen Menschheitsideal, in dessen Sinne auch Goethe und Schiller dichteten, bestimmt wird, als von der Entsagungslehre des reinen Christentums. Geniale Worte und Aussprüche sind eben geistige Nahrung für Augenblicke der *Sammlung und Erhebung*, und die einfachen Männer werden solche Worte suchen, soweit ihnen nur Zeiten der Sammlung und Erhebung hinreichend gegönnt sind und ihre geistige Bildung hinreichend gefördert ist: sie werden sie suchen in der Bibel so gut wie in anderen klassischen Werken – wenn anders ihnen die Bibel nicht einst durch den Zwangsunterricht der Schule verekelt und verdächtig gemacht worden ist ...

Aus den angeführten Gründen erlaubt sich die bremische Lehrerschaft, eine hohe Behörde zu bitten,

hohe Behörde möge verfügen, daß der Religionsunterricht in den öffentlichen Schulen abgeschafft werde.

Für den Fall, daß eine hohe Behörde geneigt sein sollte, dieser Bitte der Lehrerschaft zu willfahren, erlaubt sich die bremische Lehrerschaft, einer hohen Behörde folgende weiteren Wünsche und Vorschläge zu geneigter Berücksichtigung zu unterbreiten:

1. Die Erteilung des Religionsunterrichts, soweit die Eltern ihn für ihre Kinder wünschen, wird den einzelnen Religionsgemeinschaften überlassen;
2. der Sittenunterricht wird ohne den bisherigen Anschluß an den Religionsunterricht weiter erteilt;
3. der Sittenunterricht wird dabei im weiteren Sinne einer allgemeinen Welt- und Lebenskunde gefaßt, wie sie schon jetzt bei der Behandlung von sog. Musterstücken in der Lesestunde vermittelt wird;
4. der Sittenunterricht wird auf der Unter- und Mittelstufe im Anschluß an geistig, sittlich und literarisch hervorragende und im übrigen für die Stufe passende Stoffe der gesamten Weltliteratur erteilt;
5. im Zusammenhang mit diesen Vorschlägen wird über die im Lehrplan der Schulen wegfallenden Stunden wie folgt verfügt:
   a) Auf der Unterstufe (Klasse VIII und VII) werden dem Unterricht Stoffe aus der Märchenwelt und allerlei dem geistigen Fassungsvermögen des Kindes angepaßte und seiner Umwelt entnommene Gegenstände zugrunde gelegt und nach Art des Anschauungsunterrichts behandelt;
   b) auf der Mittelstufe (Klasse VI-III) wird der Sittenunterricht im Anschluß an geeignete Stoffe in den Lesestunden (Literaturstunden) erteilt; die beiden wegfallenden Stunden werden den Religionsgemeinschaften zu ihren Zwecken zur Verfügung gestellt;
   c) die Auswahl der Stoffe wird an der Hand einer planmäßigen Zusammenstellung der beim Sittenunterricht zu berücksichtigenden Momente und Beziehungen getroffen;

d) auf der Oberstufe (Klasse II und I) wird ein systematischer Sittenunterricht eingeführt, der sich zu einer allgemeinen Gesetzes- und Verfassungskunde erweitert;

e) auf der Oberstufe (Klasse II und I) wird Unterricht in allgemeiner Religionsgeschichte erteilt.

Ehrerbietigst
im Auftrage der bremischen Lehrerschaft
(Folgen die Unterschriften.)

Bremen, im September 1905.

2. Reform des Religionsunterrichts – die Zwickauer Thesen

1. Religion ist ein wesentlicher Unterrichtsgegenstand und der Religionsunterricht eine selbständige Veranstaltung der Volksschule.

2. Er hat die Aufgabe, die Gesinnung Jesu im Kinde lebendig zu machen.

3. Lehrplan und Unterrichtsform müssen dem Wesen der Kindesseele entsprechen, und Festsetzungen darüber sind ausschließlich Sache der Schule. Die kirchliche Aufsicht über den Religionsunterricht ist aufzuheben.

4. Nur solche Bildungsstoffe kommen in Betracht, in denen dem Kinde religiöses und sittliches Leben anschaulich entgegentritt. Der Religionsunterricht ist im Wesentlichen Geschichtsunterricht. Im Mittelpunkte hat die Person Jesu zu stehen. Besondere Beachtung verdienen außer den entsprechenden biblischen Stoffen auch Lebensbilder von Förderern religiöser und sittlicher Kultur auf dem Boden unseres Volkstums mit Berücksichtigung der Neuzeit. In ausgiebiger Weise sind auch die Erlebnisse des Kindes zu verwerten.

5. Die Volksschule hat systematischen und dogmatischen Religionsunterricht abzulehnen. Für die Oberstufe können als geeignete Grundlage für eine Zusammenfassung der in der christlichen Religion enthaltenen sittlichen Gedanken die Zehn Gebote, die Bergpredigt und das Vaterunser bezeichnet werden. Der Katechismus Luthers kann nicht Grundlage und Ausgangspunkt der religiösen Jugendunterweisung sein. Er ist als religionsgeschichtliche Urkunde und evangelisch-lutherische Bekenntnisschrift zu würdigen.

6. Der religiöse Lernstoff ist nach psychologisch-pädagogischen Grundsätzen neuzugestalten und wesentlich zu kürzen, der Lernzwang zu mildern.

7. Der Religionsunterricht soll vor dem dritten Schuljahre nicht als selbständiges Unterrichtsfach auftreten. Die Zahl der Stunden ist, damit das kindliche Interesse nicht erlahme, auf allen Unterrichtsstufen zu vermindern. Die bisher übliche Zweiteilung des Religionsunterrichts in Biblische Geschichte (Bibelerklärung) und Katechismuslehre, sowie die Anordnung des Stoffes nach konzentrischen Kreisen ist abzulehnen. Ebenso müssen Religionsprüfungen und Religionszensuren wegfallen.

8. Der gesamte Religionsunterricht muß im Einklange stehen mit den gesicherten Ergebnissen der wissenschaftlichen Forschung und dem geläuterten sittlichen Empfinden unserer Zeit.

9. Neben der Reform des Religionsunterrichts in der Volksschule ist eine entsprechende Umgestaltung des Religionsunterrichts im Seminare notwendig.

3. Bewahrung des Religionsunterrichts – die Düsseldorfer Thesen

1. Der Religionsunterricht ist das wichtigste Lehrfach der Volksschule und muß im Mittelpunkt des erziehenden Unterrichts stehen.

2. Er muß auf Grund der heiligen Schrift und den kirchlichen (reformatorischen) Bekenntnissen gemäß erteilt werden.

3. Der Religionsunterricht hat die Aufgabe, die Kinder dem Ziel aller religiösen Unterweisung und Erziehung, nämlich der Gemeinschaft mit Gott durch lebendigen Glauben an den gottmenschlichen Erlöser Jesus Christus, entgegenzuführen.

4. Der Inhalt des Religionsunterrichtes ist seinem Wesen nach Heilsgeschichte, Heilslehre und Heilszeugnis. Die Heilsgeschichte, deren reales Zentrum Jesus Christus, der Gekreuzigte und Auferstandene, ist, bildet die anschauliche Grundlage des gesamten Religionsunterrichts. Als Bekenntnis der Gemeinde muß auch der Katechismus gebührend berücksichtigt werden.

5. Um die Kinder zu befähigen, sich an dem Leben der christlichen Gemeinde mit Interesse und Verständnis zu beteiligen, ist es geboten, sie mit den wichtigsten Tatsachen der Kirchengeschichte und der Betätigung des christlichen Lebens in der Gegenwart bekanntzumachen.

6. Bei der Auswahl und Anordnung des Unterrichtsstoffes müssen neben den sachlichen auch die pädagogischen Gesichtspunkte zu ihrem vollen Rechte kommen.

a) Obgleich im Religionsunterricht aus religiösen und pädagogischen Gründen das Alte Testament nicht entbehrt werden kann, gebührt doch dem Neuen Testament das Übergewicht.

b) Eine eingehendere Behandlung der Prophetie erscheint uns wegen ihrer heilsgeschichtlichen Bedeutung erwünscht; aber ihrer unterrichtlichen Schwierigkeiten wegen muß dieselbe auf das rechte Maß beschränkt und der Oberstufe vorbehalten bleiben.

c) Der Memorierzwang ist möglichst zu mildern; doch soll die Schule den Kindern einen sicheren Schatz religiösen Wissens ins Leben mitgeben.

7. Die Anwendung eines psychologischen Lehrverfahrens muß selbstverständlich auch für den Religionsunterricht gefordert werden.

8. Da ohne Freudigkeit und lebendige innere Beteiligung des Lehrers der Religionsunterricht erfolglos bleiben muß, ist jede unnötige Einengung des Lehrers in diesem Unterricht zu vermeiden, was jedoch eine sachgemäße Beaufsichtigung nicht ausschließt.

9. Lehrern, die auf Grund ihrer inneren Stellung die Erteilung des Religionsunterrichts glauben ablehnen zu müssen, sollte das ermöglicht werden und zwar ohne materielle Schädigung.

10. Angesichts der gegenwärtigen Lage auf dem religiösen Gebiet ist der religiösen Ausbildung und Ausrüstung der Lehrer in sachlicher, persönlicher und methodischer Hinsicht besondere Aufmerksamkeit zu widmen.

11. Der den Religionsgemeinschaften in Preußen verfassungsmäßig zugesicherte Einfluß auf den Religionsunterricht in den öffentlichen Volksschulen erscheint uns in sachlicher und rechtlicher Hinsicht begründet und muß ihnen erhalten bleiben.

12. Ein einmütiges, vertrauensvolles Zusammenwirken der Erziehungsfaktoren in Kirche, Schule und Haus ist auch im Hinblick auf den Religionsunterricht sehr bedeutsam und darum mit allem Ernst anzustreben.

Friedrich Niebergall

1. Die Lehrbarkeit der Religion und die Kritik im Religionsunterricht

Offenbar handelt es sich bei dem ersten um das *Ob* und *Daß* des Religionsunterrichtes, bei dem zweiten um das *Was* und um das *Wie*. Denn Religionsunterricht ist ja gar nicht möglich, wenn an der Religion nichts lehrbar ist. Sicher aber ist vieles bedenklich auf dem Gebiet der Stoffe; darum muß hier Kritik hineinfahren. Denn der Zwiespalt zwischen dem, was wir lehren müssen, und dem, was wir glauben können und für gut halten, wird immer unerträglicher ...

Gleich die Antwort auf beide Fragen: Die Religion ist zwar nicht »lehrbar«, wenn darunter ein sicheres und vollständiges Übermitteln mit den Methoden des Unterrichtes gemeint ist, aber sie kann übertragen werden, wo gewisse Bedingungen erfüllt sind. Was freilich tatsächlich gelehrt wird, das stellt die Kritik oft als zweifelhaft oder als minderwertig oder als wenig ertragreich für unsere Religion heraus. Dagegen ist das beste Mittel, die Religion oder genauer das evangelische Christentum zu übertragen, gerade das, was die positive Kritik als das Beste und Sicherste an ihm herausgestellt hat, nämlich das persönliche Leben der Gestalten, von denen die Schriften handeln und die sie geschrieben haben. So fassen sich unsere beiden Probleme zusammen ...

1. Das freilich etwas zugespitzte Ergebnis unsrer bisherigen Untersuchung war dieses: die dogmatischen, geschichtlichen, überhaupt die intellektualistischen Bestandteile dessen, was man als Religion ausgibt, sind zwar sehr leicht lehrbar, weil sie sich von einem Verstand auf den andern übertragen lassen; aber sie sind nicht Religion. Und die mystischen, geheimnisvollen und dem Bereich der Stimmung angehörigen Teile werden zwar zu der Religion gerechnet, aber sie sind nicht lehrbar, weil sie zwar nachgemacht, aber nicht sicher übertragen werden können. Wir waren darum zu der Vermutung gekommen, daß vielleicht auf dem noch übrigen dritten Gebiete des populär aufgefaßten Seelenlebens, dem des *Willens,* der Bestandteil der Religion liegen könnte, der ihre Lehrbarkeit, wenn auch nur in einem gewissen Maße, begründen könnte. Und dem scheint auch so zu sein. Wir wären vielleicht schon früher darauf gekommen, wenn wir nicht absichtlich einen sehr beliebten Fehler gemacht hätten. Wir haben es nämlich, wie das ja in der Regel geschieht, versäumt, unsre

ganze Fragestellung nach dem Verhältnis der Religion zur Lehrbarkeit einzuleiten, wie eine jede Fragestellung eingeleitet werden muß, und zwar mit der bestimmten Frage: *Was ist denn das,* Lehrbarkeit, und was ist denn das, Religion? Haben wir uns jene einigermaßen klar gemacht, so haben wir noch nicht viel getan, um diese genau zu fassen. In Wirklichkeit haben wir es ja bei unsrer ganzen Aufgabe gar nicht mit der Religion, sondern mit dem *Christentum* zu tun. Das muß man immer genauer sagen, weil gerade hinter diese beiden Ausdrücke Christentum und Religion sich heute zwei recht verschiedene Grundauffassungen auf theologischem Gebiet verschanzen, die auch ganz verschiedene Folgen für die Praxis haben. Aber darauf kann hier nicht näher eingegangen werden. Nur dies: zwar ist Religion logisch die Gattung zu der Art Christentum; aber in Wirklichkeit bezeichnet man häufig mit diesem Ausdruck eine monistisch pantheistische Spezies, von der ich wenigstens theoretisch grundsätzlich und erst recht für den Unterricht nichts wissen will. – Was Christentum ist, wollen wir uns am *Unser-Vater-Gebet* klar zu machen suchen. Daß wir uns an dieses Gebet des Herrn wenden, ist sicher das Vernünftigste; er wird doch am besten gewußt haben, was er gewollt hat. Übrigens befinden wir uns mit dieser Wahl des Ausgangspunktes in einer erfreulichen Übereinstimmung mit dem »positiven« Prof. *Schlatter* in Tübingen. Dieses Gebet ist ein merkwürdig hohes und großes Gut: hat man es auch dreißig Jahre gebetet, dann meint man immer noch, man stünde erst in der Vorhalle zu einem himmelhohen Saal, und käme nur ganz langsam hinein. Es ist ganz Gebet, Anbetung und Bitte – alles in ihm ist voll von Jesus und von Gott. Darum ist es gewiß etwas Schreckliches, wenn wir es nun im einzelnen auf seine Bestandteile hin untersuchen. Aber diese Vivisektion ist nicht schlimmer als der übliche Gebrauch im Sinne des Plapperns oder gar des Zauberns. Bei dieser unsrer Untersuchung finden wir folgende Bestandteile: a) eine bestimmte *Vorstellung,* die wir genauer eine Phantasievorstellung nennen wollen, wenn – das sei ausdrücklich gegen jede Gefahr des Erschreckens oder böser Auslegung vorhergesagt – wenn dieser Ausdruck rein psychologisch und nicht metaphysisch verstanden, wenn also dabei jede Frage nach der Wirklichkeit des Inhaltes dieser Vorstellung beiseite gelassen wird. Diese Vorstellung enthält nun das Bild eines großen gütigen und mächtigen persönlichen Weltwillens, in dessen Hand auch unser Leben steht; er kann geben und er kann nehmen, was er will, aber er ist voller Güte. b) Es liegt darum in unserm Gebet ein unendliches *Vertrauen* zu diesem Weltwillen und zu seiner machtvollen Güte eingeschlossen. c) Eine Reihe von ganz bestimmten *Werten,* und zwar von

Werten religiös-sittlicher Art, werden als Anliegen erfleht, an denen dem Beter gelegen ist; Gottes heiliger und guter Wille und sein Geist und Sinn sollen herrschen, sein Reich soll kommen, davor soll das Böse in jeder Gestalt entweichen: das vergangene, aber noch als Schuld nachwirkende Böse, das als Versuchung drohende und das als unheimliche Macht über die Menschen herrschende Böse. Das sind also lauter religiöse und zugleich sittliche Interessen. Sie sind alle gegründet auf irdische Interessen, aber auf sie in der Gestalt der einfachsten Lebensnotdurft, nämlich das tägliche Brot. Dem ganzen Gebet liegt aber ferner die Voraussetzung zu Grunde, daß es das Gebet einer gläubigen Gemeinschaft ist. Diese kennt nur Gott und sich – lauter Wir und Uns, lauter Du und Dein, aber kein Ich und Mir kommt hier vor. So ist es also genau umgekehrt im Vergleich zu unsrer gewöhnlichen Gebets- und Denkweise, wie dies ja überhaupt das Bezeichnende an Jesus ist, daß er sich immerdar gerade der gewöhnlichen Menschenweise, zu denken und zu werten, entgegenstellt. Jesus verfügt über eine Weise, die Werte und Interessen des Lebens zu ordnen, die der Richtung unsres Willens entgegengesetzt ist. Oder sollen wir lieber sagen: Wir werten leider die Dinge umgekehrt im Vergleich zu ihm? Jedenfalls erkennen wir als das Herz dieses ganzen Gebetes die Weise, wie Jesus wertschätzt, was Jesus will und was er wünscht, daß es auch seine Jünger wollen sollen. Hier steht also alles, wie wir vermutet hatten, auf dem *Willen*. Das musikalische Moment der Stimmung fehlt; dafür ist Alles zu wenig Sache des Einzelnen, dafür herrscht die Gemeinschaft vor, dafür ist auch alles zu streng sittlich und zu gewaltig in seiner verpflichtenden Größe. Ebenso spielt auch das intellektualistisch-dogmatische Wesen gar keine Rolle; dafür wiegen ebenfalls die praktischen Werte zu sehr vor. Natürlich liegt Weihe, Andacht, Gebets- und Himmelsstimmung darüber, natürlich sind auch Vorstellungen darin, aber nur als Gewänder der Anliegen, nicht als heilige Röcke. Wenn wir die subjektive Seite des Gebetes kennzeichnen wollen, werden wir sagen: ein hoher vertrauensvoller Optimismus liegt in ihm, ein Vertrauen sittlicher Art, das zugleich in hohe überweltliche Regionen weist, wo allein es die Erfüllung seiner Wünsche erwarten kann. Und objektiv steht vor uns auf ein hoher, heiliger Wille voller Macht und Güte, der in der sündigen und schlimmen Welt sein Reich bauen will, zeitlich und ewig.

Das ist Christentum nach unserm Verstande; alles andre ist bloß Voraussetzung und Ausführung. Dazu gehören besonders die paulinischen Gedanken über Rechtfertigung, Versöhnung, Erlösung und Kindesannahme durch Gott. Man soll nämlich gleichsam dazu erlöst und erhoben

Die Lehrbarkeit der Religion und die Kritik im Religionsunterricht 185

werden, daß man das Unser-Vater aufrichtig beten kann. Denn wer sich dieses Gebet mit seinen Anliegen und Werten angeeignet hat und in der christlichen Gemeinschaft beten kann, der ist ein gerechtfertigter und wiedergeborener Mensch.

2. ... Aber wir fragen nun, wie sich jene drei von uns besonders herausgehobenen Stücke der christlichen Religion zu der Aufgabe der Lehre und zur Lehrbarkeit überhaupt verhalten? a) Die *Phantasievorstellung* von dem großen und gütigen, dem heiligen und mächtigen Gott ist zunächst einmal vielen Leuten einfach nicht zugänglich. Wir haben ja doch ein Geschlecht, dem die materialistische Wüstenwanderung den frischen Brunnen der Phantasie weithin ausgetrocknet hat. Das ist wirklich eine sehr wichtige und schwere Frage; denn ohne die Beteiligung der Phantasie ist keine Wiedererweckung und Pflege der Religion möglich. Nur von allgemeinen Einflüssen der Kunst und der Philosophie, die ja immer zuversichtlicher wird, wenn sie auf geistige Wirklichkeiten zu sprechen kommt (Eucken!), läßt sich hier etwas hoffen. Noch sind die Kinder zumeist von diesem Phantasieschwund bis auf arme Großstadtkinder verschont; was ist ein Kind ohne Phantasie, und was ist die Phantasie, wenn sie nicht das ewig Kindliche im Kinde ist? Nur darf man sie weder überladen noch auch verhungern lassen. b) Wie steht es mit dem *Vertrauen*? Man kann es auf keine Weise lehren, weder durch Definitionen noch durch Ermahnungen. Vertrauen entsteht, weil es ein Gefühl ist, allein durch den Eindruck der persönlichen Größe, der es gilt, oder es entsteht gar nicht. Das ist nun einmal die Eigenart all dieser großen religiös-sittlichen Gefühle, daß ihr Wert sofort Einbuße erleidet, wenn sie nicht ganz rein und wahr in dem zarten Untergrund der Seele als einfacher Reflex einer äußeren vertrauenswürdigen Gestalt entstanden sind, oft ohne daß man weiß, daß dies ein derartiges Gefühl ist. So kann also richtiges Vertrauen nur unter der eindrucksvollen Anschauung von Gott, Jesus und der oberen Welt keimen und wachsen. Das ist der tiefe Sinn der Lehre vom *heiligen Geist*: keines Menschen Wille und Macht kann hier unmittelbar etwas fertig bringen. Das Vertrauen ist gleichsam der Funke, der von jener Größe nach innern Gesetzen zu dem Menschen überspringt, und dann ist es da. Im andern Fall ist es durch keine Gewalt herzustellen. c) Gerade so steht es mit jenen Interessen, *Werten* und Gütern, Vergebung, Herrschaft des Geistes Gottes und Erlösung von der Macht des Bösen. Sie werden entweder angenommen oder verschmäht. Das richtet sich ganz allein danach, welche Anziehungskraft sie auf einen Menschen auszuüben imstande sind. Al-

les liegt auch hier an dem Verhältnis zwischen ihnen und dem Menschen, und zwar seiner innersten Willens- und Gefühlsrichtung selbst; ein Dritter kann nur anbieten und empfehlen, aber die Entscheidung liegt allein in der Art, wie ein Mensch die Werte des Lebens schätzt und ordnet.

3. ... wir haben es mit der allgemeinen Frage zu tun, wie weit diese christliche Religion lehrbar ist, sodaß sie angeeignet werden kann. Jedenfalls absolut ist das nimmermehr der Fall. Woher kommt das? Alle jene drei Faktoren entziehen sich dem *Zwang*. Das logische Denken kann man ziehen und zwingen, jene drei aber nicht. Nicht die Phantasie: wo sie nicht, also noch nicht oder nicht mehr ist, da hilft alles nichts; da bleibt sicher die theoretische Seite der christlichen Religion aus, und daran ist mehr verloren, als man denkt, wenn das materialistische Hirn weder Gott, noch Seele, noch Lebens- und Weltenziel mehr erfassen kann. Auch das Vertrauen läßt sich nicht erzwingen, wo Gleichgültigkeit oder Furcht herrscht. Und die Werte sind gerade so wenig aufzunötigen: wo nun einmal der höchste Wert in einem Strumpf voll Taler oder in einem stattlichen Leibesgewicht gesucht wird, prallen alle Versuche rundweg ab. Velle non discitur, d.h. man kann kein bestimmtes Wollen lehren. Wenn die Religion auf dem *Wollen* steht, wie nach unsrer Auffassung unsre christliche im tiefsten Grunde, dann ist diese Religion lehrbar nur, inwieweit das Wertschätzen und Wollen des Einzelnen diesem Wollen Jesu entgegenkommt; sonst ist alle Mühe umsonst ...

Unser Leitgedanke für die Darstellung der Kritik ist nun offengestanden der Wunsch, daß wir Stoffe finden möchten, die den Willen zu gewinnen imstande sind, und zugleich, daß wir alle entfernen, die eine Unlust erwecken, welche sich nachher auf die Gesamtentscheidung des Kindes überträgt ...

Es war doch eine schöne liebe Welt, die biblische Welt vor der Kritik. Tatsachen trugen den Glauben, und der Glaube trug die Forderungen. Mit sicheren Ketten war alles an den Anfang und an das Ende der Welt geknüpft und so aus jeder bloß relativen Schätzung in die absolute hinaufgehoben ...

Aber die Tiefen taten sich auf, und die kritischen Fluten kamen und stiegen. Sie stiegen und bedeckten ein Stück dieser schönen Welt nach dem andern ... Die Kritik löst die Bibel in Schriften und Bücher auf, die ihr notwendig unterliegen. Vor allem aber erkennt sie den ganz praktischen Charakter dieser Schriften; zumal das Alte Testament wird unter dem Gesichtspunkt einer national-erbaulichen Tendenzschriftstellerei ver-

Die Lehrbarkeit der Religion und die Kritik im Religionsunterricht 187

standen. Großer Wert wird darauf gelegt, es aus seiner herkömmlichen Vereinzelung zu lösen und in den Zusammenhang mit der vorderasiatischen Religions- und Kulturgeschichte zu stellen ...

Aber mit jenen Tatsachen, den sog. Heilstatsachen vor allem, den Wundern und den vielen andern Geschichten stürzt auch die *Welt des Glaubens* hin ...

Am stärksten haben die Wasser gewiß unter den *Tatsachen* gehaust. Von ihnen bleiben viele ganz bedeckt, besonders viele Namen und Zahlen, Örter und Geschehnisse, oft auch solche, die ganz unerfindbar scheinen. Das sind oft gerade die Stoffe, die eine so große Rolle bei dem Religionsunterrichte oder dem Einpauken spielen: Die Schöpfungstage, die Paradiesflüsse, Söhne Jakobs und viele, viele von den dreihundert hebräischen Namen, die Meyer-Markau, sogar einem preußischen Kultusminister zum Entsetzen, zusammengestellt hat. Und nicht nur viele Wunder bleiben begraben ...

Aber das wollen wir auch auf das stärkste betonen, – sehr viele Stellen sind ganz frei geworden und bleiben auch frei. So z.B. die meisten Heilungen und Visionen samt den Hörerscheinungen, sehr vieles wertvolle geschichtliche Gut im Alten Testament, in den Synoptikern, in der Apostelgeschichte, ja auch im Johannes-Evangelium. Auf der ganzen weiten Linie ist man sehr viel vorsichtiger im Urteil und vertrauensvoller geworden. Und das ist die Hauptsache: jene anderen Tatsachen, die im strengen Sinn sich doch nicht begeben haben, sind dennoch in einem andern von großem Wert geworden: man hat immer mehr erkannt, daß sie als *Ausdruck von Überzeugungen* ihren Wert haben, und diese Überzeugungen sind auch Tatsachen, oft viel wichtigere als äußere Geschehnisse selbst; so drückt sich z.B. in der Schöpfungsgeschichte und in der Erzählung vom Sündenfall die ganz bestimmte Auffassung von Gott und dem Menschen samt seiner Aufgabe, so drückt sich in der Speisungs- und in der Sturmgeschichte das Vertrauen zu Gott aus. So sind die Auferstehungserzählungen Ausdrücke der Gewißheit, daß es in Jesus ein der Welt und dem Leben absolut überlegenes Sein und Wesen gibt.

So haben wir also einen sehr großen Bestand von zuverlässigem Stoff, so haben wir aber vor allem die Erkenntnis von Menschen bekommen, die so geglaubt und solche Grundsätze besessen haben. Wir haben das Bild von *gläubigen Persönlichkeiten* gewonnen, die fest an Gott und eine obere Welt geglaubt haben. Freilich stehen diese auf ganz verschiedenen Stufen, die den oben angedeuteten Schichten biblischen Denkens entsprechen. Dabei kommt es immer darauf an, in welchen Dingen sie die Hand Gottes und in welchen sie das Ziel und Glück ihres Lebens gesehen haben – was beides miteinander zusammenhängt. Diese Dinge, die sowohl die Vermittlung der Offenbarung Gottes wie auch das von Gott erbetene und im eignen Schaffen erstrebte Heilsgut bedeuten, steigen auf von dem Reich der Natur mit seinen Gütern bis – über das Gut der Familie und des Staates hinauf – zu dem Reiche sittlicher Persönlichkeiten, wie es in Jesus sowohl sein Offenbarungsmedium wie auch sein höchstes Ziel findet. Damit hängt auch das letzte zusammen: wir haben eine große Sammlung von *Idealen* des neuen gottwohlgefälligen Lebens in der Schrift. Diese reichen von dem glücklichen Leben des Bauern, dem Gott den Frühregen zu seiner Zeit schickt und die Edomiter von seinem Felde hält, wofür er ihm seine Opfer und seinen Gehorsam leistet, bis zu dem korrekten Gesetzesmann und darüber hinaus zu dem Jünger Jesu hinauf, der Gott im Geist und in der Wahrheit dient und das Ewige in dem Geist Jesu in sich hat.

Und diese letzten beiden Dinge sind und bleiben das Höchste: die *Glaubensüberzeugungen* und die *Ideale*. Davor treten die Tatsachen, sowohl die geschichtlichen als auch die sagenhaften, sowohl die der Bühne des irdischen Lebens wie auch die der Heilsgeschichte zurück; sie treten dagegen zurück, teils als Quellen, teils als Erläuterungen, teils als Hilfsmittel und Voraussetzungen dieser großen wichtigen Dinge, der Überzeugungen und der Ideale ...

Nun binden wir unsere *zwei Fäden zu einem Knoten* zusammen: Das was die Kritik beseitigt, herabgesetzt oder angezweifelt hat, ist, ganz im allgemeinen gesagt, nicht geeignet, Religion zu übertragen; zwar ist es lehrbar, vielleicht in ganz besonderem Maße lehrbar, aber was so schön lehrbar ist, ist darum noch nicht Religion. Diese ist um so einfachen Preis nicht zu haben. Umgekehrt ist, wieder ganz im allgemeinen gesagt, das was die Kritik als das Beste herausgestellt hat, eben jener persönliche Lebensgehalt von Glauben, Reinheit und Liebe, das beste Mittel zur Erweckung der Religion.

Nun erwachsen uns aber zwei wichtige Aufgaben, nämlich unter diesen beiden Gesichtspunkten die *Auswahl* und die *Behandlung* der biblischen Stoffe zu besprechen. Das soll den *regulativen* Gebrauch der Kritik in der Schule darstellen. Auf diesen legen wir den Hauptnachdruck, um die Rede unmöglich zu machen: »Nur keine Kritik in die Schule hinein, verwirrt doch die armen Kinder nicht!« Wie es überhaupt stets mißlich

Die Lehrbarkeit der Religion und die Kritik im Religionsunterricht 189

ist, sich in einem Meinungsstreit gleich die möglichst dumme Stellung des Gegners zur Widerlegung auszusuchen, so soll man sich auch nicht vorstellen, als wollte jemand die A-B-C-Schützen mit einem Auszug aus der Wellhausenschen Theorie beglücken. Aber mittelbar wenigstens müssen die Gesichtspunkte der Kritik Einfluß auf den Unterricht gewinnen, wie das immer der Fall gewesen ist. Mag sich auch damit der Schulzug um 20-30 Jahre gegen die theologische Entwicklung verspäten, das ist durchaus recht. Weil die Kritik doch immer mehr herausstellt, was Christentum ist, darum muß die Stoffauswahl einer beständigen Änderung unterworfen werden.

Zuerst fragen wir einmal, was wir überhaupt mit unserem Religionsunterricht wollen. Wir trennen dabei abstrakt, was sich in der Wirklichkeit freilich immer wieder zusammenfindet: man kann 1. Wissen mitgeben, 2. verstehen lehren, 3. erbauen.

Über das *Wissen*, die erste Aufgabe und die Art ihrer Verwirklichung braucht ja nicht mehr viel gesagt zu werden. Das wird immer mehr empfunden: Es ist ein Unrecht, daß wir deutsche Kinder der Gegenwart alle die vielen hebräischen und griechischen Namen lernen lassen und daß wir sie mit Zahlen plagen, die erstens in den meisten Fällen gar nicht geschichtlich und zweitens so mit Mühe und Ärger verknüpft sind, daß diese Gefühle langsam und für immer auf die religiösen Stoffe selbst hinüberwandern. Gewiß, es ist verständlich, daß man so die große klassische Geschichte auf den festen Boden der Wirklichkeit zu stellen sucht. Aber schließlich trägt diese Art von geschichtlicher Wirklichkeit die Wirklichkeit des Glaubens doch nicht. Und genau besehen, hat man auf diese Weise gar nicht Religion, sondern Weltgeschichte, Genealogie und Geographie getrieben. Alle diese Dinge sollten trotz der Theorie von der Bedeutung der kulturgeschichtlichen Stoffe aus dem Unterricht in der Religion hinaus. Höchstens sollen sie herbeigezogen werden, soweit es nötig ist, um die religiösen Dinge örtlich und zeitlich irgendwo festzumachen und um für die nötige Anschaulichkeit zu sorgen. Aber um Gottes Willen pauke man sie nicht ein, am wenigsten strafe man Kinder, die sie nicht wissen.

In der Tat wird es in dieser Beziehung immer besser. Man kann von einer *Säkularisation der Stoffe* reden: Die kulturgeschichtlichen Bestandteile werden immer mehr ausgeschieden und die religiösen immer mehr verselbständigt. Schon ein flüchtiger Blick auf die einander folgenden »Biblischen Geschichten« zeigt, daß dieser Vorgang unaufhaltsam ist. Während der brave *Sperber*, der noch viel gebraucht werden soll, genau den

Eintritt der Flut berechnet und sogar den ehrwürdigen Jubal und Tubalkain von den Kindern lernen läßt, sind bei *Zahn-Giebe* sogar die Flüsse des Paradieses schon verschwunden, mit denen wir noch geplagt wurden, ja sogar auch die zwölf Söhne Jakobs. *Armstroff* geht darin noch weiter vor; trotzdem sind bei ihm immer noch 300 meist hebräische Namen zu lernen. Unter diesen sollte noch einmal gründlich Auslese gehalten werden, wie unter den Streitern Gideons. Alles was nicht notwendige Kulisse, oder was nicht sprichwörtlich bekannt ist, wie etwa Sodom und Gomorrha, muß unbedingt weg. Was tut Kedor-Laomor, was die Ebene Sinear, was Laban und Bethuel, was Sin und Raphidim, was das Land Nod, was der Hain More und der Hain Mamre in deutschen Schulen? Was brauchen wir Kinder mit den etymologischen Kunststücken Sarah-Sarai, Abram-Abraham zu quälen? Wie viele Tränen mögen auch an Namen wie Amram und Jochbed hängen? Wie viele Kinder mögen schon über die Namen Jakob und Jabok gestolpert sein? Aber den Berg Nebo möchte ich um seiner sinnbildlichen Bedeutung nicht missen. Von allen Feinden Israels haben sich nur die Philister in die Unvergeßlichkeit gerettet; aber wer kann sicher die Amoriter von den Ammonitern unterscheiden? ...

Die zweite Aufgabe war das *Verstehen-lehren*. Hier soll die geschichtliche Entwicklung besprochen werden. Diese ist aber der Weg zum Verständnis. Zwei Weisen geschichtlicher Behandlung kommen in Betracht: Die *heilsgeschichtliche* und die *entwicklungsgeschichtliche*. Die erste kann man auch die messianische nennen. Von ihr kann man nicht sehr viel halten. Denn die sog. messianischen Weissagungen sind keine guten Klammern. Sie binden das Alte Testament mit dem Judenmessias zusammen, aber das ist für uns kein Beweis, sondern nur ein solcher für die Judenmission. Wie ein Pfarrer Andersen in Schleswig-Holstein ausgeführt hat, begünstigen wir damit nur die Ansprüche des jüdischen Volkes auf Weltherrschaft, während wir ja doch etwas ganz anderes aus dem uns unentbehrlichen A.T. herausholen. Denn wir wollen mit seiner Hilfe zeigen, wie sich Gott ein Volk erzieht, indem sein Gut und sein Ideal immer höher wird, bis es zuletzt in das allgemein geistige Gut des Reiches Gottes übergeht. Das ist die entwicklungsgeschichtliche Betrachtung, die statt A.T. und N.T. auf einer Höhe oder in dem Verhältnis einer äußerlichen Beziehung zu sehen, den tatsächlichen Unterschied der Höhenlage feststellt und finden läßt. Das ist das sicherste Ergebnis der Kritik und zugleich ein vorzügliches Mittel für die Lehrbarkeit der Religion in unserem Sinn. Denn so kann man den Unterschied, den Sinn und den Wert der beiden Gebiete des A.T. und des

N.T. durch Vergleich feststellen helfen. Das ist immer der beste Weg zur Empfehlung und Aneignung einer Größe. So wird Jesus über Salomo und David, über Josef und Abraham hoch hinausgehoben. Hier ist mehr denn sie alle. Interesse wird durch den Wert geweckt, der Wert aber im Vergleich erkannt ...

Unter diesem Gesichtspunkt läßt sich Grundsätzliches nicht gegen die überlieferte Stoffauswahl einwenden; auch nicht gegen das A.T., muß doch die Hauptsache, die Wertung des N.T. kindlich vorbereitet werden, indem der menschliche Pädagoge im Unterricht dem Kinde ähnliche Assoziationshilfen nahebringt wie in der Weltgeschichte der ganzen Menschheit der göttliche. In den unteren und mittleren Klassen wird man die Geschichte mehr als eine Summe von Geschichten behandeln, d.h. als Anschauungsbilder für die großen religiös-sittlichen Wahrheiten; nur in besseren, höheren Klassen dürfte ein Verständnis für die göttliche Pädagogik erreichbar sein, die nun wieder von einem neuen Standpunkte aus dem Ganzen der Bibel als einem Ganzen gerecht wird. Zu verschwinden haben immer mehr die Geschichten und die Stücke der Geschichten, die nur einen Wert in dem oft genannten Sinn, also einen kosmologischen, genealogischen und kulturgeschichtlichen oder national-jüdischen Wert haben. Manchmal wird uns ein ganz neuer Gesichtspunkt aus einer Geschichte herausschauen, der sie uns mit einer leisen Wendung ihrem eigentlichen Entstehungsmotiv näher führt; so sind z.B. die Vorgeschichten des A.T. und N.T. historisierte Zeugnisse für den Anspruch all dieser großen Lebens- und Weltwahrheiten auf absolute Geltung ...

Vor allem soll die Schule sich nach der goldenen Regel richten: *Nicht schaden!* Also sie soll nichts aufbauen, was nachher abgerissen werden muß oder von selbst zusammenfällt. Ich meine: die Wunder, die Sagen, die notwendigen aber kritisch anfechtbaren Dinge sollen nur als Kulisse oder als Leuchter für das Licht verwandt werden, die abgetan werden können mit allem anderen Kindlichen, wenn aus dem Kinde ein Mann wird.

Damit sind wir an das Heikelste gekommen, nämlich zu dem *konstitutiven* Gebrauch der Kritik als Lehrgegenstand. Auf diese Frage antwortet man am besten weder mit Ja noch mit Nein, sondern mit einer besseren Auskunft: hier so, dort so, wie es gerade angebracht und nötig ist.

Hier sei eine Analogie zum Verständnis herangezogen, trotzdem sie ihre großen Bedenklichkeiten hat, nämlich die Bekämpfung der Pocken durch die *Impfung*. Diese besteht doch darin, daß man die Krankheit zu verhüten sucht, indem man den Organismus durch die absichtliche, planmäßige Erweckung derselben Krankheit im kleinen dagegen immun macht. Was die Krankheit selbst bedeutet, das ist jedem an sich und andern bekannt: es ist die plötzliche Überrumpelung mit dem bösen Geist der Kritik, die schadenfroh der herangewachsenen Jugend alles, was ihr wertvoll und eine Stütze sein sollte, verekelt und zerstört. Auf dem Wege der Ansteckung durch Schriften wie »Die Bibel in der Westentasche« oder durch böse Genossen kommen sie an jeden heran. Wo sie in ein ungeschütztes Herz einfällt, da gibt es böse Verheerungen. Denn mit den Trägern der großen Werte, ja auch mit den Nebengedanken und zufälligen Begleitvorstellungen fallen die Werte selbst, also die großen tragenden Überzeugungen und Ideale gar oft dahin. Darum soll man sich doch ja nicht dagegen sträuben, die Kritik durch die Kritik unschädlich zu machen; denn die erste Enttäuschung ist besser als die zweite, und die Aufklärung durch eine gütige Hand besser als die durch eine böse. Es ist Barmherzigkeit, den Kindern die Wahrheit zu sagen, es ist Unbarmherzigkeit, sie ohne solchen Schutz ins Leben gehen zu lassen. Ich möchte nicht die Verantwortung tragen, die jener höhere Schulbeamte zu tragen hat, der noch vor wenig Monaten gerade der Kritik gegenüber auf eine um so strengere Betonung der buchstäblichen Wahrheit drang. Gewiß, man muß und kann die Beweggründe solcher Leute und ihre gute Meinung verstehen, wenn sie vor allem der mittelständischen und bäuerlichen Bevölkerung, auf die unsere konservative Politik ja zum Teil eingestellt ist, glauben, ihre altgewohnte Glaubensweise erhalten zu müssen. Allein man macht sich doch wohl zu gern ein Bild von diesen Kreisen, das mehr den eigenen Wünschen als der Wirklichkeit entspricht. Und weiß man denn nicht, wie schrecklich der Gegenschlag gegen die alte orthodoxe Auffassung in der werktätigen und in der sog. gebildeten Bevölkerung ist? Und diese Kreise gehören doch auch zum Volk. Aber alle Politik, auch die Kirchen- und Schulpolitik unterscheidet sich danach, auf welche dieser Kreise man Rücksicht nimmt. Kennt jemand die moralischen Schäden, die Verbitterung namentlich gegen alles, was Christentum heißt, die die übliche Behandlung der Schöpfungsgeschichte schon verursacht hat? Dagegen kommt sicher das Ärgernis nicht auf, das den sog. gläubigen Kreisen eine Behandlung in unserm Sinne erwecken würde.

Und vor allem, wie beurteilt man unsere *Lehrer,* wenn man sie immer noch den wichtigsten Unterricht in einer Weise treiben heißt, der ihnen die Freudigkeit und auch die Sicherheit im Gewissen beeinträchtigen muß?

Die Lehrbarkeit der Religion und die Kritik im Religionsunterricht   193

Ich möchte die Verantwortung wieder nicht tragen, die jene Männer zu tragen haben, die da befehlen, daß z.B. die Geschichten des A.T. als buchstäbliche Wahrheit von den Lehrern darzubieten sind.

Aber sie sitzen im Regiment und sind Obrigkeit, und die Obrigkeit ist von Gott, aber sie ist nicht Gott selbst. Gott allein bindet die Gewissen und macht sie auch frei. Darum möchte ich folgende Ratschläge geben:

1. Zunächst müssen immer wieder alle älteren und angesehenen Lehrer bei ihren Inspektoren und Schulräten in aller Bescheidenheit privatim und auf Konferenzen sagen, daß *es so nicht weiter geht,* daß die herrschende Weise einen großen Teil der Zukunft unseres Volkes rettungslos dem Unglauben ausliefert und daß man die Gewissen der Lehrer verwirrt. Sollte denn in der Kirche Luthers nicht der Schrei von gequälten Gewissen durch alle Regierungs- und Konsistoriumstüren dringen? Es muß immer wieder die Bitte erhoben werden: »Regierung, gib uns frei! Konsistorium, gib uns frei!« – Aber das soll nicht im Geist des Sturmes und des Regens geschehen, der der Behörde den Mantel nur noch enger um die Schultern zieht, sondern in einem ganz andern; denn es ist und bleibt Obrigkeit, wenn auch irrende Obrigkeit, was da spricht. Vor allem möchte ich warnen vor dem Geist eines verbissenen Radikalismus und der verärgerten Freude an der Kritik. Mag sie auch die Gegenwirkung gegen die Herrschaft der Orthodoxie sein, so hat sie doch selber wieder deren Verstärkung als Gegenwirkung im Gefolge.

2. Bis dahin muß man sich auf die richtigen Grundsätze über Reden und Schweigen besinnen. Zum Reden wider das Gewissen darf keine Behörde einen Lehrer zwingen, und Schweigen darf keine Sünde sein. Niemand darf sich also zwingen lassen, wenn er irgend von der Wahrheit der kritischen Anschauung überzeugt ist, gegen sein Wissen und Gewissen also z.B. versichern, daß wirklich Petrus auf dem Wasser gewandelt ist. Aber es kann auch keine Behörde dulden, wenn ein Lehrer unzart oder gar gehässig kleinen Kindern kritische Wahrheiten sagt. Aber jede Behörde muß zufrieden sein, wenn der Lehrer über diese Dinge schweigend hinweggeht oder ohne Ton sie behandelt. Damit kann auch das Gewissen zufrieden sein; denn es ist barbarisch den Wahrheitsfanatismus ohne die Schranken des Taktes und der Liebe walten zu lassen. Kläre auf, aber schaue, wen und wie!

3. Aber das Ziel ist und bleibt die fürsorgliche Aufklärung, die echt pädagogisch im Kinde die Interessen des werdenden Erwachsenen berücksichtigt. Wenn dann dem Soldaten oder dem reifen Mädchen jemand mit seiner allerneuesten Weisheit kommt, dann soll ein solcher Mensch

den Klugen auslachen und ihm sagen: »Das weiß ich schon lange, das hat mir mein Lehrer oder mein Pfarrer selber gesagt; ich weiß aber auch, daß hinter all den wunderbaren Dingen ein lebendiger Glaube steht, an dem sich die Menschen der damaligen Zeit aufgerichtet haben.«

4. Diesem Verfahren muß aber in den unteren Klassen vorgearbeitet werden. Darum lege man nicht zu viel Gewicht der Geschichtlichkeit auf die Stoffe, die es nicht tragen können. Vorbeugen ist besser als krank werden lassen und dann heilen; das gerät manchmal, manchmal auch nicht.

5. Auf dieses Ziel will auch *Kabisch* die Schüler der höheren Klassen hinführen, wenn er ihnen (siehe diese Monatsschrift S. 29) ein Verständnis für den Unterschied von Bibel und Wort Gottes nahebringen will. Er glaubt es erreicht zu haben, daß die Kinder vermöge eines an dem Gegenstand selbst erwachten Feingefühls sagen können: Hier ist Gottes Wort, aber dort sprechen Menschen gemäß ihrer eigenen Zeitanschauung.

So ist all unser Wirken durchaus *positiv*: Kritik im Dienst eines höheren Begriffes von Religion und Religionsunterricht. Schwemmt sie auch vieles fort, was im bisherigen Sinn zu beiden gehörte, so baut sie aber auch vieles auf, was eine bessere Weise darbietet. Diese besteht darin, daß Stoffe in den Vordergrund treten, die die Religion übertragen helfen, wenn sie auch nicht wie die andern geprüft und bei Revisionen vorgeführt werden können. Natürlich wohnen die Dinge in den Gedanken näher beieinander als in der Wirklichkeit. Denn wie der bisherige Religionsunterricht schon manche von diesen wirkungskräftigen Stoffen dargeboten hat, so wird auch der neue, dem wir entgegenarbeiten, nicht ganz ohne jene geschichtlichen Verankerungen auskommen. Aber der Gesichtspunkt ist ein ganz anderer.

Und diese Wandlung des Gesichtspunktes und der Mischung der Bestandteile ist im Ganzen das Geschenk der kritisch-geschichtlichen Theologie an die Schule der Gegenwart. Anderseits gibt es für diese selbst wenig, was sie so ermutigt und in der Überzeugung befestigt, auf dem rechten Weg zu sein, wie die große Erscheinung, daß die Schule ihre Ergebnisse so glücklich in ihren Dienst zu stellen anfängt. Geschichtlich orientierte Theologie und Schule gehören zusammen, beide ersticken, wenn sie sich trennen. Der Schule liegt es ob, das was die Theologie erarbeitet hat, richtig zu hören, richtig zu fassen, richtig zu verarbeiten und weiterzugeben, dann wird der Erfolg nicht fehlen.

2. Die Entwicklung der Katechetik zur Religionspädagogik

Wir ... wollen ... noch einmal zusammenstellen, was wir als Merkmale der älteren Art bezeichnen können ... 1. *Sachße* hatte das *geschichtliche* Gepräge der älteren Katechetik dargestellt. Das *psychologische* Moment machte keinen besonderen Teil der Lehrbücher aus, wenn es auch natürlich überall darin enthalten war. 2. Im ganzen war das Augenmerk auf die *unmittelbare* Beeinflussung mittels der *Lehre* gerichtet, wenn auch natürlich nirgends der Anschluß nach dem Gefühl und dem Willen fehlte. 3. Der *Stoff*, der angeeignet werden mußte, spielte eine größere Rolle als das *Kind*, das ihn aufnehmen sollte. 4. Der *Lehrer* kommt mehr als *Lehrer* denn als *Erzieher* und *Träger* des Lebens in Betracht. 5. Ohne Unterschied wurde die Aufgabe des *Schul-* und *Kirchenunterrichtes* behandelt, wie es den früheren und noch herrschenden Verhältnissen entsprach ... Alle diese Punkte werden sich nun vor unseren Augen ändern.

Wie ganz anders als die Katechetik von *Gottschick* ist das Buch von *H. Schreiber*, Lehrer in Würzburg, *Die religiöse Erziehung des Menschen* (Leipzig, Quelle & Meyer, 1908 ...). Zunächst ist es ja natürlich keine Katechetik, sondern es wendet sich an weitere Kreise, besonders an Lehrer, aber auch an Eltern und Alle, die sich für die Aufgabe gewinnen lassen. Dann aber ist das Buch voll *Seele,* es ist eine Seele von Buch ...

Den vorläufigen Abschluß aller modernen Bemühungen um den R.-U. haben wir in dem großen Buch von *R. Kabisch*, Regierungs- und Schulrat in Düsseldorf, *Wie lehren wir Religion?* Versuch einer Methodik des ev. R.-U. für alle Schulen auf psych. Grundlage (Göttingen, 1910 ...). Das ist ein Buch voll *Geist*. Denn es löst in klarer und feiner Weise alle Probleme, die uns heute drücken ...

Fassen wir unsere Beobachtungen zusammen, die sich diesmal mit unseren Wünschen decken: 1. Die *Geschichte* tritt noch mehr zurück, die *Psychologie* tritt vor ... Auffallend ist der schnelle Sieg der Psychologie. Das wird einmal unser Beitrag zu der Religionspädagogik sein: wir haben uns von der allgemeinen Pädagogik sagen lassen, daß man die Seele kennen muß, ehe man über ihre Beeinflussung erfolgreich nachdenken kann. Dieser Ertrag unserer Arbeit wird so leicht nicht mehr verschwinden.

2. Es ist aber die *Gefühlspsychologie,* auf die der Nachdruck gelegt wird, während die intellektuelle Psychologie dagegen zurücktritt. Es ist erkannt worden, wie viel größer die Macht der unwägbaren Dinge aus der Gefühlswelt ist als die der reinen Verstandesarbeit. Das hängt mit der Wandlung zusammen, die unsere ganze Erkenntnis von der Religion und vom

Menschen genommen hat. Ist die Religion nicht mehr Lehre, sondern Leben, so muß der Verstand hinter das Gefühl zurücktreten, wenn es sich um die Frage nach dem Organ handelt, das beeinflußt werden soll. Kabisch stellt richtig neben das Gefühl noch die Phantasie, um ein ganz zutreffendes Bild von den Gegenständen des Unterrichtes, sowohl den Stoffen als auch den Kindern, zu bekommen ...

3. Damit steigt das persönliche Leben des Lehrers oder vielmehr des religiösen Erziehers bedeutend im Wert. Es ist herzerfreuend zu sehen, wie sich darin Pietisten und »Moderne« berühren, sodaß man sie kaum voneinander unterscheiden kann. So wird ein viel größerer Wert auf die mittelbare Einwirkung gelegt als auf die lehrmäßige; Persönlichkeiten und Übung religiöser Gewohnheiten stellt ja auch *O. Baumgarten* in den Vordergrund ...

4. *Baumgarten* ist es auch gewesen, der mit allem Nachdruck die *Berücksichtigung des Kindes* gefordert hat. Der alte dogmatische Unterricht sagte: Hier ist der vorgeschriebene Stoff, da ist das Kind; nun wollen wir sehen, wie wir jenen Stoff mit der Gewaltsamkeit des Memorierens oder mit den Künsten der Didaktik in dieses Kind hineinschaffen. Wieder haben wir es der allgemeinen Pädagogik abgelernt, daß das Kind gewissermaßen auch sein Recht hat. Wie aus der allgemeinen Volkskunde die religiöse geworden ist, so ist aus der allgemeinen Kinderkunde die Aufgabe erwachsen, die Religion des Kindes zu durchforschen, um zu sehen, wo man anknüpfen und was man erreichen kann. Diese Berücksichtigung des persönlichen Gegenstandes der religiösen Erziehung vor ihrem sachlichen, dem Stoff, ist auch ein ganz unaufgebbarer Gewinn dieser neueren Bemühungen.

5. Endlich scheint sich eine *Trennung* der *Lehre* vom *schulmäßigen* und vom *kirchlichen R.-U.* anzubahnen. Wir können doch nicht mehr so einfach ... den ganzen R.-U. oder die ganze religiöse Erziehung als eine Sache *der* Kirche zusammen behandeln. Dafür haben sich die Aufgaben der Schule und die der Kirche im eigentlichen Sinn zu sehr auseinander entwickelt und sind auch in sich selbst wieder zu umfangreich geworden ...

Richard Kabisch

1. Das Recht des Religionsunterrichts und seine Stellung im menschlichen Erziehungsplan

1. *Das Recht des Kindes auf Religion.* Hat der Mensch ein Recht, erzogen zu werden? Es ist heute niemand, der auf diese Frage mit Nein antwortet. Das Kind gehört nicht nur seinen Eltern; es gehört zu allererst sich selbst, von dem Augenblick an, wo das Leben keimt. Der Staat, soweit er Rechtsschutzgesellschaft ist, schützt schon dem werdenden Leben sein Dasein. Und wenn die Eltern das Neugeborene auf die Straße setzen wollten, sie würden von der Rechtsschutzgesellschaft gezwungen werden, ihm sein Leben zu erhalten ...

Hat der Mensch auch ein Recht auf religiöse Erziehung? Ja, ist denn die Religion ein Kraftmittel im Kampf ums Dasein? Ist sie ein wertvolles Lebensgut, vielleicht gar das höchste? Oder ist sie ein unwesentlicher Zierat, den man auch entbehren kann, ohne wesentlichen Schaden am Leben zu nehmen? Davon wird die Antwort abhängen. Wer der Meinung ist, daß die Religion eine Waffe ist, um mit dem Leben fertig zu werden, seiner Not, seinen Versuchungen, seinem Ende, der wird bekennen müssen: der Mensch hat ein Recht auf Religion, so gut wie auf ein Dach, das ihn schützt gegen Wetter und Wind. Das möchten alle die bedenken, die in allzu milder Auffassung von den allgemeinen Menschenrechten und in allzu großer Scheu vor einer Übermacht des Staats den Eltern das Recht zugestehen wollen, ihre Kinder ohne Religion zu lassen. Der Eltern Recht in Ehren, niemand zwingt sie zu einem Glauben, den sie nicht haben wollen; aber hat denn das Kind selber kein Recht? Gehört es seinen Eltern wie ein totes Gut? Das wäre doch wohl ein Aufheben der elementarsten Rechtsbegriffe ...

Mit dem Cogite intrare[1] hat das nichts zu tun. Man zwingt ja die Kinder auch nicht mehr, sobald sie überall zum Gebrauch der Freiheit erwachsen sind. Sie können, wenn ihnen das gefällt, später all ihre Religion wieder über Bord werfen ...

---

1. »Nötiget sie hereinzukommen«, ein Rechtsgrundsatz der alten Ketzergerichte.

2. Die Gewinnung eines allgemeingültigen Erziehungszieles ...
Es gehört dazu vor allem und zunächst die Gewinnung eines Humanitätsideals, bis zu dem auch der Geringste im Volk, wofern er nur arbeitet, also zum Kulturganzen gehört, emporzudringen vermag. Es wird hier leicht der eine oder andere Punkt von höchstem Gewicht einfach übersehen oder aber zu ungesunder und unmöglicher Verfeinerung ausgebildet gedacht. So denkt man an die Entwicklung der intellektuellen Kräfte, ohne den entsprechenden Zustand der Gemütslage in Anschlag zu bringen. Oder man denkt mit Vernachlässigung dieser Kräfte den kulturtätigen Willen einseitig verstärkt und arbeitet allein für seine Erziehung. Wie denn auch jene nicht selten sind, die, hauptsächlich aus dem Lager der Theologen oder der Ästheten kommend, ihre eigene Gefühlsempfindlichkeit auch für den Typus des Mannes aus dem Volk ohne viel Besinnen als erstrebenswert betrachten. »Emporbildung der menschlichen Kräfte zu reiner Menschenweisheit« wollte *Pestalozzi;* und zur reinen Menschenweisheit gehörte ihm vor allen Dingen die Erkenntnis der wahren Bedürfnisse des Menschen und die Einschränkung des Strebens auf deren Befriedigung ...

Ich gestehe nun von vornherein, daß ich, auch wenn die Methode allmächtig wäre, es nicht für das Ziel meines Strebens halten würde, Religiosität in einzigem, absolutem und grenzenlosem Maße herbeizuführen. Der Standpunkt des Erziehers kann nicht der prophetische sein, der in grandioser Einseitigkeit alles andere über den Haufen rennen muß. »Emporbildung der menschlichen Kräfte zu reiner Menschenweisheit«, dabei werden wir bleiben müssen. Wir könnten auch mit *F. Paulsen* sagen: Geistige Selbständigkeit des Menschen auf der Höhe der »ihm erreichbaren Kultur« (Artikel »Bildung« in Reins Encyklopädischem Handbuch der Pädagogik). Welches nach den innersten Lebensgesetzen der menschlichen Natur die innersten Bedürfnisse des Menschen sind, das hat die Pädagogik mit Hilfe ihrer Grundwissenschaften zu erkennen, um in Anpassung an diese Gesetze ihn in einen Zustand zu bringen, durch den er in der Lage sein wird, diese Bedürfnisse zu befriedigen. Kein Ästheten- und kein Theologentum, kein Mönch- und kein Evangelistentum haben wir zu entwickeln, sondern reines Menschentum nach den möglichst vollkommenen Formen seiner göttlichen Bestimmung. Der Staat als die gegenüber dem Einzelmenschen vollkommenere Persönlichkeit[2], der all die einseitig entwickelten Kulturen durch die Verbindung seiner Glieder in

---

2. L. v. Stein, Handbuch der Verwaltungslehre, Bd. I, 3. Aufl., Stuttgart 1888, S. 10-17.

sich vereinigt, bietet seinen künftigen Generationen, die in irgend einer Weise immer Kinder solch einseitiger Kulturen sind, seine Kräfte dar, um sie zu reiner Allseitigkeit und damit zu reiner Menschenweisheit emporzubilden ...

3. *Die Einordnung der Religion in den Erziehungsplan.* Zu diesen Kräften gehören ohne Frage die religiösen; denn Gott ist die allgemeinste und die höchste Beziehung der Menschheit.

Damit ist natürlich nicht vorweg bewiesen – wofern diese Betrachtungen überhaupt den Charakter des Beweises tragen –, daß bis zum Aufhören aller Erziehung in allen Berufs- und Standesschulen auch noch Religionsunterricht zu treiben sei. Es ist nur dies damit behauptet, daß der Staat in seinen Erziehungsanstalten und -plänen bis zum Einstellen seiner Erziehungstätigkeit überhaupt die religiöse Entwicklung seiner Zöglinge im Auge behalten und prüfen müsse, ob auch durch die beginnende Einseitigkeit ihrer Kultur jene höchsten, allgemeinsten und notwendigsten Kräfte verkümmert, durch feindselige Kräfte angefochten und etwa bis zur Gefährdung der menschlichen Lebensbestimmung überhaupt ausgetilgt werden. Wo sich ein solcher Vorgang ankündigte, da hätte er allerdings Gegenmaßnahmen zu treffen, die übrigens einem ganz andern Gebiet als dem des unmittelbaren Religionsunterrichts entnommen sein können. Denn *die Selbständigkeit und Dauerhaftigkeit religiösen Lebens innerhalb der übrigen ihm erreichbaren Kultur,* dies Ziel wird für den Zögling auf religiösem Gebiet innerhalb des ganzen Bildungsplans die Erziehung anstreben müssen ...

2. Kirche, Familie und Staat als Träger des Religionsunterrichts

1. *Die Kirche.* Der erste menschliche Organismus, der die Erteilung des Religionsunterrichts sich zur Aufgabe macht, ist notwendig die religiöse Gemeinschaft. In dem Propheten als dem religiösen Genie und religiösen Willensmenschen liegt das Offenbarwerden religiösen Lebens und der Drang religiöser Mitteilung gleichzeitig beschlossen. Sein Wirken auf die Umwelt, sofern es die Absicht verfolgt, das eigene religiöse Leben auf sie zu übertragen, ist Religionsunterricht. Das kann nur durch eine besondere Untersuchung vom Wesen des Unterrichts klar gemacht werden und wird hier zu einstweiliger Annahme vorausgeschickt.

Die von dem Propheten entzündete Gemeinschaft wirkt weiter in zweckvoller Selbstdarstellung. Sofern ihr Handeln den verbreitenden Zweck verfolgt (vgl. *Schleiermacher,* Die christliche Sitte, I 2, das verbreitende Handeln. Die Kirchengemeinschaft), ist Unterricht ihre beste Lebensaufgabe; gleichviel ob dieser Unterricht in Sanftmut erfolgt oder das Schwert als Mittel gebraucht.

Nun liegt in der Ausschließlichkeit der religiösen Gemeinschaft auch die Ausschließlichkeit ihrer Unterrichtszwecke mitbeschlossen. Ihr Dasein ist nichts als Religionsübung, so kann auch ihr Unterricht auf nichts als auf Religionsübung und darum Religionserzeugung bedacht sein. Es ist im Grunde nicht anders möglich, als daß die Religion, soweit sie nicht selbst Kulturgedanken in ihr Wesen aufgenommen hat, in ihrer Ausbreitung auf die Kultur keine Rücksicht nimmt.

Die Folge dieser Tatsache ist, daß der Religionsunterricht, den die religiöse Gemeinschaft als solche erteilt, das Recht hat, in gewisser Einseitigkeit und Rücksichtslosigkeit einherzugehn. Er wird zuweilen um so rücksichtsloser auftreten, je wahrhaftiger und idealer er ist. Wir sehen das täglich an vielen Geistlichen, die unsere heutige Geisteskultur für verderblich halten und bekämpfen und deren ideale Überzeugungsglut wir nur ehren können. Die Kirche als solche kann nicht auf Kompromisse abzielen, nicht die Versöhnung weltlicher Vorstellungssysteme mit dem geistlichen wollen, wobei denn doch bei dem letztern die Abschleifung irgendwelcher Spitzen und die Anpassung irgendwelcher Kernformen unerläßlich sein würde. Wenn die evangelische Kirche in vielen ihrer Vertreter das doch tut, so liegt das daran, daß sie durch die lebensbejahende und zugleich politisch wirksame Persönlichkeit Luthers (übrigens auch Zwinglis und Kalvins) von vornherein stark mit dem weltlichen Kulturleben verschmolzen ist. Im eigentlichen Wesen der Kirche als solcher liegt das nicht. Das zeigt sich am deutlichsten in der katholischen Kirche, wo wir im Papst eine Persönlichkeit haben, die wirklich nur Kirche, nicht auch Mitglied anderer Lebensgemeinschaften ist.

Die Kirche hat mit ihrer Selbstverbreitung, richtig verstanden, alle ihre Zwecke erschöpft, und sie verfolgt diese Zwecke um so kraftvoller, je mehr sie in wahrer Verwirklichung religiösen Lebens ihren eigenen Inhalt als höchstes Gut erfaßt hat.

Wem dagegen, wie das bei Evangelischen wohl stets der Fall ist, die Religion eine Seite seines Menschendaseins neben anderen ist, wenn auch seine heiligste und umfassendste, der wird die Verbindung ihrer Erkenntnisse mit denjenigen seines übrigen Menschtums zu der Einheit eines mehrfach bestimmten aber einheitlich lebenden Bewußtseins mit Notwendigkeit fordern müssen. Es kommt aber darauf an, in welcher Eigenschaft er handelt. *Bornemann* (Der Konfirmandenunterricht und der Religionsunterricht in der Schule in ihrem gegenseitigen Verhältnis, Gießen 1907 S. 16) betont, daß der Lehrer und Schüler in der Schule ebensogut Glieder der Kirche seien, wie der Pastor oder die Kirchenbehörde. Gewiß; aber sie sind nicht *nur* Glieder der Kirche, sind vielmehr, indem sie in der Staatsanstalt arbeiten, in demselben Augenblick Träger und Empfänger der allgemeinen Geisteskultur, die diese vermittelt, auch wenn sie in dem Augenblick sich mit der religiösen Kultur als einem besonderen Zweig beschäftigten. Und man kommt mit der Abgrenzung verschiedener Rechtsgebiete niemals auseinander, wenn man nicht bedenkt, in welcher Eigenschaft die fragliche Persönlichkeit zu nehmen ist. Mit gutem Bedacht ist nach Art. 24 der preußischen Verfassung den Religionsgesellschaften die Leitung, nicht die Erteilung des Religionsunterrichts übertragen; und es ist bezeichnend und wichtig, ob der Religionslehrer (z.B. in der Person eines katholischen Geistlichen) sich bewußt ist, daß er in jedem Augenblick des Unterrichts zugleich als Staatsdiener handelt, oder ob er seinen Lehrauftrag lediglich von der Kirche nehmen will. In der Staatsschule ist das letztere ein Unding, und wenn es Geistliche gibt, die sich weigern, die durchgenommenen Lehrpensen in den Lehrbericht einzutragen und das dem Lehrer überlassen, der doch für die Arbeit eines andern keine Verantwortung übernehmen und von ihr keine Rechenschaft ablegen kann, so ist das eine Ungehörigkeit, die der Staat nicht dulden dürfte.

Das also ist das Eigentümliche des Religionsunterrichts, den die Kirche als solche erteilt, daß er auf die Gestaltung ihres eigenen Lebens und Inhalts in all den Gliedern, auf die sie wirkt, abzielen darf (ich sage nicht: abzielt), ohne sich durch die Rücksicht auf die sonstigen menschlichen Bedürfnisse einzuschränken. Weil doch aber die Kirche zugleich wünschen muß, daß ihre Religion von lebendigen Menschen, die zugleich in der Kulturwelt zu leben pflegen, lebendig erlebt werde, so ist es möglich, daß die Kirche die religiöse Erziehungsarbeit des Staats, der zugleich über die weltliche Kultur der Zeit verfügt, als heilsam für sich selbst erkennt (wie z.B. *Luther* in dem Sendschreiben an die Ratsherren v. 1524), und ihm sowohl die Vermittlung der Kenntnis der objektiven Religion wie ihre Verschmelzung mit dem übrigen Kulturleben des Individuums überläßt. Dann bliebe ihr selbst noch ein besonderes Feld: die Erziehung zur Beteiligung am Leben der religiösen Gemeinschaft als solcher ...

2. *Die Familie.* Anders ist schon der Religionsunterricht, zu dem die Familie nach ihrer Eigenart gedrängt werden würde. Wenn in dieser kleinsten Lebensgemeinschaft bei den Eltern das Bedürfnis auftritt, Religion auf die Kinder zu verbreiten, so sind für solches Tun nur zwei Motive denkbar. Entweder die Religion erscheint als Mittel, die eigentlichen Familienzwecke zu fördern, indem sie Ehrfurcht vor der Autorität erregt oder bestärkt und damit die elterliche Gewalt befestigt. Von diesem Beweggrund, weil er aus fremden Quellen fließt, kann hier abgesehen werden. Der wichtigere, auch ganz überwiegend allgemeine ist der, daß die Eltern den Wert der Religion empfinden oder empfunden haben und den Wunsch hegen, ihren Nachkommen, wie alles Begehrenswerte, so auch diesen Wert zu übermitteln. Worin dabei das Wertvolle gefunden wird, dafür gibt es ja wieder die verschiedensten Möglichkeiten. Die Einführung in die Kirche als eine staatlich begünstigte Lebensgemeinschaft, deren Mitgliedschaft allerlei soziale Vorrechte mit sich bringt, kann wieder als rein äußerliches Motiv außen vorbleiben. Die eigentlich religiösen Wertungen sind wohl die, daß die Religion die ewige Seligkeit vermittelt, oder daß sie, mit *Niebergall* zu sprechen, als das höchste Quietiv gefühlt wird, das gegenüber den zahllosen Veranlassungen zu Erregung, Unruhe und Friedlosigkeit die Seele zu jenem Frieden zu führen vermag, den die Elternliebe dem Kinde so gern für das Leben sichern möchte. Dabei sieht die ältere Generation auf die beruhigende Wirkung der Religion oft wie auf die Schönheit eines verlorenen Kinderparadieses zurück und hofft, der Glaube, der ihr selbst nicht Stich gehalten hat, möge durch allerlei glücklichere Führungen den Kindern für das Leben erhalten bleiben.

Nun deckt sich – leider – infolge der religiösen Unselbständigkeit der Laien das Lehrbedürfnis der Familie oft vollständig mit dem der Kirche, und die Familie fühlt sich beruhigt, sobald sie ihre jugendlichen Glieder den Vertretern der Kirche zugeführt hat, damit sie deren Lehrtätigkeit unterworfen werden. Wo dagegen das religiöse Wertgefühl eine selbständigere Gestalt gewonnen hat, wo der Vater (die Mutter) dem Gott, den er verehrt, die Knie des Kindes beugen möchte, oder wo er ihm das Paradies gönnt, in das ein frommer Glaube führt, oder wo er es nach den Mühseligkeiten dieses Daseins im Jenseits geborgen wissen möchte, da wird der Glaube selbst und damit das Unterrichtsbedürfnis eine gewisse Vereinfachung erfahren haben. Das persönliche Verhältnis des Laien zu Gott kann nicht auf einem verwickelten Dogmensystem beruhen, schon weil er dieses Dogmensystem überhaupt oder nur für verschwindend kurze Abschnitte seines Lebens beherrscht und sich in der Regel ein sehr bescheidenes Maß religiöser Vorstellungen ausgesondert hat, von denen er lebt ...

Ich habe ... Analysen der pädagogisch wirksamen Elternreligion in Form möglichst ungezwungener Unterhaltungen vorgenommen. Außerdem habe ich (mit fremder Unterstützung) eine große Anzahl von Fragebogen ausfüllen lassen[3] ...

Es ist hier nicht möglich, die Einzelheiten meiner Untersuchungen vorzulegen; aussprechen aber möchte ich, daß mir, wo es sich um evangelische Eltern von Volksschulkindern handelte, die Einfachheit, die praktische Tendenz *und die Konfessionslosigkeit,* ja Universalität dieses religiösen Familienunterrichts aufgefallen ist.

Dies etwa ist das Durchschnittsbild, das ich bis jetzt zu zeichnen vermag: Den Anfang bildet das Eingewöhnen kleiner Gebete, vor allem vor dem Einschlafen. Gott ist da und behütet. Auch die Engel stellen sich dabei ein. Daß er unsichtbar ist, aber alles sieht, wird oft ausdrücklich hervorgehoben. Er tritt dabei als die verstärkende Autorität in der sittlichen Erziehung auf. Man muß ihn fürchten, weil er alles sieht und nicht will, daß wir etwas Böses tun. Er straft durch Krankheit; er nimmt auch einmal in den Himmel oder schickt in die Hölle. Himmel *und Hölle* fehlen fast nie. Es kommt auch vor, daß ausdrücklich die Gebote als Gottes Gebote eingeübt werden, – dies der stärkste Rest unmittelbaren Einflusses früher erlebter Tätigkeit von Kirche und Schule. In unserm Volk scheint dabei das vierte und das siebente Gebot gemeint zu sein

---

3. Die Fragen lauteten: 1) Haben sich die Eltern um die Religion der Kinder bemüht? Der Vater? Die Mutter? 2) Hat man das Kind beten gelehrt? Vor oder mit ihnen gebetet? Fertige oder freie Gebete? 3) Sind bestimmte Vorstellungen über Gott gegeben, und welche? a) Über Gottes Stellung zur Natur, b) Über Gottes Stellung zur Sittlichkeit? 4) Sind Gebote im Namen Gottes gegeben? 5) Ist mit Gott gedroht oder verheißen worden? 6) Sind Vorstellungen über Himmel und Hölle gegeben? Welche? 7) Sind Vorstellungen von Engeln oder Teufeln gegeben? 8) Ist Bestimmtes über Jesus mitgeteilt worden? 9) Wurden sonst Mitteilungen aus der biblischen Geschichte gemacht? 10) Aus der Kirchengeschichte? Von Luther? 11) Gab es religiöse Bilder im Hause? Sind sie den Kindern erklärt worden? 12) War die Bibel im Hause? 13) Wurde sie benutzt? Den Kindern in die Hand gegeben oder vorgelesen? 14) Wurden die christlichen Feste erklärt? 15) Taufe, Begräbnis, Hochzeit? 16) Wurde das Kind zum Gottesdienst geführt?

(und »Du sollst nicht lügen«); wenn die andern überhaupt vorkommen, sind sie mehr die unerläßliche Begleiterscheinung, auf der ein Gefühlswert nicht ruht. – Und hier hat die Sache ein Ende. Zu Weihnachten taucht bei manchen das Christkindchen auf; aber es steht auf einer Linie mit dem Osterhasen und ist in die übrige Kinderreligion der Eltern nicht eingefügt. Und von Jesus ist alles still. Vollends ein Erlösungswerk, Sühnetheorien, Rechtfertigung u. dgl. werden, soweit ich habe feststellen können, mit keinem Wort erwähnt. Die biblische Geschichte spielt – mit geringen Ausnahmen – nur dann eine Rolle, wenn ein Bild oder ein Bilderbuch im Hause darauf führt, und auch dann längst nicht immer. Für die Regel kann sie als Bestandteil dieses Religionsunterrichts ausscheiden.

Wir wollen es wissenschaftlich ausdrücken: Gott beruhigend gegenüber den Erregungen dieser Welt, Gott sittlich spannend gegenüber ihren Lösungen und Erweichungen, das sind die beiden Pole, um die sich die häuslichen Unterweisungen drehen ...

3. *Der Staat.* Und nun der Staat. Hat er überhaupt ein selbständiges Interesse daran, Religion zu lehren? Greift er nicht, wie so oft und so heftig behauptet ist, damit ein in die kirchliche Sphäre und tut etwas, was seinen eigenen Interessen fremd ist und die der Kirche oder der Familie schädigt? Oder gehört es zu den unerläßlichen Aufgaben des Staats, daß er Religion lehre? Und wenn, welche Lehrbedürfnisse müssen auf diesem Gebiet dem Staat erstehen, mit deren Befriedigung die Staatsschule ausschließlich beauftragt werden kann?

Für die Beantwortung dieser Fragen gibt die Idee den Ausschlag, die man vom Wesen des Staates hat und für richtig hält. Natürlich: Will man in ihm nichts anderes sehen als die Rechtsschutzgemeinschaft und überträgt ihm lediglich Polizeifunktionen, so ist es schwer, ihn sich als Religionslehrer zu denken ... Aber jene Auffassung von Wesen und Aufgaben des Staats ist durch die moderne Staatengeschichte längst überwunden. Nicht nur durch den Wohlfahrtsstaat, der in den Zeiten des aufgeklärten Despotismus so grundlegende Fortschritte in dem Kulturleben der Völker heraufgeführt hat, daß er durch diese tatsächliche Fortentwicklung sein Recht aufs Dasein, wenn auch nicht auf Erstarrung und Verewigung vollkommen erwiesen hat. Über ihn hinweg führt die in erster Linie durch *L. von Stein*[4] vertretene Idee des Staats als des rela-

---

4. L. v. Stein, Handbuch der Verwaltungslehre, vgl. o. S. 5.

tiv vollkommenen Menschen, dieselbe Idee, die *Schiller* in den Briefen über ästhetische Erziehung[5] zeichnet, wenn er ihn, dem antiken Olymp vergleichbar, als die nach oben auseinandergeworfene, vergrößerte und vollkommene Zusammenfassung all der Kräfte darstellt, die in den menschlichen Individuen nur als einseitige Kulturen zu finden sind. Der Staat nach seiner Idee ist der vollkommene Mensch und verfügt deshalb über alles, was an körperlichen und geistigen Kräften im Menschen lebt. Nichts ist in ihm verkümmert und verkrüppelt, was als ein lebendiges Gut zur Menschennatur gehört; er ist in der Lage, durch seine Verwaltungstätigkeit jedes Einzelne als ein wundervoller Organismus an dem Platz zu verwenden, wo es gedeihen und seiner Eigenart entsprechend zum Wohl des Ganzen wirken kann ... So hat er denn vor allen Dingen auch auf seine heranwachsenden Glieder als der vollkommene Mensch zu wirken und ihnen nach seiner Einsicht in ihre besondere Lage und nach seiner Weisheit bezüglich allgemein menschlicher Bedürfnisse an seiner eigenen Vollkommenheit Anteil zu geben. Noch immer würden Tausende seiner einzelnen Glieder aus Torheit und Trägheit ihre Kinder wild aufwachsen lassen oder in frühzeitigem Erwerb mit ihrer kleinen Arbeitskraft Raubbau treiben; der Staat als der vollkommene Mensch weiß, daß durch rechtzeitige Schonung der sich entwickelnden Kraft und Steigerung der Erwerbsfähigkeit durch Unterricht und Übung eine Kapitalansammlung vor sich geht, die den tatsächlichen Familienwohlstand auf die solidesten Grundlagen legt; deswegen übt er nach seiner höheren Weisheit auf die Jugend den Schulzwang, den jedes seiner Mitglieder üben würde, wenn es selbst dieser höheren Weisheit teilhaftig wäre. Und der Staat nach seinem verhältnismäßig vollkommenen Überblick über alles auf dem Gebiet der Kultur Gewordene und Werdende weiß, daß die Religion nicht nur in der Anlage des Menschen als eine allgemein menschliche Funktion vorgebildet ist, sondern auch in ihrer Entwicklung, die zwar am lebendigsten in Zweckgemeinschaften vor sich geht, für die Überwindung des Lebens, für die Gewinnung seiner Früchte, für den Sieg über seine Hemmungen, für seine Bereicherung und Vollendung Unersetzliches leistet und für das öffentliche wie für das Privatleben ein Lebenselement von (wenn es geregelt auftritt) unvergleichlich segensreicher Kraft ist. Darum sorgt er dafür, daß es an dieser unentbehrlichen Nahrung niemandem seiner Mitglieder fehle; deswegen erteilt er Religionsunterricht.

5. Vierter und sechster Brief.

Aber freilich, seine Lehrbedürfnisse müssen nach seinen eigenartigen Aufgaben eigenartig erwachsen ...

Eine Religion, die nichts leistet, hat er in keinem einzigen seiner Glieder zu pflegen ein Interesse. Mag diese Leistung von der beruhigenden oder der spannenden Art sein, mag sie in der Sicherung des Lebensglückes oder in der Verstärkung der sittlichen Kräfte bestehn, immer muß sie eine augenblicklich wirksame sein, wenn ihm daran liegen soll, sie zu fördern. Sie muß so sein, wie sie in dem vollkommenen Menschen auftritt, denn nur den vollkommenen Menschen hervorzurufen, ist des vollkommenen Menschen Aufgabe. Sie muß ein wirkliches Kulturgut sein, denn nur die Kulturgüter finden in dem Staat ihre Pflege.

Hieraus ergibt sich auch, daß der Staat zwar gewisse in ihm lebende Religionsgesellschaften begünstigen kann, aber in Fühlung mit ihnen eigenen Religionsunterricht erteilen muß. Denn es kann sein, daß seine eignen Zwecke durch den Religionsunterricht der Kirche – meistens zu ihrem eigenen Schaden – nicht voll befriedigt werden. Es kann sein, daß die letztere mit jener Starrheit, die unter Umständen geschichtlich berechtigt ist, – man denke an den Kampf Roms gegen den Modernismus, – lediglich ihr eigenes Leben darstellen und weitergeben will und den Kulturzustand, in den sie dabei hineinwirkt, verachtet. Das kann beim Staat nie sein, da er selbst der Träger dieses Kulturzustandes ist. Er muß unter allen Umständen das Lehrziel verfolgen, den religiösen Zustand, den er hervorruft, mit dem Kulturzustand, in den er einführt, zu versöhnen und so in den einheitlich lebendigen Menschenseelen etwas einheitlich Lebendiges zu schaffen. Das ist seine Pflicht, und dazu ist er in der Lage. Denn seine Beamten, auch wenn sie Religionslehrer sind, sind nicht ausschließlich Träger der religiösen, sondern zugleich der allgemeinen Kultur. Die Beamten der Kirche, gerade wenn sie ihr mit der ganzen Hingebung dienen wollen, die ihre schönste Pflicht ist, leben sich oft immer einseitiger in die innerhalb des kirchlichen Lebens gestalteten Vorstellungsmassen ein und leben sich oft immer vollständiger aus dem Vorstellungs- und Gefühlsleben, wie es in der bunten Kulturwelt sich gestaltet, heraus. Die Folge davon ist, daß sie die Bedürfnisse des weltlichen Kulturmenschen nicht klar erkennen, weil sie ihm nicht gleichen. Der Staat stellt in seinen Religionslehrern Beamte hin, die er mittels der ihm zu Gebote stehenden Bildungswege mit der allgemeinen Kultur innig vertraut gemacht hat, die der Menschheitsstufe eignet, auf die sie zu wirken berufen sind. Deswegen zerstört der Staat sich selbst das Recht, Religionsunterricht zu erteilen, wenn er etwa in der Anstellung solche Religionslehrer bevorzugt, die die Verschmelzung der Religion mit der Kultur der Gegenwart in sich nicht vollzogen haben, sondern jenen exklusiv kirchlichen Standpunkt in isolierter Starrheit vertreten. Der Staat als Religonslehrer versteht die Kinder seiner Zeit und fühlt mit den Kindern seiner Zeit, denn er gleicht ihnen ... *Der Religionsunterricht des Staats muß immer kulturgemäß sein, dem der Kirche steht es frei, die Kultur zu befehden.*

4. *Die Konfessionalität des staatlichen Religionsunterrichts.* Geht nun daraus hervor, daß der Staat eine allgemeine Religion, eine Staatsreligion entwickelt und lehrt, die gewissermaßen über den Kirchen und Konfessionen schwebe? Vorschläge der Art sind immer wieder gemacht worden. *Basedow* und *Bahrdt* konstruierten für ihre Philanthropine jene Naturreligion, die davor sicher sein sollte, »den Widerwillen irgend einer Religionspartei« zu erregen, und die deswegen alle zugleich gegen sich vereinte. Den Anhängern der Simultanschule schwebt heute vielfach das Ideal einer christlich-interkonfessionellen Religion vor (wie sie Anfang des 19. Jahrhunderts in den nassauischen Schulen gelehrt wurde). Alles Formen, die auf eine derartige Staatsreligion hinauskommen. Hier, wo es sich um die Methode des evangelischen Religionsunterrichts und die Gewinnung der von ihr zu erstrebenden Ziele handelt, seien nur einige wichtige Gründe genannt, die gegen die Aufstellung einer Staatsreligion sprechen. Der erste und bedeutendste: der Staat als der vollkommene Mensch pflegt zwar die Religion, aber er erzeugt sie nicht. Gerade darauf beruht die Volkommenheit des Staats, daß er die einseitigen Kulturen nicht unterdrückt, sondern jede an ihrem Platz sich voll entwickeln läßt und zum harmonischen Ineinandergreifen innerhalb seines Ganzen verwertet. Ursprünglich, echt und voll entsteht die Religion in der selbständigen Einseitigkeit ihrer Genies, ihrer Stifter und der von ihnen begründeten Gesellschaften. Dort also entfaltet und entwickelt sich ihr Leben mit der vollkommensten Kraft, und der Staat hat das Interesse, es in dieser ursprünglichen Kraft seinen Mitgliedern nutzbar zu machen. Er wird deswegen nur eine Religion pflegen können, wie sie wirklich da ist, also in den Formen, wie sie in den bestehenden Religionsgesellschaften lebt. Weil er es aber als Staat tut, so kann es nur in der Weise geschehen, daß er lebendige Mitglieder einer Religionsgesellschaft, die zugleich lebendige Mitglieder seines eignen Körpers sind, mit der in ihm lebendigen Kultur ausstattet und nun beauftragt, die in ihnen lebendige Religion, so wie sie mit der Kultur der Zeit in ihnen selbst zu einer lebendigen Einheit verwachsen ist, der

neuen Generation darzureichen. Es müssen die staatlichen Religionslehrer zugleich wirkliche und willige Mitglieder der Religionsgesellschaft sein, zu deren Teilnahme die betreffenden Kinder erzogen werden sollen, und durch diese Personalunion der staatlichen Lehrer mit den Konfessionsangehörigen muß die lebendige Konfessionalität des Unterrichts gewahrt sein. Es ist dadurch zugleich verhütet, daß eine ihrem Wesen nach aggressive Konfession (wie es die römisch-katholische Kirche ist) unter dem Deckmantel der Parität oder der Konfessionslosigkeit oder der Toleranz den gegnerischen Konfessionen in der Stille den Boden abgräbt, wie schon dann geschieht, wenn diese verhindert werden, die historische Wahrheit zu sagen.

Dabei ist ersichtlich, daß konfessioneller Unterricht der Staatschule nicht dogmatischer Unterricht zu sein braucht. Es ist wesentlich diese Verwechslung, die in Lehrerkreisen so viele Gegner des konfessionellen Unterrichts geschaffen hat ...

3. Was ist Religion?

1. *Die Grunderscheinungen des Seelenlebens ...*
Meine psychologische Denkweise ist in überwiegendem Maße durch *Wundt* bestimmt. Abweichungen wird der Kenner bald bemerken. Mir scheint, daß man als seelische Grundfunktion ein Streben anzusehen hat, das bei jedem Individuum besonders auftritt und dessen besondere Eigenart vor die Geburt oder, kantisch gesprochen, in die intelligible Welt zurückreicht. Es ist dies bei *Kant* und *Schiller* die Person, bei *Schopenhauer* die Persönlichkeit als Idee. Indem dies Streben durch psychophysische Vorgänge der Außenwelt begegnet, gerät es in eine gewisse Zuständlichkeit, die wir als Gefühl zu bezeichnen pflegen. Dieser Zustand ist, wie etwa ein Punkt im Raum, immer nach drei Dimensionen zu bestimmen oder nach drei Zustandsqualitäten zu bezeichnen: nach dem Grade der Erregung, der Spannung, der Lust ...

2. *Das Wesentliche des religiösen Vorgangs im allgemeinen.* Legt man nun das Wesen der Religion in das Gefühl, so ist damit ausgesprochen, daß ihr die allerhöchste Realität zukommt. Denn das dürfen wir nie vergessen: alle Objekte setze ich als außer mir vorhanden nur voraus, weil ich durch sie in eine gewisse Zuständlichkeit geraten bin, und die Vorstellungen, die ich von ihnen bilde, sind ausschließlich Symbole dieser Objekte, nicht

die Objekte selbst. Wir *haben* sie nicht in unseren Erlebnissen, sondern wir haben immer nur uns selbst. Und insofern wir in ihnen eine Veränderung hervorzurufen wünschen, können wir doch diese Veränderung tatsächlich immer nur hervorrufen wollen in unseren Symbolen des Objekts, weil die Objekte selber uns ewig fremd bleiben. Nur unser Gefühl ist unser eigen. Das ist es, was alles Gefühlsleben mit so einzigartiger Bedeutung umkleidet ...

Und das nun ist das Wesen der Religion, daß sie immer durch die unmittelbare Beziehung unseres beschränkten Ich auf ein größeres Ich, das als Gottheit aus der oberen Welt in unser kleines Dasein hineinragend gefühlsmäßig erlebt wird, daß sie durch diese Beziehung immer eine Erregung der Gefühle mit der Spannungskomponente, also eine Steigerung des Lebens bedeutet. *Die Religion ist unmittelbarste Wirklichkeit des über sich selbst hinaus gesteigerten Lebens ...*

3. *Der religiöse Grundvorgang in der jüdisch-christlichen Religion.* Und so denn auch und höchst intensiv in den Urzeiten der jüdisch-christlichen Religion, im Prophetismus des Alten Testaments, bei Jesus und den Aposteln. »Da sprach ich: Wehe mir! ich bin verloren! Denn ich bin ein Mann unreiner Lippen, und unter einem Volke mit unreinen Lippen wohne ich: denn meine Augen haben den König, Jahwe der Heerscharen, gesehen! Da flog zu mir einer von den Seraphen, mit einem glühenden Stein in der Hand, den er mit einer Zange vom Altar genommen hatte. Und er berührte damit meinen Mund und sprach: Nun dieser deine Lippen berührt hat, wird deine Missetat schwinden und deine Sünde gesühnt. Da hörte ich die Stimme des Herrn, die da sprach: Wen soll ich senden, und wer soll von uns gehen? Ich sprach: Hier bin ich, sende mich! Da erwiderte er: Geh hin.« Jes. 6. ... Das sind die religiösen Urklänge. Die jenseitige Welt, ein höheres Ich, dem gegenüber alles, was von Vorstellungen aus dieser Welt mit ihren Angst- und Hoffnungsgefühlen in der Seele sonst lebt, in ein Nichts zusammenschrumpft, das Leben von oben her tritt in die Seele des Erdenmenschen, bricht in ihr Leben ein, wie wenn die Quellen der Tiefe sich auftun, und verwandelt den sanften Fluß ihres Lebens zum Meer, das alles mit sich fortreißt. Das Ich ist in seinem Lebensgefühl gesteigert und nicht nur über sich, sondern über die ganze Welt, die ja in ihm doch auch nur ein Teil seines Ichs ist, hinweggehoben. Die Objekte schwinden oder verlieren ihre Bedeutung, weil das Subjekt, das sie gestaltete, in der realsten Wirklichkeit, in der ungeahnten Steigerung seines eigenen Zustandes eine höhere Objektivität erlebt hat, die

aller Gestaltung spottet, weil sie selber gestaltet oder die Schranken des in der Beschränktheit der Ichvorstellung gestalteten Personenlebens durchbricht und zum Unendlichen erweitert. Es sind Abhängigkeitsgefühle und doch durch die Identität, die jene höchste Quelle der Abhängigkeit mit dem Ich des religiösen Subjekts eingeht, Kraftgefühle von unvergleichlicher Größe.

Ist es zu übersehen, daß gerade dies auch in dem Leben Jesu der Urgrund ist, das eigentliche religiöse Erlebnis, dem all sein Tun entquillt? Eine Identität mit Gott, die nur in ihrer ruhigen Kraft, ihrer stolzen Hoheit alles, was wir sonst an religiösen Offenbarungen kennen, verdunkelt? »Ich und der Vater sind eins.« Laßt das Wort johanneisch sein, es bezeichnet die Grundstimmung, aus der Jesu Tun quillt, seine Religion. »Alle Dinge sind mir übergeben von meinem Vater,« das Wort steht doch, wie *Harnack* einmal hervorgehoben hat, bei Matthäus. Und diese Stimmung zu verbreiten, die höchste Realität, die Gemeinschaft mit Gott, die durch den eigenen Zustand in lebendigster Wirklichkeit die Gegenwart der höheren Welt erlebt, das ist sein eigentliches Werk. Oder sagen wir, es ist sein Werk nach der religiösen Seite; denn daß er es zugleich nach der sittlichen Seite übt und das Tun, das aus dieser Stimmung hervorgeht, immer wieder nennt und fordert, den Willen, wie er aus der Spannungskomponente seiner Gefühlslage fließt, ausdrückt und in die anderen überträgt, das ist selbstverständlich. Denn er erlebt eben die obere Welt, er erlebt die Gegenwart Gottes als die eines heiligen Willens, der nur das Gute will, und seit den alttestamentlichen Propheten, den echten Vorläufern Jesu, ist Gewissen und Religion unlöslich miteinander verbunden. Aber das Gotteserlebnis ist ihm keineswegs in dieser Spannung des Willens zum Guten erschöpft; er erlebt ihn, gerade Jesus erlebt ihn ebenso sehr als die gütige Allmacht, die das ganze Leben trägt und sättigt, als die Barmherzigkeit, die in die Zerrissenheit des Schuldgefühls und der Reue aus dem Überschwang der eigenen Harmonie Versöhnung und Frieden trägt, als das Leben, aus dem selbst körperliche Gesundheit und über den Tod hinaus ewige Lebensfülle hervorquillt ... Es ist gewiß ganz einseitig und eng, wenn man sein Lebenswerk – gar seine Religion – darin sehen will, daß er ein Lebensideal aufstellt, dessen Bejahung er fordert. Weit höher als das, was er fordert, stand ihm und stand seinen Zeitgenossen, die ihn erlebten, das, was er bringt: Leben, Kraft, Steigerung des Daseins ...

Das Wort Glauben spielt ... bei Jesus offenbar durchaus nicht die Rolle, die es bei Paulus spielt. Das liegt darin, daß Jesus eben keine Theologie bringt, sondern Leben. Aber wo er es gebraucht zu haben scheint, da ist es in dem Sinne des Gefühlsaufschwungs, der vor seiner Person die Kraftsteigerung im Gefühl der Lust, des Lebens, der Spannung als Wirklichkeit erfahren hat. Darum ist der Unglaube bei den Jüngern der Grund, daß sie nicht Wunder tun können wie er (Mt. 17,20); darum ist es Unglaube, wenn sie in der Wassersnot den Kopf verlieren (Mk. 4,40); darum bemerkt er Glauben nicht bloß an dem Gichtbrüchigen, sondern auch an den Trägern, die ihm jede Wunderkraft zutrauen (Mk. 2,5); darum ist der Unglaube der Nazarener schuld, daß er dort keine Heilungen vollbringen kann (Mk. 6,6). »Fürchte dich nicht, glaube nur« – laß nur den Mut, die Spannung, die Hochgefühle, die du vor mir und durch mich empfindest, nicht sinken (Mk. 5,36). Der Imperativ, in den sich das Wort kleidet, bedeutet dabei nicht, daß eine sittliche Willensentscheidung gefordert werde, sondern es ist das helfende, krafteinflößende Trostwort, durch das der im Gefühl Stärkere den Furchtsamen aufrichtet und seine eigene Lebenskraft – in der Lebenswirklichkeit auch durch den Ton der Stimme, durch den Blick und den Händedruck, durch alles, was die Zuständlichkeit des empfindenden Subjekts beeinflußt – in den Schwächeren hinüberleitet. Er selbst von dem Gefühl der Lebenseinheit mit Gott in seiner ganzen überwältigenden Größe emporgehoben, ist es zufrieden und findet es genug, wenn sich dieser Glaube an ihn heftet und an ihm aufrechthält; höher freilich noch ist der zu preisen, der hinter seinem eigenen Walten Gott findet und so aus der höchsten Kraftquelle für die Zukunft Kraft nehmen wird. Durch den Glauben an ihn sind die Aussätzigen alle gesund geworden, aber der eine, der um des Erlebten willen Gott mit lauter Stimme pries und ihn als den von Gott Begnadeten ehrte, hat einen Glauben, der des Preises wert ist.

Aufschwung des Gefühls durch den wahhaftig eintretenden und von keiner Wissenschaft hinwegzuleugnenden Zustand einer lustvollen Anregung und Spannung, die das Leben durch eine aus dem Unterbewußtein hereinflutende andere Welt steigert und erhöht, das ist das religiöse Erlebnis, der Glaube ...

Die Religion ist ein Lebensprozeß, nämlich das Eintreten einer neuen, aus der nicht erkennbaren Welt durch das Unterbewußtsein in das Bewußtsein einströmenden Lebenskraft, die durch die Gehobenheit des Gefühls als unmittelbar wirklich erfahren wird. Sie ist unmittelbare Wirklichkeit des über sich selbst gesteigerten Lebens ...

4. Ist Religion lehrbar?

Religion nach unsrer Begriffsbestimmung ist lehrbar, wenn es möglich ist, durch planmäßige Einwirkung ein Subjekt dahin zu bringen, daß es die eigene Unzulänglichkeit im Gefühl erlebe und die Wirksamkeit der oberen Welt, gleichviel, wie diese vorgestellt werde, durch Steigerung der Lebenskraft als eine wirkliche erfahre. Christliche Religion ist lehrbar, wenn dabei die planmäßige Einwirkung dahin führt, daß die Unzulänglichkeit im Sinne Jesu motiviert und im Sinne Jesu aufgehoben ist, so daß auch die aus dem neuen Vorstellungsgefühl quellende Willensrichtung in der Richtung seines Wollens verläuft ...

Unter Lehrbarkeit verstehen wir, daß eine Erkenntnis, eine Fertigkeit, ein Gefühl oder eine Willensrichtung durch planmäßige Einwirkung hervorgerufen werden können. Wir haben nun gesehen, daß das bei Gefühlen aller Art, von den niederen sinnlichen bis zu den höchsten geistigen, möglich ist, und daß ebenso dem Willen, sofern er in der empirischen Welt auf Veränderungen abzielt und damit in den Kausalitätszusammenhang eingetreten ist, seine Richtung gewiesen werden kann. Daß es sich bei Erlernung von Gefühlen und Willensrichtungen nicht um ein Andemonstrieren durch logische Beweisführung handeln kann, ist selbstverständlich. Wir sahen, daß hier außer der Vorstellung mit dem in ihr haftenden Vorstellungsgefühl noch der gebietende Wille, die ansteckende Macht des Beispiels und das glücklich erregte eigene Begehren eine ausschlaggebende Rolle spielt. Denken wir aber alle diese Faktoren in Tätigkeit gesetzt, so liegt in dem Wesen der Religion nichts, was ihr gegenüber den neuen Vorgängen des geistigen Lebens in Hinsicht auf die Erlernbarkeit eine völlige Ausnahmestellung anwiese. Die religiöse Anlage ist allgemein. Für das Abhängigkeitsgefühl und das aus der Einfühlung in die Abhängigkeitsquelle wieder erwachsende Kraftgefühl bieten sich in der Mitteilung religiöser Vorstellungen, in der Äußerung religiös ergriffenen Seelenlebens, in dem Umgang mit religiösen Persönlichkeiten, in der Wirklichkeit wie in der Phantasie, in der Suggestionskraft des Willens verehrter und geliebter Menschen wie in der antreibenden Kraft des Gemeinschaftslebens eine Menge von Hilfsmitteln, die nach der Kausalität geistigen Lebens nach höherer Einsicht und höherem Plan ganz ebenso religionszeugend wirken, wie alle andern zureichenden Ursachen ihre Wirkungen hervorrufen ...

5. Die Religion des Kindes

2. Die Erfahrungsreligion des Kindes. Die religiösen Erfahrungen, die das Kind selbständig macht, liegen auf dem Gebiet des Natur- und des sittlichen Lebens. Durchaus selbständig ist dabei natürlich nur die Gefühlserregung und damit der Kern des religiösen Vorganges. Die Kristallisation dieses Gefühls zu einer Vorstellung »Gott«, Gotteskraft, Gottesfurcht erfolgt, da das Kind innerhalb einer historisch bestimmten Umwelt aufwächst, durch die Umgebung.

Gewaltige Naturerscheinungen, namentlich alle, die mit dem Gewitter zu tun haben, pflegen, wie in dem Volk je und je, so in dem Kinde religiöse Empfindungen mit Ursprünglichkeit auszulösen. Noch der alte *Goethe* erinnert sich, wie er als Kind in einem gewaltigen Hagelwetter, das unter Donner und Blitzen die Spiegelscheiben des Hauses zerschlug, den zornigen Gott unmittelbar kennen gelernt habe, wobei das betende Geheul des Gesindes die Ereignisse dem Gefühl noch tiefer eindrückte. Bei *Friedrich Hebbel* wächst sich eine ähnliche Erinnerung zu einer Beschreibung aus, die noch nach Jahren die Schauer der Ehrfurcht lebendig macht. Er erzählt, wie bei geschlossenen Läden in der stockfinsteren Schulstube unter Donnerschall und Schloßengeprassel die verängstigten Kinder um die erschrockene Lehrerin Susanna sich zusammendrängen.

»In den Pausen zwischen dem einen Donnerschlag und dem anderen faßte Susanna sich zwar notdürftig wieder und suchte ihre Schützlinge, die sich, je nach ihrem Alter, entweder an ihre Schürze gehängt hatten oder für sich mit geschlossenen Augen in den Ecken kauerten, nach Kräften zu trösten und zu beschwichtigen; aber plötzlich zuckte wieder ein bläulich flammender Blitz durch die Ladenritzen, und die Rede erstarb ihr auf den Lippen, während die Magd, fast so ängstlich wie das jüngste Kind, heulend aufkreischte: Der liebe Gott ist bös! und wenn es wieder finster im Saal wurde, pädagogisch griesgrämlich hinzusetzte: Ihr taugt auch alle nichts! Dies Wort, aus so widerwärtigem Munde es auch kam, machte einen tiefen Eindruck auf mich, es nötigte mich über mich selbst und über alles, was mich umgab, hinaufzublicken und entzündete den religiösen Funken in mir. ... Jetzt begriff ich's auf einmal, warum mein Vater des Sonntags immer in die Kirche ging, und warum ich nie ein reines Hemd anziehen durfte, ohne dabei: das walte Gott! zu sagen; ich hatte den Herrn aller Herren kennen gelernt, seine zornigen Diener, Donner und Blitz, Hagel und Sturm, hatten ihm die Pforten meines Herzens weit aufgetan, und in seiner vollen Majestät war er eingezogen.« ...

Daneben bringen dann sowohl Röttger wie Bäumer-Dröscher Beispiele genug, wie Gott bei sittlichen Erlebnissen im Gewissen sich bezeugt. Bekannt ist jene Geschichte von *Gottfried Keller,* wie der grüne Heinrich unter den Händen des erzürnten Lehrers Gott um Hilfe anruft, sofort losgelassen wird und dann sein Gebot vernimmt, daß wir dem Feind nichts Böses gönnen sollen.

»An diesem verhängnisvollen Tage nun hatte der Hausmeister gerade während der Mittagszeit die fehlende Scheibe (im Zimmer des Lehrers) ersetzen lassen, und ich schielte eben ängstlich nach derselben, als sie mit hellem Klirren zersprang und der umfangreiche Kopf meines Widersachers hindurchfuhr. Die erste Bewegung in mir war ein Aufjauchzen der herzlichsten Freude, und erst als ich sah, daß er übel zugerichtet war und blutete, da wurde ich betreten, und es ward zum dritten Male klar in meiner Seele, und ich verstand die Worte: ›Und vergib uns unsere Schuld, wie wir vergeben unsern Schuldigern.‹ So hatte ich an diesem ersten Tage schon viel gelernt; zwar nicht, was der Pumpernickel sei, wohl aber, daß man in der Not Gott anrufen müsse, daß derselbe gerecht sei und uns zu gleicher Zeit lehre, keinen Haß und keine Rache in uns zu tragen.«

Auch hier ist das namenlose Gefühl, die Verwirklichung des göttlichen Gesetzes in der Kindesseele, der innerlichste Teil des religiösen Vorgangs, ursprünglich und selbständig; die Verbindung mit dem Gottesnamen wird bedingt durch die religiöse Belehrung der Umwelt ...

7. *Charakteristik der Kinderreligion; Erfahrungs- und Phantasie-Religion.* Geht es nun an, nach diesem Blick über die einzelnen Formen und Stufen, in denen die Kinderreligion sich äußern mag, all seine Unzulänglichkeit und Kürze zugegeben, ein zusammenfassendes Urteil über die Religion der Kinder zu gewinnen? ...

Mir scheint, man kommt dem Problem einigermaßen nahe, wenn man sich klar macht, daß zwei Religionen im Kinde nebeneinandergehen: eine Religion der Phantasie und eine Religion der Erfahrung.

In der Religion der Erfahrung wird die überlegene, das Leben absolut bedingende Wirklichkeit in einer das Seelenleben unmittelbar ergreifenden Weise im Kinde wirksam, sodaß die eigene Unzulänglichkeit und alsdann die durch Eintritt in das überlegene, allgemeine, göttliche Dasein um so größere Steigerung des Lebensgefühls sich durch die Berührung mit den tatsächlich wirkenden Offenbarungsformen der Gottheit in ihm vollzieht. In der Religion der Phantasie, die ganz wesentlich an die Einflüsse der Umgebung und der historischen Überlieferung anknüpft, sucht das Kind die Quellen seiner Abhängigkeit, die doch im Jenseits d.h. außerhalb der Erscheinungswelt liegen, Gott und die wirkenden Gotteskräfte, in Vorstellungen zu gestalten. Seine wirklichen Gotteserfahrungen lagen im Gefühl, wo aus dem Unbewußten heraus das Jenseitige an das Diesseitige grenzt. Die Vorstellungen, die jenen Gefühlen ästhetisch gleichwertig sein sollen und eben dadurch passend zu sein scheinen, die Ursache des Gefühls zu bezeichnen muß es wie alle Vorstellung der Erscheinungswelt entnehmen. Dabei schließt es sich naturgemäß stark an an die symbolisierenden Vorstellungen, die die älteren Geschlechter bereits fertig darbieten. In der Religion der Erfahrung herrscht die Wirklichkeit und das Erlebnis; in der Religion der Phantasie herrscht die Dichtung und das Symbol.

Es liegt auf der Hand, daß die größere Kraft, Gewißheit und Dauerhaftigkeit auf Seiten der ersteren liegen muß, und daß sie, aus der Wirklichkeit stammend, den größeren Einfluß auf die wirkliche Lebensführung zu gewinnen angetan ist ...

6. Die Aufgabe des Religionsunterrichts – Ziel und Weg im Überblick

1. *Die Vermittlung religiöser Erfahrung.* Der Religionsunterricht will objektive Religion vermitteln, um subjektive zu erzeugen, das ist nach den obigen Erörterungen über Wesen und Lehrbarkeit der Religion notwendige Folge.

Ich spreche nun von dem Unterricht als einem Ganzen, ohne die Tätigkeiten des Hauses, der Schule und der Kirche von einander zu trennen. Mir scheint, man muß erst einmal das Bild von dem haben, was durch die gesamte Einwirkung der älteren auf die jüngere Generation in der Kindesseele vorgehn soll, ehe man die praktische Ausführung auf die verschiedenen Mitarbeiter verteilt.

Daß man für religiöse Erfahrung sorge, das wird nach den bisherigen Ausführungen das erste sein müssen, was zu erstreben ist. Läßt sich die herbeiführen, wo sie nicht von selbst kommt? Das wohl nur wenig; aber sie läßt sich entbinden, wo sie ans Licht will. *Die kosmischen Ereignisse,* die so gewaltig wirken, bringen die frommen Schauer in die Seele. Was ist jene Ängstlichkeit, in der da das kleine Selbst seine Kleinheit erlebt, anders als eine Form der Frömmigkeit, wenn auch noch nicht die christliche. Hier den Gottesnamen geben, bei Gewitter und Sturm, bei Mondschein und Sternenhimmel, bei der beängstigenden Finsternis heraufziehenden Unwetters wie bei dem Segen, der im Sommer aus der Wolke strömt, das ist die hinzutretende religionspädagogische Tätigkeit. Man kann, soweit die psychologische Beobachtung allgemeingültige Schlüsse zuläßt, mit Sicherheit darauf rechnen, daß im Unterbewußtsein der Kinder – wenn auch in verschiedenen Graden und nicht immer bei derselben Veranlassung – die eigene Unzulänglichkeit und der Zusammenhang des eigenen Daseins mit der höheren, alles bedingenden Weltordnung sich geltend macht. Tritt sie in der erwachsenen Person, die gerade anwesend ist und ihre überlegenen Kräfte auf das Kind ausübt, in der Weise anschaulich hervor, daß auch sie, die soviel stärkere, vor der höheren Macht zu Ernst und Andacht sich sammelt und zwar nicht Angst aber Ehrfurcht kundgibt, so wird die erdrückende Gewalt, die das Göttliche in diesem Augenblick auf das Kind ausübt, zugleich vertieft, bewußt gemacht und doch zu befreiender Erhebung umgeschaffen. Das Kind rettet sich vor der Allmacht, indem es sie lieben lernt.

Gelegenheiten dieser Art kehren häufig wieder. Aber nicht die Häufigkeit, sondern die Kraft des Einzelfalles und die Eindringlichkeit, mit der er ausgenutzt wird, sind das eigentlich Wirkende. Zugleich die Gefühlstiefe des lehrenden Erwachsenen und die Fähigkeit sich auszudrücken, also die Befähigung zu suggestiver Wirkung. Die schlichte Wahrheit wirklichen Gefühls tut hier alles, die Theatralik nichts.

Tritt so die religiöse Erfahrung aus dem richtig bewerteten kosmischen Ereignis heran, – im Hause ist die Stunde des Einschlafens im dunklen Zimmer, des Wiedererwachens, der Mahlzeit, der Erkrankung und Genesung regelmäßig bedeutsam –, so muß sie sich andererseits an dem Zusammenleben mit den überlegenen Menschen, mit der unüberwindlichen Gewalt der Erwachsenen vollziehen. *Pietät und Gehorsam sind die Pforten zum Himmel.* Wer kleine Kinder frech werden läßt, baut eine Mauer zwischen sie und Gott. Das Gefühl der eigenen Unzulänglichkeit muß sich bilden an den Erfahrungen mit dem stärkeren Willen der Großen. Nicht mit ihren Launen. Es gehört zu den merkwürdigsten Erscheinungen im Seelenleben und ist wohl nur auf die in der Vererbung gegebene fortlaufende Menschwerdung des Gotteswillens zurückzuführen, daß das Kind gegen Launen und Willkür mit Trotz und List sich auflehnt und nur dem verkörperten Gesetz sich beugt. Die ruhige und unabänderliche Gewalt des Ewigen, die aus einem guten, ernsten Willen zu dem Kinde redet, an dem all seine Ungebärdigkeit zerscheitert, ist ihm Gottesoffenbarung. Eine Mutter wie Gertrud, ein Vater wie Arner, Arner als Vater seines Volks.

Hier ist die Schule, wo der erzogene Erzieher zu den Kindern spricht, geradezu in einem Vorteil vor dem Hause, was sonst in der religiösen Erziehung nicht gilt; denn die hellen Tagesstunden und das kecke Schultreiben sind nicht gerade religiöser Stimmung förderlich. Die Autorität des Lehrers, die Einführung in ein alle bindendes Gesetz, die Verbindung tiefen Ernstes mit reicher Liebe, die dem Kinde hier überwältigend, zugleich bindend und lösend gegenübertritt, ist eine unmittelbare religiöse Erfahrung ...

Vor ihrem Lehrer sollen sie nicht erschrecken, aber sie sollen ihn ehren. Sie sollen sich einfügen in bestimmte Ordnung und seinem Blick gehorchen. Und wenn er ihnen so die Geltung eines höheren Willens mit Liebe verkörpert, so ist es Gottes-Offenbarung.

Gottes-Offenbarung von außen. Neben sie tritt nun das Gewissen als Gottes-Offenbarung von innen. Ich habe mich gefragt, welche Gelegenheiten wohl vor andern das kindliche Gewissen rege machen und habe gefunden: vor allem die Lüge und der heimliche Ungehorsam. Es ist die Verkehrung der gottgeschaffenen Wirklichkeit, gegen die sich das Göttliche in uns auflehnt. Wohl nicht gleich beim Aussprechen der Lüge. Es gibt Kinder auch frühen Alters, die mit großer Hartnäckigkeit und fester Stirn bei unwahren Aussagen verbleiben. Aber sobald sie entlarvt sind, da pflegen um so heftigere Erschütterungen der Scham sich einzustellen. Und die Behandlung der Lüge als eines Furchtbaren, ganz Fremden, vor dem der Erzieher wie betäubt steht, vertieft diesen Eindruck. Nicht Rachsucht oder unversöhnliche Härte. Es gibt keinen Erzieher, der nicht auch selbst schon gelogen hätte; und die Unwahrheit, die darin liegt, wenn er tut, als sei das lügende Kind durch eine unüberbrückbare Kluft von ihm getrennt, verhärtet und nimmt seiner erziehlichen Einwirkung die erwärmende und überzeugende Kraft. Aber den Kummer und die Erschrockenheit, daß diese schreckliche Macht der Lüge ihre Hand auch an diese Kindesseele legt, die soll das Kind an seinem Erzieher spüren. Es muß in großer Unruhe sein und nach der Reue die Vergebung des Wahrheitsliebenden, der seinen Willen zur Besserung sieht, wie eine höhere befreiende Macht empfinden, an der seine eigene Zerbrochenheit wieder heil wird. Dann wird ihm auch das durch die Lüge aufgeweckte Gewissen zum Gotteserlebnis. Es zerschlägt und verbindet und führt ein in höheres Leben.

Und so muß auf alles Heimlichtun der Kinder das Auge des Erziehers wachsam sein. Nicht trauen. Das heißt nicht: mißtrauisch sein; sondern es heißt: mit Gottes Vateraugen über den Kindern wachen, der ihren guten Willen kennt, aber auch ihre Schwäche. Das ist eine besondere Schwierigkeit in der Erziehung: Mißtrauen verdirbt das Kindesgemüt, aber Blindheit versucht es. Und im Unbewußten der Kindesseele geht das Tiefste vor, wenn es über heimlichem Ungehorsam überrascht wird und den traurigen Ernst seines Erziehers sieht. Wie die Augen des Jesus-Bildes so werden jedes Erziehers Augen dem Kinde zu Gottes Augen.

Es sollten religiöse Erfahrungen dieser Art, – Übermacht der Weltordnung, Übermacht der sittlichen Ordnung, Übermacht des Gewissens –, in jedem Kinde erst gemacht sein, ehe man ihm von Gott spricht ...

Aber ehe das erste Gebet vom Kinde selbst getan wird, muß es darauf bereitet sein. Es muß nun, wenn das Gefühl der eigenen Unzulänglichkeit und des Größeren, an und zu dem wir uns aufrichten, in dunklen, leisen Wallungen gesprochen hat, Gott mit Namen genannt und eine Stimmung geschaffen werden, daß die persönliche Hinwendung zu ihm mit innerer Wahrhaftigkeit erfolgt. Es muß die Phantasie-Religion zu Hilfe genommen werden, um die Erfahrungs-Religion zu formen ...

Der Weg, den wir gehn müssen, um die Erfahrung nicht durch die Phantasie überwuchern und ersticken sondern vielmehr verklären und verdeutlichen zu lassen, scheint mir damit auf folgende Weise gegeben zu sein.

1. Wo Gott im Alten Testament erscheint, ist fühlbar zu machen, wie die Menschen innerlich eine unwiderstehliche Erfahrung seines Willens und Wesens machen, die wir genau in derselben Weise heute machen können und wirklich machen. Daß Gott sich gleich bleibt, »Ich werde sein, der ich sein werde«, und daß nur die Menschen je nach ihrer Erregbarkeit ihn anders gesehn oder, wenn sie von solchen Erlebnissen hörten, sich das anders vorgestellt haben ...

2. Jene unwahre Grundvorstellung von der Weltordnung, als werde der Gehorsam gegen das göttliche Gesetz in uns nach dem Zusammenhang der den Naturverlauf regelnden göttlichen Gesetze außer uns jederzeit so belohnt, daß es dem Frommen zuletzt auch äußerlich wohlergehe, diese Grundvorstellung muß überall, wo die frühere Phantasie-Religion vergangener Geschlechter ihr huldigte, durch die im Christentum gegebene Erfahrungs-Religion berichtigt werden. Daß Gott *irgendwie* sich zu dem bekennt, der ihm vertraut und aus ihm seine Kraft nimmt; daß er ihm äußere Siege geben kann, daß aber auch ebenso oft seine errettende Kraft dadurch sich beweist, daß bei äußerem Zusammenbruch doch der innere Sieg eines ungebrochenen Mutes und eines in die unsichtbare Welt sich hinüberhebenden Glaubens errungen wird, wie bei Jesus, Paulus, allen Märtyrern; kurz, die Erfahrungsreligion, daß durch die Verbindung mit Gott in der Seele Kräfte frei werden, die aus

der Vergänglichkeit und Ohnmacht in die Unvergänglichkeit und Allmacht heben, diese unerschütterliche Erfahrungsreligion des Christentums muß die Grundzüge hergeben für das Bild, das die Phantasiereligion von dem Walten des Höchsten in der Welt sich entwirft. »Dein Tun ist lauter Segen, dein Gang ist lauter Licht«, aber nicht immer in sinnlichen Formen.

3. Nicht die Wunder (physische Erlebnisse), sondern die Seelenerschütterungen prophetischer Männer (psychische Erlebnisse) müssen in erster Linie als Offenbarungstatsachen fühlbar gemacht werden. Sie dürfen auch nicht als Beweise für die Göttlichkeit Jesu benutzt werden (da sie ja dann auch Beweise für die Göttlichkeit Moses, der Propheten, der Apostel, ja nach Joh. 14,12 für die Göttlichkeit aller Gläubigen wären); vielmehr als Zeichen für die Macht des Geistes über das Fleisch, der Macht der prophetischen Persönlichkeiten, die durch die Festigkeit eines bergeversetzenden Glaubens sich selbst mit so wunderbarer Kraft erfüllten, daß sie von dieser Kraft auch auf andere überströmen lassen konnten, kurzum als Zeichen von der Macht der Religion, durch Verbindung mit dem Leben Gottes das eigene Leben zu steigern ...

4. Die Anknüpfung Jesu an Gott, Gottes an Jesus im innersten religiösen Gefühl, vorstellungsmäßig ausgedrückt die Lehre von der Gott-Menschheit Jesu muß der Gipfel unseres Religionsunterrichts bleiben. Sie darf darum erst auftreten, wo sie den Erfahrungen entspricht, die das Kind im Gewissen von Jesus gemacht hat. Mag die über das Irdische hinübergreifende Pietät, die das Kind ihm von Anbeginn zollt, in den früheren Kinderjahren sich an das Christkindchen knüpfen; *das Wort Gottessohn sollte niemals vor kleinen Kindern gesprochen werden*, die daraus unevangelische Phantasiebilder machen müssen, weil sie geistige Abstammung und geistige Verwandtschaft noch nicht zu denken vermögen.

7. Zum Lehrverfahren im Religionsunterricht

a) Der Vorrang der Textgestaltung der biblischen Geschichten

1. *Wichtigkeit der Textgestaltung.* Nach dem, was sich uns über das Wesen und die Lehrbarkeit der Religion und über die Stoffe ergeben hat, mittels deren Religion zu lehren sei, versteht sich von selbst, daß für die unteren und mittleren Stufen des Religionsunterrichts, d.i. also so ziemlich für die

ganze Zeit der Volksschule, die Textgestaltung der biblischen Geschichte und die Darbietung im lebendigen Vortrag die wichtigste Arbeit ist. Nicht das darauf folgende Lehrgespräch ...

3. *Gegenwärtige Bemühungen.* Nachdem lange auf diesem Gebiet nichts geschehen war und durch die neueren Religionsbücher, gerade auch die allerverbreitetsten und besten wie *Armstroff*, eine über die Maßen trockene Erzählart eingeführt war, haben *Otto* und *Else Zurhellen*[6] ein in gewisser Beziehung mustergültiges Beispiel aufgestellt, wie diese Aufgabe zu bewältigen sei. Mustergültig ist die dichterische Kraft, die sachliche Erzählart, der feine Geschmack, die starke Belebung der Phantasie. Mustergültig vor allem das Schwierigste: *daß auch da, wo Eigenes hinzugedichtet ist, die dadurch hervorgerufenen Gefühle und Stimmungen genau den Gefühlen und Stimmungen entsprechen, die durch das biblische Ereignis im unmittelbaren Erleben hervorgerufen sein würden und demgemäß in den handelnden Personen lebendig sind.* Mustergültig auch darin, daß nicht märchenhaft erzählt wird, so sehr auch der Stil oft genug und mit vollstem Recht an den schlicht packenden Märchenstil erinnert. Es ist vielmehr mit feinstem theologischen Verständnis das religiöse Erlebnis, um das es sich in der Geschichte handelt, so durchgefühlt, in seine inneren und äußeren Gründe verfolgt worden, und zwar mit Benutzung dessen, was uns die religionsgeschichtliche Forschung über die Denkweise, die Religion und Sittlichkeit der Personen und Völker, um die es sich handelt, zur Kenntnis gebracht hat, daß die Wahrheit des Erlebnisses, auch der Gottes-Offenbarungen, überzeugungskräftig von den Kindern nacherlebt werden kann. Es wird durch diese Phantasie-Religion wirklich die Erfahrungs-Religion erweitert und bereichert, nicht wie durch einen Fremdkörper in ihrer Entwicklung behindert.

Dagegen kann man mit Recht fragen, ob nicht die eigene dichterische Begabung die beiden Verfasser dazu verführt hat, die biblischen Erzählungen von eigenen Zusätzen so sehr überwuchern zu lassen, daß die Geschichte anfängt, fremdartig zu wirken. Mir scheint, jeder veranschaulichende Zusatz, jede belebende Erweiterung ist berechtigt, wenn sie wirklich nur veranschaulicht, was auch in der Geschichte selbst gegeben ist, was unausgesprochen zwischen den Zeilen geschrieben steht.

---

6. Wie erzählen wir den Kindern die biblischen Geschichten? Tübingen 1906.

b) Die Besprechung als Ergänzung

... seit ich die Phantasie als religiöses Organ begreifen und dem Ausbau der Erzählung im Religionsunterricht die Hauptrolle zuweisen lernte, erlebe ich es immer wieder, wie das Beste vorüber ist, sobald die Besprechung beginnt. Während des Erzählens lebten die Schüler in der heiligen Welt. Da war lautlose Stille und etwas in den Augen, was ins Weite sah. Nun sind wir wieder in der Schulstube, ich bin der Lehrer, und sie sind die Schüler, und es wird ein wenig langweilig.

Die Langeweile braucht sich nicht einzunisten. Man kann schon Zug in die Sache bringen, und es ist die erste Pflicht der Besprechung, daß dieser Zug nicht verloren geht. Aber es ist eine andere Art von Interesse. Sobald die Arbeit darin besteht, die religiösen Gefühle nicht unmittelbar durch das Erlebnis zu erwecken, sondern vielmehr die erweckten ins Bewußtsein zu heben und zu befestigen, waltet die Vorstellung, der Verstand, das Urteil vor, und die Schüler haben das Gefühl, daß sie nun lernen müssen. Gewiß kann und muß der Lehrer gelegentlich wieder warm werden, und das Feuer, die Andacht, die Ehrfurcht, mit der er von den heiligen Dingen redet, wirken wieder auf den Schüler als ein Stück unmittelbarer religiöser Erfahrung. Erfahrung von der Unzulänglichkeit selbst des Erwachsenen vor den ewigen Mächten. Aber das bleibt nicht mehr so einheitliche Stimmung wie bei der guten Erzählung. Und deshalb ist es das beste, die Besprechung eilt straff und rasch zum Ziel und vermittelt die Einsicht, klärt die religiöse Vorstellung, die zum Bewußtsein kommen und durch klare Formulierung befestigt werden soll, auf dem kürzesten Wege.

Natürlich muß der Stoff selbst zunächst gesichert werden. Es muß dafür gesorgt werden, daß die Erzählung in all ihren Einzelheiten bemerkt, aufgefaßt, in ihren Grundzügen behalten ist. Dazu ist einerseits eine **Übersicht** nötig. Ja das Durchmustern und Einprägen der Einzelheiten wird am sichersten zum Ziel führen, wenn sie selbst abschnittweise geschieht ...

Nach der wiederholten Erzählung des Abschnitts darf das **Abfragen** aller einzelnen Gedanken, die gebracht waren, nicht fehlen ...

Daran wird sich dann die Vertiefung in Sinn und Art der handelnden Personen, in ihre leitenden Beweggründe, die sittliche Beurteilung, die Verständigung über die erlebten religiösen Gefühle in Form eines religiösen Urteils, kurz die eigentliche **Erläuterung** schließen, die auf den unteren Stufen, so weit sie nicht überhaupt schon in dem freien Text der Geschichte gegeben war, in die abfragende Zergliederung des Textes am betreffenden Ort einzuflechten sein würde. Hier ist die Sparsamkeit und Beschränkung, die ich vorhin anriet, am meisten zu empfehlen. Hier, wo sich der Lehrer mit seiner Kunst am meisten zeigen kann, soll er sich am meisten bescheiden und durch die Sicherheit, mit der er auf das sittlich oder religiös allein Bedeutsame lossteuert, beweisen, daß er seiner Aufgabe bewußt bleibt ...

3. *Die Verbindung des Phantasierten mit der Erfahrung (die Anwendung).* Die Anwendung ist, wenn sie auch an den Takt des Lehrers die allergrößten Anforderungen stellt, doch höchst nötig, ja sie ist so sehr wichtig, daß wir hier ihr eine eingehende Untersuchung widmen müssen ...

Das gilt ganz besonders von derjenigen Anwendung, die, wenn sie gelingt, die allerwirksamste wird, der Übung des Gefühlten oder Gewollten durch die Tat. Es gibt dem Schulerlebnis einen ganz eigenen Wirklichkeitswert, wenn die in dem religiösen oder sittlichen Gesamtgefühl, das durch den geschichtlichen Stoff hervorgerufen war, vorhandene Spannungskomponente so stark wird, daß sie wirklich in die Tat sich umsetzt. Das Erfüllungsgefühl, das in der Handlung als Lösung der Spannung folgt, hat eine bedeutende Tiefe und macht für eine Wiederholung des gleichartigen Prozesses sehr viel empfänglicher. Das religiöse Erlebnis steht mit greifbarer Wahrheit in der Erfahrung.

Es ist möglich, aus dem Unterricht auf eine natürliche Weise in religiöse und in sittliche Handlung überzugehen. Die religiöse ist das Gebet, der Gesang, die Teilnahme am Kultus größerer Lebensgemeinschaft, die Übung religiösen Brauches im Hause, die Betätigung persönlicher Jesusliebe in privater Erbauung. Es ist die Salbung Jesu in Bethanien behandelt. Wie eigentümlich das doch berührt. Diese Frau hat einmal dem Herrn Jesus ganz persönlich, ganz auf eigene Art gezeigt, wie lieb sie ihn hatte; sie hat einmal nicht, wie die andern alle, etwas von ihm gewollt, sondern nur ihm geben und ihn erfreuen mögen. Und das hat dem Herrn offenbar so wohlgetan. Wie rührend das ist: Laßt sie doch auch mir einmal Lindigkeit erweisen. Arme habt ihr allezeit bei euch, mich nicht. Glaubt ihr, es tue nicht auch mir wohl, wenn ich sehe, es hat mich wirklich einmal ein Mensch lieb? – Es könnten einem die Tränen darüber kommen. Wir haben ihn doch gewiß lieb, wollen nicht bloß etwas von ihm haben, sind ihm treu ganz so, wie er ist. Wenn er nur nicht so fern wäre. Aber schadet denn das etwas? Wenn ein Freund weit in der Fremde ist, oder unsere Mutter ist gestorben, wir zeigen doch immer noch, wie lieb wir sie haben. Wir lesen ihre alten Briefe, wir stellen ihr Bild auf den Schreibtisch, wir schreiben dem Freund in der Ferne. Schreiben können wir ja dem Herrn Jesus nicht. Aber er hat uns gesagt: ›Ich bin bei euch alle Tage bis an der Welt Ende‹ und ›Wo zwei oder drei versammelt sind in meinem Namen, da bin ich mitten unter ihnen‹. Er ist ja bei Gott, mit ihm überall und in jeder Seele, die ernstlich an ihn denkt. Wollen wir nicht einmal zusammen ihm sagen, wie lieb wir ihn haben, wie gern wir seine freundliche Stimme wieder hören möchten? Das hört er ganz gewiß und ist dann mitten unter uns. Morgen früh, ehe der Unterricht anfängt, da wollen wir zu ihm singen: »Liebster Jesu, wir sind hier.« Und Briefe von ihm haben wir ja am Ende auch, nicht geschriebene, aber gesprochene, die seine Jünger uns aufgeschrieben haben. Wo mögen sie stehn? Habt ihr eine Bibel zu Hause? Darfst du auch darin lesen? Wann darfst du es wohl, vielleicht Sonntag nachmittag? Wer will gerne? Erzählt mir dann, was ihr gelesen habt. Ja, und ein Bild von ihm. Wer hat eins? Wie sieht er aus? Wo hängt eins in der Stube? Du hast gar keins? Du auch nicht? Möchtet ihr wohl eins haben? Nun, dann besucht mich mal, wenn die Schule aus ist, dann will ich dir eins schenken und dir auch eins. Wo willst du es denn hintun? Am besten vielleicht, du legst es zu Hause in die Bibel, gerade da, wo du am Sonntag zu lesen aufhörst und am nächsten Sonntag fortfahren willst. Und dann besiehst du's dir immer recht genau, ehe du wieder anfängst. –

Das wäre ein Beispiel des Übergangs aus dem religiösen Gefühl ins religiöse Handeln ...